古典文獻研究輯刊

四　編

潘美月・杜潔祥　主編

第 2 冊

阮元輯書刻書考

黃 慶 雄　著

國家圖書館出版品預行編目資料

阮元輯書刻書考／黃慶雄著 — 初版 — 台北縣永和市：花木蘭
文化出版社，2007〔民 96〕

序 2+ 目 2+220 面；19×26 公分
（古典文獻研究輯刊 四編；第 2 冊）
ISBN：978-986-6831-23-2（全套精裝）
ISBN：978-986-7128-94-2（精裝）
1.（清）阮元－傳記　2.版刻目錄－中國－清（1644-1912）
3. 版本
014.7　　　　　　　　　　　　　　　　　　　96004327

ISBN - 9867128942

9 789867 128942

古典文獻研究輯刊
四 編 第 二 冊
ISBN：978-986-7128-94-2

阮元輯書刻書考

作　　者　黃慶雄
主　　編　潘美月　杜潔祥
企劃出版　北京大學文化資源研究中心
出　　版　花木蘭文化出版社
發 行 所　花木蘭文化出版社
發 行 人　高小娟
聯絡地址　台北縣永和市中正路五九五號七樓之三
　　　　　電話：02-2923-1455／傳眞：02-2923-1452
電子信箱　sut81518@ms59.hinet.net
初　　版　2007 年 3 月
定　　價　四編 30 冊（精裝）新台幣 46,500 元

阮元輯書刻書考

黃慶雄　著

作者簡介

黃慶雄，民國五十九年生，高雄縣人。畢業於東海大學中國文學研究所，研究文獻整理、版本學、圖書館學與閱讀等相關領域。目前擔任高苑科技大學通識教育中心講師。

提　　要

　　阮元是清代乾嘉時期重要的學者，學問淵博、通經致用，尤其在乾嘉文物鼎盛之時，主持風會數十年，在文獻整理、圖書輯刻方面的貢獻，無人能出其右。他輯刻《十三經注疏校勘記》，以精審完備著稱。《皇清經解》及《經籍籑詁》兩部經學大書，提供經學研究完整文獻及方便途徑。史志方面，編纂《廣東通志》、《雲南通志稿》，成為後世纂修方志的典範。金石器物方面，整理刊刻《山左金石志》及《兩浙金石志》，開創金石學研究之風氣。天文曆算方面，輯刻第一部天文曆算學史專著《疇人傳》，積極推展天文曆算。另刊刻《淮海英靈集》、《兩浙輶軒錄》及文哲學人之詩文集，對各地文風的倡導、文獻的保存，貢獻良多。而在浙江成立「詁經精舍」、廣東設立「學海堂」，更為地方文化教育奠定重要基礎。

　　本文針對阮元的文獻整理事業，特別是圖書編輯刊刻，逐一探求緣起、過程、評價及影響。全文共分七章，第一章為「阮元傳略」，詳述阮元生平事略；第二至四章為《經籍籑詁》、《十三經注疏校勘記》、《皇清經解》之輯刻；第五章為經、史類圖書之輯刻；第六章為子、集類圖書之輯刻。除全面探討阮元在文獻整理方面的成就外，詳述所刻圖書版式，並於文後附錄書影，以為後續研究者參考。

目錄

自 序

　　投入版本文獻學研究，及至本論文的完成，完全是機緣。我的指導教授潘美月先生是臺灣研究版本學的翹楚，任教於臺灣大學中文系。當時研究所所長楊承祖教授感於版本目錄學的重要，特別禮聘先生到東海講授「版本目錄學」，我有幸恭逢其盛，體認到版本目錄之學為古典學術研究之基礎，深受文獻研究的深奧篤實所感動，因拜於先生門下。先生每週為了上這門課，得搭車南下，在東海住上一晚，雖然辛苦，但門下學生也能趁此機會向老師請益、相聚閒話，圍坐促膝之景，令人難忘。一年來，老師像母親般的關心與勉勵，給了我最大的支持。本論文的完成，完全要歸功於恩師的指導與鼓勵。

　　另外還須感謝口試委員昌彼得教授及本所吳福助教授的悉心指導。特別是吳教授在審查過程中，不辭勞苦，逐文指正，對文詞羞澀、方法笨拙的學生而言，受益良多。

　　而在這一年當中，往復中央圖書館(現國家圖書館)、台大、師大、中研院傅斯年圖書館等，受到館方人員的協助與指導亦不少，在此一併致謝。其他還要感謝東海研究所的師長、學長姐、同學的幫忙與鼓勵。更要感謝過程中不斷為我加油打氣的家人及女友淑芬（現為內人）。

　　本論文撰寫過程有辛酸也有喜樂，回顧往昔，感觸良多，成長更多。雖然論文無驚人的創見，但過程中的文獻蒐集、整理分析，仍是費盡心力，特別是在清代乾嘉學者筆記雜文當中，勾稽版本文獻資料，倍感艱苦。不過我也相信，這些磨練在我在日後的生活與治學上，將有極大的助益。

　　然而過程中亦有令人欣喜之事，每當親手翻閱古籍善本，沉醉在優美的圖版文字之間，聞到書卷之氣味，令人神清氣爽！每發掘一字一句新的文獻記載，驚喜之情，如發現寶藏一般，也就忘卻埋首書堆之苦。

　　本論文完成的十二年後得以出版，承蒙恩師潘美月教授之引介，同時也感謝主編杜潔祥教授在審校過程中細心地給予指正。唯本文撰寫時，因客觀條件之限制，僅就台灣地區所見的圖書文獻做為研究，未能納入大陸及海地區所見資料及相關研究，實不夠週延，希望日後有機會可為補正，也祈盼學術先進們不吝指正。

黃慶雄 96 年 2 月於高雄

緒　論

　　清乾隆年間《四庫全書》的編纂，帶給清代學術的影響是無與倫比的。姑且不論其動機爲何，它不僅對中國古今典籍進行了系統的整理，對傳統文化做了全面的總結，而且更推動了清代考據學的發展。不論是在圖書的編刻、佚書的搜輯、古書的校勘、目錄的修纂各方面，均十分興盛。而以《四庫全書》爲標誌，中國傳統學術進入了一個全面總結的階段，學者致力於文字、聲韻、訓詁、校勘、輯佚等學問的研究，使散失亡佚之古書得以重見，脫誤舛謬之典籍得到訂正整理，難以理解的經籍，更得到疏通証明。通過清儒的整理工作，使得自古以來各種文獻得以正本清源，去僞存眞。

　　阮元，字伯元，號雲台，江蘇儀徵人。他適逢考據學如日中天的乾嘉時間，是著名的經學家和文獻學家。阮元平生不僅官運亨達、歷居要職，而且好藝文，辛勤治學，以刊刻文獻，獎掖後進爲事。劉壽曾嘗謂：

> 學術之興也，有倡導之者，必有左右翼贊之者，乃能師師相傳，賡續于無窮，而不爲異說衞言所奪。文達早膺通顯，年又老壽，爲魁碩所歸仰，其學蓋衣被天下矣〔註1〕！

阮元治學，以博洽著稱，凡小學、經學、史學、金石、天算、目錄等，無所不窺。而秉此博學，他在古籍整理及刊布學術論著上，有卓著的貢獻。

　　歷來學者有關阮元之研究極多，無法一一列舉，今僅就較重要者，分生平資料、著述研究及學術總論三類，按發表先後列之〔註2〕。

一、生平資料

　　1、仰彌〈阮文事略〉載於《叢書刊刻源流考》　　1940 年

〔註 1〕劉壽曾《傳雅堂文集》卷一〈匯宦夜集記〉。
〔註 2〕參閱《中國文哲研究通訊》第四卷第二期〈乾嘉學術研究論著目錄〉。

2、張舜徽〈阮元〉載於《清代揚州學記》　1962年

3、朱戟〈清代揚州學者元〉揚州師院學報　1981年　第四期

4、馮爾康〈清代名臣阮元〉故宮博物院院刊　1989年　第一期

5、郭明道〈清代教育改革家阮元〉揚州師院學報　1990年　第四期

二、著述研究

1、汪紹楹〈阮氏重刻宋本十三經注疏考〉文史　第三輯　1962年

2、喬衍琯〈跋宋藍本周易正義，兼論阮元十三經注疏校勘記〉孔孟學報第六期　1963年

3、王萍〈阮元與疇人傳〉中央研究院近代史研究所集刊　第四期　1974年

4、藤塚明直〈皇清經解の編纂とその影響〉東洋文化復刊第四六～四八號　1979年

5、汪耀楠〈纂集派訓詁著作經籍纂詁〉辭書研究　1982年　第四期

6、吳哲夫〈阮元與宛委別藏叢書〉故宮文物月刊　第二卷第二期　1982年

7、關口順〈十三經注疏校勘記略說〉中國關係論說資料　第廿六號第一分冊　1984年

8、黃愛平〈從疇人傳看阮元的西學思想〉清史研究通訊　1989年　第三期

9、陳祖武〈阮元與皇清經解〉第一屆國際清代學術研討論文集　1993年

三、學術總論

1、何佑森〈阮元的經學及其治學方法〉故宮文獻　第二卷第一期　1970年

2、陳振風〈阮元的交與哲學〉台南家專學報　第三期　1981年

3、劉德美〈阮元學術之研究〉國立台灣師範大學歷史研究所博士論文　1986年

4、郭明道〈阮元的訓詁方法和成就〉揚州師院學報（社會科學）1989年　第三期

5、瞿林東〈阮元和歷史文獻學〉張家口師專學報（社會科學）　1991年　第一期

6、郭明道〈阮元的校勘思想和方法〉揚州師院學報（社會科學）　1991年第二期

7、顧之川〈阮元的小學成就及治學方法〉青海師範大學學報　1991年　第二期

以上論文以劉德美之研究最爲全面。其文是以阮元的考據學爲核心，從經、

史、文學各方面展示阮元之學術思想及研究方法。間有提及編書刻書之貢獻，然過於疏略。而汪紹楹、藤塚明直、陳祖武三文專論一書，所述甚詳，然以一隅究之，終未能觀其全豹。其他文章或有論及其整理圖書之成就，然多略筆帶過，未有對阮元之輯書刻書作一全面之研究，進而對其在文獻學之貢獻有深入探討者。筆者以爲，阮元以學者、顯宦一身二任，未能專意於哲學思想及學術之探究。阮元爲焦循作傳曾曰：

> 焦君與元年相若，且元族姊拖，弱冠與元齊名。自元服官後，君學乃精深博大，遠邁于元矣〔註3〕。

自嘆爲政繁忙而無法致力論學，致使學問未有增進。然而其輯書刻書，則有幕友門生襄助，較少受政事之影響，甚且常利用政事之便，搜訪遺集，輯刻成書，頗能窮其心力於書籍之整理及刊布。而事實上，今觀阮元述志之作，並無計劃性從事撰寫，而多是事後編輯成書的，相較於輯書刻書，阮元皆自定條例，商酌參與，即可看出其於輯書刻書用力之深。因此筆者認爲阮元對中國文化貢獻最著者，莫過於其編輯刊布圖書〔註4〕。

　　基於此研究動機，本論文將阮元編輯刊刻之書籍逐一稽考。然而尚有數點須作一釐訂的。一是本文將盡量減少論及阮元之學術思想。因爲此方面歷來討論甚多，加以筆者學力不及此，故僅略及皮毛。二是阮元之生平。由於其年譜及正史所載皆著於政務之表現，所記極繁，筆者撰寫之餘，僅汲取重要事略及有關本文者。其交遊部分，因阮元身爲顯宦，又爲通儒，交遊者不計其數，其幕客、門士更是難以估計，故僅略爲歸納敍述，以免暄賓奪主之嫌。

　　本文擬就阮元所編輯刊刻之圖書，考其緣起、輯刻經過及其評價，以全面探討其整理圖書文獻之貢獻。特別是《經籍纂詁》、《十三經注疏校勘記》及《皇清經解》三部書，對清代學術及後來之影響頗鉅，故另以單章討論。其餘輯刻之書，則略按經、史、子、集別爲考釋，後因卷帙繁重，遂析爲二章。而本文既考其刻書，乃亟庋其書原板存世者，詳其版式并附以書影說明之。

　　本文所用資料，以阮元之著述及輯刻書籍爲主，旁及他人文集及相關資料，並利

〔註3〕《揅經室二集》卷四〈通儒揚州焦君傳〉。

〔註4〕夏炘《夏仲子集》卷三〈書儀徵阮氏各種後〉云：「數十年來書行之多，無過於儀徵阮氏。其《十三經注疏校勘記》則爲魯魚亥豕起見也。其《經籍纂詁》則爲聲音訓詁悉力也。其《考工記車制圖解》則爲制度名物究心也。其《皇清經解》則皆講漢學而專門考訂者也。其《疇人傳》則薈萃天文算學諸家也。其《山左金石志》則搜羅碑版鐘鼎之作也。其《詁經精舍文集》及自編《揅經室文集》，篇帙富有，則皆不外以上諸事也。著書如此，可謂博矣！刻書如此，可謂勤矣！」

用當代學者的研究成果。全文共分六章，除緒論、結語外，先述阮元之生平事略，再依次論述《經籍籑詁》、《十三經注疏校勘記》、《皇清經解》。第五章則考經、史類圖書，第六章考子、集類圖書，其次序則略依輯刻時間排列之。期望透過各書之論述考釋，能全面展示阮元在圖書文獻整理方面之貢獻，以此就教於學者專家。

第一章　阮元傳略

第一節　家世及生平事蹟

一、家　世

阮氏之定居揚州，應上推明神宗萬香時阮巖。阮元云：

> 吾阮氏系出陳留，南宋以後遷江西之清江縣。元末以武力顯。明初
> 徙豪實江南，乃居淮安府。明神宗時，小槐公諱巖，自淮遷揚，爲遷揚
> 始祖〔註1〕。

可見元明以來，阮氏即爲顯貴富豪。至阮巖時，爲避明神宗時屢被報爲大戶而稅役繁重，遂南遷至揚州江都〔註2〕。崇禎末年兵亂，四世巋夫人遂舉家遷往揚州城北四十里往北湖之公道橋定居。到了七世，阮元祖父玉堂，遷居揚州府城，占籍儀徵，此後阮氏籍貫皆稱儀徵〔註3〕。

自阮巖遷至揚州後，傳到阮元已近二百年，共歷九世。家族舊譜原自三世始，以「文秉樞衡、武承嗣蔭」八字排行，阮元屬「嗣」字輩。其後阮元修成家祠，書「恩傳三錫，家衍千名」八字繼之。（其譜系見本章附錄）

始祖巖。二世祖國祥，例贈明威將軍。三世祖文廣，明萬曆時，任榆林衛正兵千戶。四世祖秉謙，以孫匡衡官貤贈武德將軍，早卒，娶江都巋氏。崇禎時，巋氏

〔註1〕《揅經室二集》卷一〈誥封光祿大夫白部左侍郎顯考湘圃君顯妣一品夫人林夫人行狀〉。

〔註2〕劉德美《阮元學術之研究》稱其時已遷居公道橋，誤也。阮元作〈四世祖妣巋太夫傳〉，說之甚明。

〔註3〕《揅經室二集》卷二〈揚州北湖小志序〉云：「元但通籍儀徵而已，實揚州城北湖人也。」

以兵亂攜翁子遷家，知變而保其宗，其後北湖阮氏衍成大族，其功厥偉。阮元曾作傳表之〔註4〕。

阮元高祖樞良，字孚循，生於明天啓六年。幼孤，崇禎末年兵亂，隨母避居北湖公道橋，因以爲家。隨伯兄治田宅致富，事母以孝聞，敬兄友弟，閭黨稱之。讀書過目，輒識大意，性恬退，不樂仕進，而督叔弟習武，成武進士。好施予，嘗置義塚數十畝以濟貧者。爲人和平樂易，與世無忤，其持已廉謹不肆，待人無長幼貴賤。鄉人事有未平，皆就公決，公從容出言，莫不釋然。鄉邑行飲酒禮，皆舉爲大賓，避而不應，其謙遜若此。歿之日，鄉人多爲之泣下。卒於康熙四十二年，以孫官，贈昭勇將軍。娶蔣氏，子二，長時衡，次藻衡〔註5〕。

曾祖時衡，生于康熙七年。忠厚仁謹，好善樂施，承父教無少異。父樞良兄弟四房，未分爨，家事一秉樞良。樞良歿，時衡從兄弟九房，家事亦皆秉于公，公亦無一絲一粟之私，門內外無間言。教子玉堂成武進士，卒於雍正五年。以子官，誥封奉政大夫，誥贈昭勇將軍、侍衛、參將。以曾孫（元）官，誥贈光祿大夫、戶部侍郎。娶周氏，誥封淑人，誥贈一品夫人。子二，長玉堂，次錦堂〔註6〕。

祖父玉堂，字履庭，號琢庵。生于康熙三十四年。生而偁儻有志概，長身健臂，行止偉岸。少能挽強馳射，矢無虛發。喜讀書，爲古文詩詞，援筆立就。康熙五十年，占籍儀徵鄉試，中武舉人。五十四年武會試中試，殿試三甲，賜同進士出身。五十八年，授藍翎侍衛，雍正元年癸卯科殿試武進士。歷任三等侍衛、湖北撫標中軍遊擊、兵部給都司簽書、湖北參將、湖南參將。雍正五年，從征苗亂，戰功顯赫，時爲降苗請命，活者數千，咸感其拯護之恩。《清史稿》列傳謂之「陰德」，後以庇元。後升河南衛輝營參將，以操兵過嚴，遭劾革職。後復官至廣東欽州營遊擊。乾隆廿四年卒。著有《珠湖早堂詩集》三卷，《琢庵詞》一卷、《箭譜》一卷、《陣法》一卷，可謂文武兼備。康熙六十一年，恩授階奉政大夫。乾隆元年，授階昭勇將軍。嘉慶元年，以元官，誥贈資政大夫。嘉慶四年，贈光祿大夫，元配汪氏、繼配江氏皆贈淑人、一品夫人。生子四，長爲承德，次爲承義、承仁、承信〔註7〕。

父承信、字得中，號湘圃。生於雍正十二年。幼讀書，治《左氏春秋》，爲古文辭。生長行間，嫻習騎射。喜乘馬，馳千里不以爲勞。以侍養未與試，決意不求仕

〔註4〕《揅經室二集》卷一〈四世祖姚屬太恭人傳〉。

〔註5〕《揅經室二集》卷一〈誥贈昭勇將軍高祖孚循太府君行述〉。

〔註6〕同上。

〔註7〕《揅經室二集》卷一〈誥授勇將軍廣東欽營遊擊誥贈資政大夫晉光祿大夫戶部侍郎王考琢庵太府君行狀〉。

進。補國子生。熟於《資治通鑑》，于成敗治亂，戰陣謀略，縱橫辨論，授子以期有成。教元歐陽修〈縱囚論〉、蘇軾〈代張方平諫用兵書〉，曰：「讀書當明體達用，徒鑽時藝，無益也。」影響元至深。乾隆五十五年，敕封儒林郎、翰林院庶吉士。嘉慶元年，誥封資政大夫、內閣學士兼禮部侍郎。嘉慶四年誥封榮祿大夫、大戶左侍郎加一級。是年秋，受誥封光祿大夫。卒於嘉慶十年閏二月〔註8〕。

母林氏，亦揚州甘泉人。其父林廷和，乾隆癸酉舉人。通書史，明古今大誼，間為韻語，輒焚不存稿。元幼時得母教甚多，五歲教識字，六歲教以王維、孟浩然、高適、岑參詩，并教以四聲屬對之法，八、九歲即能作詩。元交遊益友皆得於母訓。與蔣士銓母甚密，嘗謂元「讀書做官，當為翰林，若蔣太夫人教子可矣！」治事、辨理皆有過人，胡廷森曾嘆曰：「真女中丈夫，且世之丈夫亦不及也。」生於雍正十三年，卒於乾隆四十六年。乾隆五十五年，敕贈安人。嘉慶元年，晉贈夫人。嘉慶四年累贈一品夫人〔註9〕。

阮氏一族，自元、明即為地方豪族，均以武功顯。遷揚州以後，亦多習武者，自五世以來，有武進士三年，武舉人六人，武生員三人。而未仕者，亦多能守業置產，始終是士紳之族。而其交遊婚媾自然皆是名流顯宦，阮元即是秉此優渥家庭而有成。

阮氏世以武起家，然阮元自小體弱，不善騎射，其父遂命改就經業，加以母林氏出於儒家，教導得力。對阮元一生的學術、官宦生涯立下深厚基礎。

二、生平事蹟

阮元，字伯元，號芸台，亦作雲台，大號雷塘庵主、梁伯（良伯）、節性老人、願性老人、頤性老人、擘經老人、北湖跛叟。清江蘇揚州府儀徵縣人。生於乾隆廿九年（西元 1764），卒於道光廿九年（西元 1849），享年八十六歲。

阮元之生平資料，有年譜《雷塘庵主弟子記》八卷。此書前二卷為弟子張鑑所編，迄嘉慶十一年丙寅四十三歲止。三卷、四卷為長子阮常生所編，迄嘉慶十八年癸酉五十歲止。五、六卷為次子阮福編，至道光九年己丑六十六歲止。七卷為季子阮孔厚所編，至道光十七年丁酉九月七十四歲予告回籍止。八卷為鎮江柳興恩所編，至道光廿九年十月阮元卒止。並由門人羅士琳校勘〔註10〕。以「雷塘庵主」名者，因先墓皆在雷塘，故以自號。此譜雖分署眾人，然體例尚能一致。所記阮元之官歷、著述及家事

〔註8〕《揅經室二集》卷一〈誥封光祿大夫戶部左侍郎顯考湘圃府君顯妣一品夫人林夫人行狀〉。
〔註9〕同上。
〔註10〕李慈銘《越縵堂讀書記》卷三。

極詳，間有雙行小字附錄有關詩文及編者按語。然所記時事較多，如朝覲之事、剿海寇蔡牽、朱濆等事，偏重其政事記載，多述其豐功偉業。李慈銘批評曰：

> 多誇恩遇，僅識遷移，于文達公興學之盛心，皆無所發明〔註11〕。

今就《雷塘庵主弟子記》所載，擇其生平仕宦、學術活動之簡要，補以《清史稿》、《清史列傳》、《國朝耆獻類徵》、《碑傳集》、《續碑傳集》、《國朝先正事略》、《清儒學案小傳》、《續疇人傳》、《清代七百名人傳》等書，對阮元生平重要事蹟作一彙編，按年編排。

乾隆廿九年甲申（1764）　一歲

正月二十日子時，生於江蘇省儀徵縣白瓦巷舊第之南宅

乾隆卅四年己丑（1796）　六歲

就外傅

乾隆卅七年壬辰（1772）　九歲

從喬椿齡、胡廷森習制藝、經史、文選之學。（案：喬氏通諸經義，涉獵經史百家，善屬文，性剛直廉介。）

乾隆四十三年戊戌（1778）　十五歲

應童子試

乾隆四十五年庚子（1780）　十七歲

胡廷森導之受業于李道南（按：乾隆十六年辛卯賜進士出身、學行器識高於一時，不仕進，設教鄉里，著有《四書集說》十二卷，《斷鍼吟》一卷）。

乾隆四十六年辛丑（1781）　十八歲

八月母林太夫人卒，葬於揚州城北中雷塘祖墓之側。

乾隆四十七年壬寅（1782）　十九歲

在家持服，摒去舊作詩詞時藝，究心經學。

乾隆四十八年癸卯（1783）　二十歲

冬奉父命娶江氏

乾隆四十九年甲辰（1784）　廿一歲

謝墉為江蘇學政，錄取元為儀徵縣學第四名，補附生。與凌廷堪定交。

〔註11〕同上。

乾隆五十年乙巳（1785）　廿二歲

科考一等第一名，補廩膳生員。

乾隆五十一年丙午（1786）　廿三歲

九月中鄉試第八名，時主考官為朱珪，副考官戴心亨，房考官孫梅。同榜者有孫星衍、汪廷珍、張惠言等人。

十一月隨謝墉入都，謁見邵晉涵、王念孫，任大椿，時有請問，相與為友。

乾隆五十二年丁未（1787）　廿四歲

會試下第，父命留館京師。作《考工記車制圖解》成。

乾隆五十三年戊申（1788）　廿五歲

《考工車制圖解》付梓

撰〈鬼谷子跋〉

乾隆五十四年己酉年（1789）　廿六歲

會試中第廿八名。時大總裁王杰、經筵講官鐵保、同考官鳳遇年。同榜者有胡長齡、汪廷珍、劉鳳誥、錢楷等人。錄取一等第十名，殿試二甲第三名，賜進士出身。改翰林院庶吉士，入庶常館讀書，先習國書（滿文），旋改習漢書。任萬壽盛典纂修官、國史館武英殿纂修官。

乾隆五十五年庚戌（1790）　廿七歲

散館一等第一，授編修。

父挈江氏至京師。

乾隆五十六年辛亥（1791）　廿八歲

二月大考，題為「擬張衡天象賦」，卷呈御覽，改擢第一、超擢少詹事、入直南書房。充《石渠寶笈》協修、日講起居注官。

七月召對，問及書畫、天文算學事。上喜曰：「不意朕八旬外，復得一人。」

十月升詹事，充文淵閣直閣事。

十一月詔充石經校勘官，分校《儀禮》。

乾隆五十七年壬子（1792）　廿九歲

江夫人卒，女荃殤。以族子常生嗣子。

撰《儀禮石經校勘記》成，并作序。

乾隆五十八年癸丑（1793）　卅歲

六月《石渠寶笈》續編告成。旋任山東學政。

乾隆五十九年甲寅（1794）　卅一歲

九月命青州廩膳生員段松苓訪碑於各嶽鎮

十二月，始修《山左金石志》

是年撰〈秦琅邪臺石刻十三行拓本跋〉

乾隆六十年乙卯（1795）　卅二歲

四月刻《儀禮石經校勘記》成。

八月調任浙江學政。

九月畢沅爲媒，聘衍聖公孔憲增長女璐華。移寓小滄浪亭。

陞授內閣學士兼禮部侍郎銜。

是年創始《疇人傳》凡例。撰〈重修高密鄭公祠碑〉、〈重修表忠觀記〉

嘉慶元年丙辰（1796）　卅三歲

正月徵刻《淮海英靈集》、撰《小滄浪筆談》

二月出試寧波、登天一閣觀書

四月迎娶孔氏爲繼室

五月始刻《山左金石志》，并作序。始修《淮海英靈集》。

是年典試各府，得錢福林、端木國瑚諸士。舉浙江孝廉方正、陳鱣、楊秉初、莊鳳苞等十二人。撰胡渭〈易圖明辨序〉、段玉裁〈周禮漢讀考序〉

嘉慶二年丁巳（1797）　卅四歲

正月始修《經籍纂詁》、與李銳商纂《疇人傳》。

四月試寧波，再登天一閣，命范氏子弟編錄《天一閣書目》。

夏六月刻《七經孟子考文并補遺》成。

閏六月刻薛尚功《歷代鐘鼎彝器款識法帖》。納妾謝氏。

八月摹刻天一閣揚北宋石鼓文，置杭州府學。

十月刊《山左金石志》成。

是年撰〈蘭亭秋禊詩序〉、謝啓昆〈詠史詩序〉

嘉慶三年戊午（1798）　卅五歲

正月修《淮海英靈集》成

四月輯《兩浙輶軒錄》成。撰《小滄浪筆談》成，并作序。

六月作《曾子十篇注釋》成，并作序。

八月補授兵部右侍郎，旋調補禮右侍郎，仍留學政任。撰《經籍纂詁》成。

九月任滿回京，仍入直南書房，刻祖父玉堂《珠湖草堂詩集》成。

是年撰〈惠半農先生禮說序〉、陸耀遹〈崇百藥齋文集序〉、顧炎武〈肇城志序〉及〈泰山志序〉。刻汪中《述學集》。

嘉慶四年己未（1799）　卅六歲

正月轉禮部侍郎、署兵部左侍郎。

三月調補戶部左侍郎，充經筵講官，任會試副總裁，時正總裁為朱珪。得士吳鼒、張惠言、陳壽祺、王引之、許宗彥、馬宗槤等二〇九人，多積學之士。

七月兼署禮部左侍郎。

九月兼管國子監算學。撰《廣陵詩事》成，并作序。

十月署浙江巡撫。

十二月刻《經籍纂詁》成。

是年《疇人傳》編成，并作序。刊《地球圖說》。撰〈衡文瑣言〉、〈己未科會試錄後序〉。

嘉慶五年庚申（1800）　卅七歲

正月授浙江巡撫。

四月重修會稽大禹陵廟碑成，作碑記事。

是年刊〈定香亭筆談〉成，并作序。撰〈琢庵太府君行狀〉。

嘉慶六年辛酉年（1801）　卅八歲

正月以舊日修《經籍纂詁》之屋，闢為書院，名曰「詁經精舍」，并作記。選文行兼優者讀書其中，聘孫星衍、王昶主講，並祠許慎、鄭玄。

四月撰《經籍纂詁補遺》成。

十月修《兩浙鹽法志》初成。

是年始輯《十三經注疏校勘記》，刊《廣陵詩事》成并序。刊錢大昕《三統術衍》，并作序。撰〈孫頤谷侍御傳〉、〈兩浙輶軒錄序〉。

是年阮福生（謝氏出）。

嘉慶七年壬戌（1802）　卅九歲

正月撰《浙江圖考》成。

二月刻《詁經精舍文集》。納妾康氏。

三月刻王復齋《鐘鼎款識》成，并作跋。

八月刊成《兩浙鹽法志》。

十一月撰集《皇清碑版錄》。

是年刻《兩浙防護錄》、《小滄浪筆談》。撰〈焦山定陶鼎考〉、〈孫韶春雨樓序〉、〈題于忠肅公畫像〉。

嘉慶八年癸亥（1803）　四十歲

正月立海寧安瀾書院。創修玉環廳學，並添設學額，以溫州府學訓導改爲玉環廳學訓導。

二月刻朱珪《知足齋詩集》，並作後序。

九月始修《海塘志》。

是年刻張惠言《周易虞氏義》及《虞氏消息》。撰〈革解〉、〈金沙港三祠記〉、〈寶蘇鐘銘〉、〈刻漏鐘銘〉、〈古䚡鐘銘〉

嘉慶九年甲子（1804）　四一歲

正月修《海塘志》成（案此志後經同知楊金榮刪刻之）。

四月屬陳壽祺撰《經郛》，並手定體例分纂。

八月撰刻《積古齋鐘鼎款識》并作序。

九月家廟成，作〈揚州阮氏家廟碑〉。刻鐵保《熙朝雅頌集》。

十二月輯《海運考》成，并作跋。

是年撰錢大昕〈十駕齋養新錄序〉、邵晉涵〈南江邵氏遺書序〉、郭麐〈靈芬館詩二集序〉及〈嘉興嘉禾圖跋〉。

嘉慶十年乙丑（1805）　四二歲

正月屬何元錫等修《兩浙金石志》（案此稿後在粵由李澐刪刻之）。

六月丁父憂，歸里居，並撰〈府君先妣行狀〉。冬築隋文選樓。

是年刻《熙朝雅頌集》成，並作跋。刊張惠言《儀禮圖》。撰〈硤川煮賑圖後跋〉、〈嘉慶九年重濬杭水利記〉、〈劉端臨先生墓表〉。

嘉慶十一年丙寅（1806）　四三歲

居憂，以墓廬在雷塘，故曰「雷塘庵主」。

四月重修《皇清碑版錄》。

六月纂刊《十三經注疏校勘記》成。

上以元將服闋，命署福建巡撫、兩江總督。因病籲辭。

是年刻鍾襃《豉崖考古錄》并作序。與集循等人分纂《揚州圖經》、《揚州文粹》。（案

此事未成，見後）。撰〈揚州隋文選記〉、〈江都淩君傳〉、〈默齋張君誄〉。

嘉慶十二年丁卯（1807）　四四歲

正月編《瀛舟書記》成，并作序。

七月注御製《味餘書室餘筆》，作跋。

秋重修郝太僕祠，并作序。

十月署戶部右侍郎，進四庫未收經、史、子、集、雜書六十種，蒙御覽並賜名「宛委別藏」。

十一月補兵部右侍郎，復授浙江巡撫，暫署河南巡撫。

是年刻焦循《揚州北湖小志》，并作序。撰〈誥授光祿大夫刑部右侍郎述庵王公神道碑〉、〈循吏汪輝祖傳〉、〈曲江亭記〉、〈秋雨庵埋骸碑記〉、〈甘泉山獲石記〉、〈二郎廟蔬獲圃獲石記〉。

嘉慶十三年戊辰（1808）　四五歲

三月赴浙任巡撫。

七月刻《天一閣書目》並作序。以剿蔡牽諸盜事繁，奏以學政劉鳳誥代辦鄉試監臨事。

八月延淩廷堪授常生課。

是年因昔在豫，餽送侍郎廣興銀千兩，後廣興因事見黜，元被牽連，降四級調用。上加恩改降三級，留任。刻《愚溪詩稿》，並作序。

嘉慶十四年己巳（1809）　四六歲

春摹刻天發神讖碑，并作跋。

八月以查奏劉鳳誥代辦監臨舞弊案不實，遭革職。

九月上五旬壽，以元官聲尚好，學問素優，賞給編修，在文穎館行走。

是年，在杭州立靈隱書藏，作〈靈隱書藏記〉。撰《華山碑考》。為淩廷堪刻《禮經釋例》。為法式善刻《存素堂詩集》。為郝懿行刻《山海經箋疏訂訛》。撰〈海塘攬要序〉。張惠言〈茗柯文序〉。孫星衍〈鄭司農年譜序〉及〈漢延熹華嶽廟碑跋〉。

嘉慶十五年庚午（1810）　四七歲

四月補授翰林院侍講。

九月充日講起居注官。

十月兼國史館總輯，輯《儒林傳》。

是年撰〈儀禮喪服大功章傳注舛誤考〉。

嘉慶十六年辛未（1811）　四八歲

四月《經郛》成（案是書采擇未周，艱於補遺，是以未刻）。

六月撰《漢延熹西嶽華山碑考》。

七月授詹事府少詹事。

十二月授內閣學士兼禮部侍郎。

是年撰〈南北書派論〉、〈臧拜經別傳〉、〈葉氏廬墓詩文序〉。

嘉慶十七年壬申（1812）　四九歲

五月補授工部右侍郎，兼管錢法堂事務。

八月補授漕運總督。將纂辦初成之《儒林傳》稿本，交付國史館，《文苑傳》則創稿未就。

九月進呈《經籍纂詁》。

是年撰〈吉蘭泰鹽池客難〉、〈安徽巡撫裴山錢公傳〉、〈淮安大河阮氏世系記〉。

嘉慶十八年癸酉（1813）　五十歲

正月仿靈隱書藏在揚州立焦山書藏，并作記。

二月奏添揚州、海州官兵俸餉，令鹽商損辦。上嚴飭不可行，交部議處，旋降二級留任。

是年《華山碑考》撰成。撰〈蝶夢園記〉

嘉慶十九年甲戌（1814）　五一歲

閏二月《全唐文》告成，以元前在文穎閣行走，加二級。

三月調江西巡撫。

九月破獲胡秉耀等謀逆案，賞加太子少保、戴花翎。

是年撰〈諸城劉氏族譜序〉、〈知不足齋鮑君傳〉。

嘉慶二十年乙亥（1815）　五二歲

撰王引之〈經義述聞序〉及〈江鄉籌運圖跋〉、〈雙歧秀麥圖跋〉、〈岱頂重獲秦石殘字跋〉。

嘉慶廿一年丙子（1816）　五三歲

閏六月調河南巡撫

十一月擢湖廣總督

十二月入覲，呈《十三經注疏校勘記》。

是年刊成王杰《葆淳閣集》。撰〈江西改建貢院號舍碑記〉、〈焦氏雕菰樓易學序〉。

嘉慶廿二年丁丑（1817）　五四歲

八月調兩廣總督。

是年撰〈荆州窖金洲考〉、〈置湖南九谿衛祠田記〉、〈廣州大處山新建砲台碑銘〉。

嘉慶廿三年戊寅（1818）　五五歲

五月兼署廣東巡撫。

十一月奏請重修《廣東通志》。

是年刊《綠天書舍存草》成並作序，撰〈國朝漢學師承記序〉、〈李尚之傳〉、〈浙儒許君積卿傳〉、〈山東糧道淵如孫君傳〉、〈洋程筆記序〉。

嘉慶廿四年己卯（1819）　五六歲

三月坐失察廣西盜匪案，降一級留任。

八月復兼署廣東巡撫。

是年撰〈桂林隱山銘〉并序。

嘉慶廿五年庚辰（1820）　五七歲

正月復兼署廣東巡撫。

三月仿詁經詁經精舍，開學海堂于文瀾書院，以古經之學課士。

四月女安適張熙。（案張熙于翌年正月卒，八月安亦卒）。

道光元年辛巳（1821）　五八歲

九月兼署學政，兼署粵海關監督。

是年修《兩廣鹽法志》。刻《江蘇詩徵》成。撰〈新建南海縣桑園圍石工碑記〉、〈女婿張熙、女安合葬墓碣〉。

道光二年壬午（1822）　五九歲

三月修《廣東通志》成，并作序。

是年撰〈改建廣東鄉試闈舍碑記〉、〈南昌府同知璧堂徐君傳〉

道光三年癸未年（1823）　六十歲

正月復兼署廣東巡撫。

是年輯刻《揅經室集》成，并作序。撰〈重修阮氏族譜序〉。

道光四年甲申（1834）　六一歲

十一月學海堂建成，乃選刻《學海堂集》并作序。

是年撰〈學海堂諸生纂四書文話序〉、〈兩浙金石志序〉。

道光五年乙酉（1825）　六二歲

八月自訂凡例，屬嚴杰等人輯《皇清經解》。

是年《學海堂集》刻成。撰〈文韻說〉、〈堯典四時東作南偽西成朔易解〉、〈重建慶總督行台并續題名碑記〉。

道光六年丙戌（1826）　六三歲

元月調雲貴總督。輯刻《皇清經解》事遂委任夏修恕。

是年纂修《雲南通志》。撰〈英清峽鑿路造橋記〉、〈平樂府重建至聖廟碑記〉。

道光七年丁亥（1827）　六四歲

三月添設安順府屬郎岱廳學，增定學額。

是年撰〈塔性說〉、〈黃河海口日遠運口日高圖說〉。

道光八年戊子（1828）　六五歲

撰〈傳經圖記〉、〈陳建學蔀通辨序〉。

道光九年己丑（1829）　六六歲

《皇清經解》刊成寄滇。

道光十年庚寅（1830）　六七歲

子常生及祜續編《揅經室集》。

道光十一年辛卯（1831）　六八歲

建碧雞台、作記。

道光十二年壬辰（1832）　六九歲

九月命協辦大學士，留雲貴總督任。夫人孔氏卒。

是年撰《石畫記》并作序。撰江藩〈經解入門序〉及〈節性齋主人小像跋〉。

道光十三年癸巳（1833）　七十歲

二月入覲，時七十生辰，御書「亮功賜祜」額賜之。

三月充會試副考官，與主考官曹振鏞不和。

是年《揅經室詩錄》由汪瑩刻成。撰〈王石臞先生墓誌銘〉。

道光十四年甲午（1834）　七一歲

是年刻《劉端臨先生文集》。

撰〈隱屏山人陳編修傳〉、〈揚州畫舫錄跋〉

道光十五年乙未（1835）　七二歲
　　三月奉召至京，擢體仁閣大學士，管理刑部事務，旋調兵部。
　　十二兼署都察院左都御史。
　　是年《雲南通志稿》由何寅士刊稿。

道光十六年丙申（1836）　七三歲
　　二月充經筵講官
　　四月充殿試讀卷官，教習庶吉士。
　　是年《兩廣鹽法志》刊行，撰《詩書古訓》并作序。撰梁章鉅〈退庵隨筆序〉。

道光十七年丁酉（1837）　七四歲
　　撰劉文淇〈揚州水道記序〉及〈雲南井鹽記〉、〈詩有馥其馨馥誤椒記〉、〈汪容
　　甫先生手書跋〉、〈太子少保贈太子太師兩廣總督敏肅盧公神道碑〉、張成孫〈諧
　　聲譜序〉。

道光十八年戊戌（1838）　七五歲
　　五月以老病請致仕。遂以大學士致仕，加恩賞給半俸。
　　八月晉和太子太保銜。
　　是年撰〈陳氏韶樂罍銘釋〉、〈戶部侍郎春海程公神道碑銘〉。

道光十九年己亥（1839）　七六歲
　　輯刻《揅經室續集》。

　道光二十年庚子（1840）　七七歲
　　是年，於學海堂刻成《石畫記》。撰羅士琳〈續疇人傳序〉及〈明安圖割圜密率捷
　　法序〉、〈曹載奎懷米山房土金圖跋〉。

道光廿一年辛丑（1841）　七八歲
　　刻《詩書古訓》成。

道光廿二年壬寅（1842）　七九歲
　　阮亨爲校刊《石渠隨筆》。
　　撰〈校刻宋元鎮江府志序〉、〈高郵茆泮林輯十種古書序〉及朱琦〈小萬卷齋文
　　稿序〉。

道光廿三年癸卯（1843）　八十歲
　　御書「頤性延齡」額賜之，因號「頤性老人」。

宅第毀於火，文選樓藏書盡燼。

道光廿四年甲辰（1844）　八一歲

是年撰〈釋諆〉、〈京師慈善寺西新立顧亭林先生祠堂記〉、〈魏廷昌地形志序〉。

道光廿六年丙午（1846）　八三歲

丙午鄉試。元以乾隆丙午科舉人，重逢鄉榜，因加恩晉賞太傅銜，支食全俸。（案清大臣生前加太傅者，自全文通、洪文襄、范文肅、鄂文端、曹文正、長文襄外，共僅七人，自阮元後，惟潘文恭而已，餘皆身後贈也）〔註12〕。

道光廿九年己酉（1849）　八六歲

十月無疾而卒。諡文達。上特撰〈晉加太傅銜致仕大學士阮元碑文〉。

咸豐二年三月入祀鄉賢祠。九月入祀浙江名宦祠。粵東士紳亦請入祀名宦祠。

原配江氏早卒，生女荃亦殤，遂立族子常生為嗣。繼配孔氏、生女安、子孔厚。納妾唐氏。妾劉氏，生子祜、凱，女正。妾謝氏，生子福。常生官直隸清河道。福官甘肅平涼府知府，祜為候選知府，孔厚為一品蔭生，皆有所成。而妻妾皆有文才，孔氏作《唐宋舊經樓詩稿》〔註13〕，劉氏作《四史疑年錄》〔註14〕，諸妾皆能以詩文相倡和，一家文風極盛。

阮元之仕宦生涯，除了嘉慶十四年受劉鳳誥鄉試弊案牽連外，可說是相當順利。這種穩定的公職生活，有助於推動學術之發展，更易於獲得優秀人才，從事文教事業。而其一生幾乎將精力貢獻於政事、文化、學術工作。

顯赫的官職，致力拔擢才士、興學修書、保存文獻，使他在乾嘉文物鼎盛之時，得以主持風會數十年。

第二節　學術背景及其交遊

一、學術背景

清代康熙、雍正、乾隆三朝，史稱「康乾盛世」。政治上的穩定統一，經濟上的發展繁榮，為學術文化的興盛提供了必要的物質基礎。在文化上，君臣大力提倡學術，書院林立，編書、刻書、校書之風極盛，學士輩出，人才濟濟。此蓬勃的學術，形成乾嘉年間鼎盛的學風，世稱「乾嘉學派」，其研究內容是以經學為中心，旁及小

〔註12〕《國朝耆獻類徵初編》卷卅九，宰輔阮元（李元度撰）。
〔註13〕《揅經室續集》卷三〈闕里孔氏詩鈔序〉。另《販書偶記》載有此書，記「嘉慶間刊」。
〔註14〕詳見本文第五章。

學、音韻、史學、天算、水利、典章制度、金石、校勘、輯佚、辨僞等。研究方法則強調無徵不信，重視考證，並且「不以孤證自足，必取之甚博」，梁啓超稱之爲「考證學」〔註15〕。

乾嘉考證之學的興起，除政治、經濟提供的物質基礎及上位者積極提倡外，清初文字獄，高壓統治，亦驅使學者從事訓詁考證以避禍。此外，學術思潮之演進，才是眞正的內在因素。

乾嘉學派之奠基，在清初的顧炎武，他反對明末以來的空疏學風，強調認眞讀書，重視考察和博庋實證的樸實學風。《四庫總目提要》謂之：

> 其學有本源，博贍而貫通，每一事必詳其始末，參以佐證而後筆之于書，故引據浩繁而抵牾者少〔註16〕。

康熙年間的閻若璩與胡渭承續了對宋明理學的反動，治學上專以考證爲長，使清初的經世致用思潮，轉爲考經研史的實證學風。到了惠棟與戴震時，乾嘉學派始正式形成。

惠棟，字定宇，號松崖，江蘇元和人。其祖父惠周惕，父惠士奇，皆承清初之治學傳統，治經由古文字入手，重視聲韻訓詁，以求經書原義。惠棟承家學，亦由識字審音而通訓詁，再由訓詁而求義理。其治學之特點，則在「唯漢是從」，訓詁必以漢儒爲宗，甚至治經不敢駁經。其過於泥古，影響其學術成就〔註17〕。而同屬者有沈彤、江聲、余蕭客、錢大昕、王鳴盛等人，承家法，稱「吳派」。

戴震，字東原，又字愼修，安徽休寧人。強調義理之學，重視探求古籍之思想內容，主張把訓詁考證與義理結合起來，反對爲考證而考證。其對文字、音韻、訓詁的研究，對名物、典章制度的考證，對古天算、古地理的注釋、整理，在廣度和深度上，都超過前人或同時期學者，是乾嘉學派之集大成者。同屬者有江永、金榜、程瑤田、段玉裁、王念孫父子等。稱「皖派」。

總體來說，吳派治經在「求古」，皖派治經在「求是」，章太炎嘗區別兩派曰：

> 吳始惠棟，其學好博而尊聞；皖始戴震，綜形名，任裁斷，此其所以異也〔註18〕。

然而兩派基本上都是由文字、聲韻、訓詁而求義理的〔註19〕。

〔註15〕梁啓超《清代學術概論》自序。
〔註16〕《四庫全書總目提要》卷一一九，雜家類三〈日知錄〉。
〔註17〕王引之《王文簡公文集》卷四〈與焦里堂先生書〉曾批評曰：「惠定宇先生考古雖勤，而識不高，心不細，見異于今者，則從之，大都不論是非。」
〔註18〕章太炎《訄書》十二〈清儒〉。
〔註19〕錢穆《中國近三百年學術史》第八章〈戴東原〉。

　　乾嘉學者在治學態度和方法上，是極嚴謹踏實的，其講求實證，力戒空談，廣泛利用校勘、辨僞、版本、目錄諸方面的知識，綜合歸納，核其始末，這些工作，都必須建立在博學的基礎上。惠棟、戴震、錢大昕等人，皆以博學著稱。

　　由於阮元身處如此學術背景下，秉承漢學正統，以其博學好古，實事求是之精神，運用各種研究之方法，成爲一代鴻儒。

二、交遊情形

　　阮元一生官途顯赫，於學術提倡不遺餘力，其交遊遍及政界、學界，有師輩、學友、門人、幕客、交往頗廣，其中多博學宿儒，相與論學，對其學術思想及仕宦生涯，影響頗深。然阮元一生除忙於政事外，精力皆投注於學術推展工作上，僅有閒暇，即作詩自娛，偶有詩文酬唱之作，然未有完整之書札整理記錄，其交遊雖可由文集及他人著述中見之，終無可窺其全貌。今僅能擇其要者略述之。而所述者多大儒，其學行已多見，不贅述，因只言其關係。

　　謝墉，江蘇嘉興人。在阮元應童子試時，獎勵極力，並留第令其讀書。任江蘇學政時，拔元爲縣學補附生。汪廷珍、江德量、胡長齡、孫星衍、焦循諸人皆其識拔也。後偕元入都，與時儒交遊，阮元初入儒林，得其力也。死後，阮元爲墓誌銘，並爲刻其《食味雜詠》〔註20〕。

　　王昶，江南青浦人。阮元京師任詹事時，嘗與王昶、王念孫父子等人以文酒會。元撫浙時，請爲主杭州敷文書院。詁經精舍立，復延之主講，其間交遊論學，情誼甚篤。病危時，囑元爲作神道碑文。其學本惠棟，無所不通，而積金石數千通，撰《金石萃編》，於阮元之金石學影響頗大〔註21〕。

　　錢大昕，江蘇嘉定人。長元卅五歲，是乾嘉吳派之佼佼者，經史、天文、曆算、金石、聲韻、訓詁、詞章，無所不通，與阮元爲忘年交，彼此多所稱譽，阮元頗以爲榜樣。阮元輯《疇人傳》曾多請益，後爲其刊《三統術衍》〔註22〕。

　　朱珪、朱筠兄弟，大興人。朱珪爲阮元鄉試座師，經史之學，造詣不深，然拔擢賢才，不遺餘力，阮元爲其刻《知足齋詩集》，死後爲作神道碑〔註23〕。朱筠對阮元啓發尤人，所到處刻書興學，獎掖後進，於學術之推展出力頗多。元輯《經籍纂詁》，即是承續其未完之業（見本文第二章）。

〔註20〕《揅經室二集》卷三〈吏部左侍郎謝公墓誌銘〉，此文未言及《食味雜詠》一書。孫殿起《販書偶記》卷十七載阮元刊，詳見本文第五章。
〔註21〕嚴榮《述庵先生年譜》；《揅經室二集》卷三〈誥授光祿大夫右侍郎述庵王公神道碑〉。
〔註22〕自編《錢竹楣先生年譜》，所刻書見本文第五章。
〔註23〕《揅經室二集》卷三〈太傅體仁閣大學士大興朱文正公神道碑〉。

畢沅，江南鎮洋人。官居各地，輒修葺古蹟，纂輯方志、金石多有貢獻，阮輯《山左金石志》得力甚多。後此書讓美於畢沅（見本文第五章）。

段玉裁，江蘇金壇人。元校勘石經儀禮時，曾以函商問疑難處，後元爲撰〈周禮漢讀考序〉極稱之。元撰《十三經注疏校勘》時，段氏出力甚多，且代爲作〈左傳校勘記序〉。

汪中，江蘇江都人。與元俱爲學政謝塘選拔。然性耿介，不求仕進，與元爲姻親，亦師亦友。汪中博學多聞，《清史稿》稱爲「通人」。阮元爲刻〈述學〉，稱其「孤秀獨出，凌轢一時，心貫九流，口敝萬卷」〔註24〕。

王念孫、王引之父子，江蘇高郵人。阮元於乾隆五十一年入都謁見王念孫等人，時有請問，於聲韻、文字、訓詁，多有所得。並稱「高郵王氏一家之學，海內無匹」，爲作墓誌銘〔註25〕。王引之則爲阮元嘉慶四年任副主考官時所拔之士。元平日說經，與王氏喬梓投合無間，繼而鼓勵引之撰成《經義述聞》，并爲作序〔註26〕。

劉台拱，江蘇寶應人。與汪中、王氏父子并稱「淮海四士」。有女適常生，故與元爲姻家。其所交遊，有朱筠、程晉芳、戴震、邵晉涵、任大椿、段玉裁等，每爲阮元薦舉名士入幕，臧庸即是一例。與阮元交往極密，死後元爲作墓表，並刊其文集。

孫星衍，江蘇陽湖人。乾隆五十一年與阮元同舉鄉試出朱珪門下，五十二年進士。阮元方讀書於庶常館時，孫星衍在朝爲官，兩人相從甚密。阮元爲山東學政時，適孫氏官山東兗沂曹濟兼管黃河兵備，諸名士常相燕集，詩文唱和。嘉慶五年，阮元撫浙，招孫氏佐理幕務，並延主紹興蕺山書院。詁經精舍立，聘孫氏與王昶迭爲主講，所成之士，不可勝數。元爲作傳曰：「元與君丙午同出朱文正公之門，學問相長，交最密〔註27〕。」

凌廷堪，安徽歙縣人。與阮元于乾隆四十六年識面，四十九年復遊揚州，見阮元，以學問相益，乃擬李白〈大鵬見希有鳥賦〉以見意，遂定交。二人情逾骨肉，終身不渝。晚年得阮元資助尤多，嘉慶十三年應阮元請，課子常生，並爲刻《禮經釋例》，爲作傳入《儒林傳》〔註28〕。

張惠言，江蘇武進人。與阮元、孫星衍等同舉鄉榜，嘉慶四年阮元爲試副考官時，成進士。元極推崇之，惜早卒。後爲刻《周易虞氏義》、《虞氏消息》、《儀禮圖》，

〔註24〕汪中《述學》敘錄。
〔註25〕《揅經室續集》卷二〈王石臞先生墓誌銘〉。
〔註26〕《揅經室一集》卷五〈王伯申經義述聞序〉。
〔註27〕《揅經室二集》卷三〈山東糧道淵如孫君傳〉；張紹南《孫淵如先生年譜》。
〔註28〕陳萬鼐《凌廷堪年譜》；《揅經室二集》卷四〈次仲凌君傳〉。

張惠言之作得以留傳而顯者，阮元之故也〔註29〕。

江藩，江蘇甘泉人。是阮元同鄉同學，幼即與之善，常相從論學。江藩受業惠棟弟子余蕭客，學貫經史，博通群籍，然家貧無以繼。後常入阮元幕，助佐其事，阮元《疇人傳》、《淮海英靈集》、《廣東通志》皆得其襄助以成。江藩所纂《國朝漢學師承記》，阮元作序云：

> 讀此可知漢世儒林家法之承授，國朝學者經學之淵源，大義微言，不乖不絕。

可說是極為推崇。而江藩依附阮元，得以盡展其經學義理，阮氏亦可籍其博學推展學術，故其交誼深且久。

焦循，江蘇江都人。為阮元族姊夫，長元一歲，與元齊名，為學精深博大。恬淡不仕，惟著書為事。阮元各地為官，屢招從遊，佐助學幕，討論學術。曾助元輯刻《淮海英靈集》。《國史儒林傳》之纂寫尤得其指導。元為刻《北湖小志》，作傳稱之為「通儒」〔註30〕。

阮元官任多處，常拔擢年輕學者助佐政事或輯刻書籍，而其任學政二次，閱試各州縣，拔者無數，兩次為會試副考官，更多當代名士出其門下。他如詁經精舍及學海堂，肆業其中而顯者，不可勝數。是以元無論官至何處，其獎勵後進，興學倡儒，使其幕下學士不絕如縷。而觀乎阮一生的學術活動，即是在此一大助力下，主宰了學術界半世紀之久。阮元之任官，大都在山東、兩浙、兩廣及雲南四地。其交遊者亦多屬此四地。故以下就此四地，擇其參與元學術活動之友人、幕客及門生，以表列之。其主要之參考，為《揅經室集》、《小滄浪筆談》、《定香亭筆談》及《瀛舟筆談》等書。而關於詁經精舍及學海堂之講學者及肄業生，因無法一一列舉，將於第四節討論之。

（一）山東地區

姓　名	別　號	籍　貫	關　係	事　略
王學浩	椒畦	江蘇崑山	同年	工詩畫，為元〈學署八詠〉作畫。
馬履泰	秋藥	浙江錢塘	門生	相與從遊，酬唱論學。
顏崇榘	衡齋	山東曲阜	幕友	家富藏吉金，出以助元。

〔註29〕《揅經室一集》卷十一〈張皋文儀禮圖序〉；《揅經室二集》卷二〈集傳錄存〉。
〔註30〕《揅經室二集》卷四〈通儒揚州焦君傳〉。

武億	虛谷	河南偃師	幕友	精於金石，助輯《山左金石志》。
朱文藻	朗齋	浙江仁和	幕友	好金石，留心文獻，佐輯《山左金石志》、《兩浙輶軒錄》。
桂馥	未谷	山東曲阜	友人	元于金石、聲音、文字多所請益，後爲其《晚學集》作序。
何元錫	夢華	浙江錢塘	幕友	博洽工詩文，尤嗜金石，所藏最富，助輯，《出左金石志》、《小滄浪筆談》、《四庫未收書提要》、《十三經注疏校勘記》、《經籍纂詁》。
錢大昭	可廬	江蘇嘉定	門生	錢大昕弟，助元于山左、浙江兩地校士。
段松苓	赤亭	山東益都	幕友	於書畫、篆隸，時人無能及。收金石刻至三千餘，著《益都金石志稿》，佐元輯《山左金石志》。
黃易	小松	浙江錢塘	幕友	善藏金石拓本，出以助元成《山左金石志》。
陸繩	古愚	山東吳江	幕友	助搜金石，以文字交。
孫韶	蓮水	江蘇江寧	幕友	佐校試文事。元譽爲畢沅弟子之第一人。
吳文徵	南薌	安徽歙縣	幕友	工書畫、善篆刻，爲元刻伯元小印。
吳文松	秋鶴	浙江秀水	幕友	久居幕下，詩文唱和。
王完敬		山東濟寧	門生	嘗讀書學署，工詩賦。
宋繩祖		山東膠州	門生	元極賞之，譽爲山東諸生詩學第一。
牟廷相		山東棲霞	門生	博通經史，元舉爲優行生第一人。
顧述	子明	江蘇武進	幕友	盧文弨弟子，助元校士衡文。
臧庸	在東	江蘇武進	幕友	得劉台拱推薦至幕下。助理《經籍纂詁》及《十三經注疏校勘記》
錢東垣	既勤	江蘇嘉定	幕友	精研經史金石，居幕下助閱。
郭敏磐	小華	山東歷城	幕友	工書畫，爲山左第一人、爲元書《鄭公祠碑記》。

　　其他如從遊友人有法式善、徐大榕、吳人驥等人。試士得詩作者有范李、蕭與澄、馬中驥、閻學海、朱柯年、朱榮年、王祖昌、李果、孔昭虔、范毓昉、蔣因培、耿玉函等諸人。又《小滄浪筆談》載《山左金石志》纂輯之事，助訪碑文者尚有江鳳彝、李伊晉、李東琪、馮策、許紹錦等人。

（二）兩浙地區

姓　名	別號	籍　貫	關係	事　略
李　銳	尚之	浙江仁和	幕友	錢大昕弟子，深於天文算術，助校李治《測圓海鏡》推算立天元一細草。爲纂《疇人傳》、《十三經注疏校勘記》、刊《地球圖說》，爲補圖。
蔣徵蔚	蔣山	浙江元和	門生	助錄《竹垞小志》。
陳文杰	雲伯	浙江錢塘	門生	元讚爲杭州諸生詩作之第一人，助輯《淮海英靈集》及校刻《七經孟子考文并補遺》、《兩浙輶軒錄》。
陳鴻壽	曼生	浙江錢塘	門生	才略亞于陳文杰，助《小滄浪筆談》、《定香亭筆談》，校補《兩浙輶軒錄》。
郭　麐	頻伽	江蘇吳江	友人	助校補《兩浙輶軒錄》。
錢福林	金粟	浙江仁和	幕友	助輯《定香亭筆談》。
陳豫鍾	秋堂	浙江錢塘	幕友	精小學、篆隸，尤精摹印，爲《積古齋鐘鼎款識》摹款識。
吳文溥	澹川	浙江嘉興	幕友	助輯《定香亭筆談》、《兩浙輶軒錄》。
鮑廷博	以文	安徽歙縣	友人	詩文唱和，並刻李治《測圓海鏡》，助輯《四庫未收書提要》。
趙　魏	晉齋	浙江仁和	門生	助校《山左金石志》，輯《兩浙金石志》，校《七經孟子考文并補遺》。
陳　鱣	仲魚	浙江海寧	門生	助纂《經籍纂詁》。
張燕昌	芑堂	浙江海鹽	門生	元得其北宋石鼓文摹本刻之。
周治平		浙江臨海	門生	助輯《疇人傳》。
洪頤煊	筠軒	浙江臨海	門生	助輯《經籍纂詁》並續爲《補遺》
丁傳經		浙江歸安	門生	助輯《經籍纂詁》，校補《兩浙輶軒錄》。

丁授經		浙江歸安	門生	助輯《經籍纂詁》。
鍾 懷	蔇崖	江蘇甘泉	友人	元爲輯刻《蔇考古錄》。
陳 焯	無軒	浙江歸安	幕友	助輯《淮海英靈集》。
趙惠棻	蘭生	浙江秀水	幕友	助輯《淮海英靈集》。
端木國瑚	子彛	浙江青田	門生	助輯《淮海英靈集》。
臧禮堂	和貴	江蘇武進	幕友	助輯《經籍纂詁》。
嚴 杰	厚民	浙江餘姚	幕友	助輯《經籍纂詁》、《十三經注疏校勘記》、《皇清經解》。
朱爲弼	椒堂	浙江平湖	門生	助輯《經籍纂詁》、《積古齋鐘鼎款識》、校補《兩浙輶軒錄》。
周中孚	鄭堂	浙江烏程	門生	助輯《經籍纂詁》並續爲《補遺》。
張 鑑	秋水	浙江烏程	門生	助輯《經籍纂詁》校補《兩浙輶軒錄》，撰《雷塘庵主弟子記》。
徐 鯤	北溟	浙江吳縣	友人	助校《七經孟子考文并補遺》。
江 鏐		浙江吳縣	友人	助校《七經孟子考文并補遺》。
孫同元	雨人	浙江仁和	幕友	助輯《經籍纂詁》、《十三經注疏校勘記》。
徐養原	新田	浙江德清	門生	助輯《十三經注疏校勘記》。
顧廣圻	千里	江蘇吳縣	幕友	助輯《十三經注疏校勘記》。
洪震煊	百里	浙江臨海	幕友	助輯《十三經注疏校勘記》、《經籍纂詁》并續爲《補遺》。
陳壽祺	恭甫	福建閩縣	門生	助輯《海塘志》、《知足齋詩集》、《經郛》。
許宗彥	周生	浙江德清	門生	助輯《兩浙金石志》。
王 豫	柳村	江蘇丹徒	友人	助輯《皇清碑版錄》。

阮元爲江蘇揚州人，嘉慶年間，一任浙江學政及兩任浙江巡撫，官兩浙之時間長達十餘年，其間推動學術學者相交論學，接引後進，所交遊者，不可勝計。若編輯《經籍纂詁》、《淮海英靈集》、《兩浙輶軒錄》等書，參與之友門生極多，將于下文述之，此不贅列。

（三）兩廣及雲南地區

姓　名	別號	籍　貫	關　係	事　略
方東樹	植之	安徽桐城	幕友	助修《廣東通志》。
陳昌齊	賓臣	廣東海康	幕友	助修《廣東通志》。
何治運	志賢	福建閩縣	幕友	助修《廣東通志》。
謝蘭生	佩士	廣東南海	幕友	助修《廣東通志》。
吳蘭修	石華	黃東嘉應	幕友	助修《皇清經解》、修《廣東通志》、輯《學海堂集》。
王　崧	樂山	廣東浪穹	門生	助修《雲南通志稿》。
李　誠	師林	廣東黃巖	幕友	助修《雲南通志稿》。
張肇岑	蘭城	江蘇江都	門生	錄《石畫記》。

　　阮元在兩廣期間，致力於教育事業、立學海堂以提倡學術，培養不少人才。另外更著手編輯《皇清經解》，于兩廣學風之推動，有極大的貢獻。而其交遊，不若兩浙之活躍，皆以學海堂師生為主。其後任官雲南，為邊陲地區，文風未起，然元己年邁，無心興學。此時期學術活動較少，由《揅經室集》詩作中，可看出他這時交遊者多為地方耆隱士，加以舊日學友遠在他處，或多數零落，更使他恣意遊賞，無心問學著述。

第三節　著　述

　　阮元長期的仕官生涯，足跡所至，必提倡學術，獎掖人才，整理典籍，刊刻圖書。然於政事繁忙之際，仍不廢著述，其承續乾嘉學術博學精審之特色，于經學、史學、文字、聲韻、訓詁、校勘、金石、地理、曆算等，皆有獨到之見解，今見《揅經室集》所載，足可看出其宏博之學術研究。

　　著書與修書不同，著述乃個人心力思考所創造者，其足以表現學術思想及研究方法。阮元畢生致力於文獻之整理與保存，因之今所見者，多詩文雜記，其經學、考據多未衍成鉅篇，而以單篇收於《揅經室集》中。透過這些著述，仍可見其旺盛的創作力及博通的學識。以下就其所著，按時間先後略述之，重點在其學術之活動，而思想之表現，非本文所要探討者，僅略及之。

一、《考工記車制圖解》　二卷

　　《考工記》本為一部書，後人附入《周禮》。歷來專對《考工記》注解之作極多，

朱彝尊《經義考》所錄即有二十餘部之多〔註31〕。然多爲注釋之文，少有發明貫通其義者。至清代學者，始重視名物制度之考據。戴震云：

> 不知少廣傍要，則考工之器，不能因文而推其制。不知鳥獸蟲魚草木之狀類名號，則比興之義乖〔註32〕。

又云：

> 諸工之事，非精究少廣旁要，固不能推其制，以盡文之曲奧〔註33〕。

因取經文及鄭注分列於前，各爲之圖，成《考工記圖》二卷。以圖說經，並非始於戴震，明代林希逸《鬳齋考工記解》及林兆珂《考工記述注》即曾作圖爲注，然不若戴書之精審可據。

阮元承襲戴書之作，更於《考工記》車工之事，考證牙圍、捎藪、輪綆、車耳、陰帆、輈、深、任木、衡軓等事，作〈輪解〉、〈輿解〉、〈輈解〉、〈革解〉、〈金解〉、〈推求車度次第解〉，別作輪、輿、輈三圖，成《考工記車制圖解》二卷〔註34〕。

他利用精確的算學考衍，以推求車體之形制，並說「以此立法，實可閉門而造，駕而行之。」其經義之說解，復博采眾說，「實可辯正鄭注，爲江慎修、戴東原諸家所未發〔註35〕。」嚴杰跋云：

> 宮保師《考工記車制圖解》，乾隆戊申（五三年）秋，杰從丁教授小雅所見之。教授云解中言漢以前任正，因近輈而冒輈之名，漢以後歸輈於輿，而失任正之本，是確論不可易。近編《經解》，合眾說觀之，實非考證賅洽，亦何能精審若是也〔註36〕？

陳澧亦稱其「車人之事，昭然若發矇」〔註37〕

本書是阮元乾隆五十二年寓于京師所作，隨即刊成并作序〔註38〕。嘉慶八年復爲作跋。其後收入《揅經室一集》及《皇清經解》。

二、《石渠隨筆》　八卷

乾隆五十六年，阮元官詹事，與南書房臣王杰、董誥、金士松、沈初、彭元瑞、玉保等人，奉敕續編《石渠寶笈》，將內府所藏書畫，未入正編者，予以薈萃成編。

〔註31〕朱彝尊《經義考》卷一二九。
〔註32〕戴震《戴震文集》卷九〈與是仲明論學書〉。
〔註33〕《戴震文集》卷十二〈考工圖訓〉。
〔註34〕《揅經室一集》卷七〈考工記車制圖解序〉。
〔註35〕同上。
〔註36〕《皇清經解》卷一〇五六，阮元〈車制圖解跋〉。
〔註37〕陳澧《東塾讀書記》卷七。
〔註38〕丁日昌《持靜齋書目》及《東海藏書樓書目》均載曰「七錄書閣刊本」。

此書是阮元編纂《石渠寶笈》之暇，隨筆所記，別爲鑑賞考證。古來藝術鑑賞，明王世貞《四部稿》諸題跋偶有及之，然非專書。阮元隨筆記錄，兼及考據、鑑賞。於書畫之考據極爲詳密，而鑑別精審，更有獨到之見解。如稱宋人畫司馬溫公「獨樂園圖」，不依溫公集中「獨樂園記」畫之，爲布置之大謬。再如元四家以倪瓚最爲世重，而他論倪畫謂：

> 他人畫山水，使眞有其地，皆有遊玩，則枯樹一二株，矮屋一二楹，殘山賸水，寫入紙幅，固極蕭疏淡遠之致，使其身入其境，則索然意盡矣〔註39〕！

表達了不同的鑑賞觀點。葉德輝稱之曰：

> 若準文達之論，忠告世之畫家，則繼往開來之功，爲不少矣〔註40〕！

然葉氏同時亦指出阮元考證疏漏之處，如考唐張僧繇「夜月觀泉圖」、盧鴻一「草堂十志圖」、唐刁光胤的「寫生花卉」等作，有未盡細勘處。

此書寫成後，並未刊板，直到道光廿二年，始由弟阮亨爲校刻〔註41〕。此單刻本後亦收入《文選樓叢書》。

三、《儀禮石經校勘記》　四卷

石經始刻於漢靈帝熹平四年。因經書傳鈔久遠，文字易生訛誤，不辨之儒即以穿鑿，貽誤後學，更往往有一字之異，而致儒者之紛爭。爲統一經文，清廷乃以諸儒正定五經，刊爲石碑。並可籍此校正訛誤，整齊脫文，因自漢立石經後，歷代創建者頗多。如魏正始、晉、唐開成、後蜀、明嘉祐等皆刻立石經。

清乾隆五十六年，亦下詔刻石經，並命彭元瑞主其事。時阮元官詹事府詹事，因充石經校勘官，分校《儀禮》十八篇。

《儀禮》一經，歷來刻本訛誤最甚。阮元云：

> 《儀禮》漢石經僅有殘字，難校全經。自鄭康成作注參用今、古文，後至隋末陸德明始作《釋文》，校其同異。今《釋文》本又多爲唐宋人所亂。唐開成石經所校，未盡精審，且多朱梁補刻及明人補字之訛。宋張淳校刻浙本，去取復據臆見〔註42〕。

歷來校勘《儀禮》者，多取石經以對，然輾轉考釋，各石經原本又多生訛誤，可見此校勘工作之複雜。

〔註39〕《石渠隨筆》卷一〈倪瓚南峰圖〉。
〔註40〕葉德輝《郋園讀書志》卷六〈石渠隨筆〉。
〔註41〕同上，葉氏題「道光壬寅阮氏文選樓刊本」。
〔註42〕《擘經室一集》卷二〈儀禮石經校勘記序〉。

阮元校勘此石經，以宮中所藏石經及宋、元諸本，復取歷來之校注本，互相校讎。本書自序提及：

> 今總漢石經殘字、陸德明《釋文》唐石經、杜佑《通典》、朱熹《經傳通解》、李如圭《集釋》、張淳《識誤》、楊復《圖》、敖繼公《集說》、明監本、欽定《義疏》、武英殿《注疏》諸本以及內廷天祿琳瑯所收諸宋、元本、曲阜孔氏宋本，綜而核之〔註43〕。

足見其徵引之博。除廣求諸本之外，尚且請益於當時通儒，擇善而從之。本書焦循後序云：

> 自奉詔後，冬寒夏暍，退直餘閒，臚列諸本，反覆經義，審擇得平。兼又博訪通儒，務從人善。如得以爲昏姻之故爲庶子適人者，則用戴東編修說；賓服鄉卿大夫，則用劉端臨教諭說；脊脅胳肺，則用王伯申明經說；喪服傳刊去四十字，則用金輔之修撰說。又錢辛楣宮詹、王懷祖給諫，亦曾執手問故〔註44〕。

此外於喪服大功章，亦有馳書劉端臨以定者〔註45〕。

此書成於乾隆五十七年六月，并作序，共成四卷。前三卷爲校勘經文，第四卷則校勘字體。乾隆五十九年，《十三經》石經校勘畢，遂摹勒上石。

乾隆六十年，阮元任山東學政時，此書由七錄書閣刊成。集循爲作後序。此書日後成爲《十三經注疏校勘記》之依據，其後收入《皇清經解》及《文選樓叢書》。

四、《小滄浪筆談》　　四卷

阮元於乾隆五十八年奉調山東學政，至六十年調任浙江學政止，居山東凡二年，其間得幕客門下之助，輯成《山左金石志》一書，又出試各州縣，得佳士百餘人，遊盡湖山之勝。其時相與交遊者，有孫韶、朱文藻、何元錫、馬履泰、孫星衍、桂馥、臧庸、武億、段松苓、陳鴻壽諸人，玩賞論學，作詩文以相唱和。

移任浙江後，每念起山東之事，與客共談，乃就其記憶，隨筆疏記之。又屬何元錫、陳鴻壽附錄當時所作之詩文，於嘉慶三年撰成《小滄浪筆談》四卷，并作序。於嘉慶七年刊刻之〔註46〕。

小滄浪，是山東學署附近之別業，阮元常於此避暑遊憩，與學署相隔之大明湖，則是與諸人遊賞詩詠之地。本書所收，爲阮元此時所作雜文、詩賦、兼錄諸從遊詩

〔註43〕同上。
〔註44〕《儀禮石經校勘記》焦循後序。
〔註45〕《揅經室一集》卷二〈儀禮喪服大功章傳注舛誤考〉。
〔註46〕《揅經室二集》卷八〈小滄浪筆談序〉。

作，間有短文小傳記其從遊者，尤以《山左金石志》諸人訪碑之事極詳，是阮此時期活動的極佳資料。此書後收入《文選樓叢書》。

五、《曾子十篇注釋》

《曾子》一書，今已亡佚，所得見者，《大戴禮記》中所錄〈立事〉、〈本孝〉、〈立孝〉、〈大孝〉、〈事父母〉、〈制言上〉、〈制言中〉、〈制言下〉、〈疾病〉、〈天員〉十篇。此書以前著錄者，《漢書藝文志》言十八篇。《隋書經籍志》言三卷，《新舊唐志》言二卷。晁公武《郡齋讀書志》言十篇。《崇文總目》、《通志藝文略》、《文獻通考》、《山堂考察》、《宋史藝文志》皆載二卷。今存十篇，咸認爲是十八篇所遺也。

阮元認爲，百世學皆取法孔子，然受業于孔子，其言無異於孔子而獨存者，惟曾子十篇，故從事孔子之學者，當自曾子始。自序云：

> 惟孰復曾子之書，以爲當與《論語》同，不宜與記書雜錄並行〔註47〕。

於是考十篇之文，注而釋之。

清代校注《大戴禮記》者，有盧文弨、盧見曾、載東原、孔廣森、王念孫、汪中及朱筠、丁杰等人。元乃據北周盧辨注，博考群書，正其文字，參以諸家之說，擇善而從。其中眾說有異者，則考釋而下案語，至於文字異同及訓義所本，皆釋之。又嘗博訪友人，商榷疑義。嚴杰稱曰：

> 正諸家之得失，辯文字之異同，可謂第一善冊。師於中西天算，考覈
> 尤深，〈天員〉一篇，更非他人所能及也〔註48〕。

本書成於嘉慶三年浙江使院，由門生劉文淇、王翼鳳校勘。版藏揚州，道光三年燬於火，廿五年重刊之，收入《皇清經解》及《文選樓叢書》。

六、《定香亭筆談》　　四卷

乾隆六十年至嘉慶三年期間，阮元任浙江學政。於閒暇時，隨筆疏記近事，名之曰「定香亭筆談」。

定香亭，是浙江杭州學使署西園荷池中的涼亭。其四周竹樹茂密，入夏後，萬荷競開，清香襲人。元遂以放翁詩「定池蓮自在香」意，名之曰「定香亭」。夏日最宜避暑，元時讀書其中，遇有訪者，茶瓜清讌，流連竟日，其間詩詠之作亦不少〔註49〕。

此書因是隨手記載，殘篇破紙，未編成帙。待元任滿回京時，錢塘陳文杰隨元入都，因手寫一帙，置於篋中。嘉慶四年冬，阮元奉命撫浙，陳文杰亦隨之南下，

〔註47〕《揅經室一集》卷二〈曾子十篇注釋序〉。
〔註48〕《皇清經解》卷八〇六〈嚴杰跋〉。
〔註49〕《定香亭筆談》卷一〈定香亭賦〉。

後其稿由孝豐施應心轉錄去，付之梓人。然其中漏略頗多，元遂取出舊稿，屬吳文溥、陳鴻壽及錢福林、陳文杰諸人重訂正之。

阮元舊稿原以記事為主，條列陳之。然諸人以《小滄浪筆談》之例，請以詩文連篇附錄於各條之後，以詳明之。

本書編訂者，陳鴻壽曾為元輯校《小滄浪筆談》，而陳文杰亦剛助輯《淮海英靈集》成。故此書體例頗仿二書。其內容與《小滄浪筆談》皆是記雜文遊詩。然不同的是，此書錄眾人之詩，是有條理的排列。如錄孫韶《春雨樓詩》、吳蘭雪《蘇山館詩》、郭頻伽《靈芬館詩》等，大有搜集未刊詩作之意。同樣地，本書詳記阮元在浙江學署任中的雜事及交遊，亦是可貴之資料。

此書成於嘉慶二年，元并作序。嘉慶七年刊於浙江節院。此板後入《文選樓叢書》〔註50〕。

七、《浙江圖考》　三卷

古今水道，變遷極多，復因名稱多易，小水支流，混淆不清。清代考據者，多以水道考釋為地理學之始。《尚書禹貢》為我國最早之地理文獻，然今古地名有異，其於長江、淮河流域之記載又過於簡略，故歷來考釋極多，獨成一門「禹貢學」。

《禹貢》稱揚州「三江既入，震澤底定」。所謂「三江」，歷來爭議最多。兩漢以前對三江之解釋無異，到北魏酈道元《水經注》，即將浙水誤為漸水，後遂混淆不可辨識。到了唐代徐堅《初學記》，更誤引《尚書》鄭注及《漢書地理志》，積非成是，致清代如顧炎武、胡渭諸大儒皆沿此誤。

阮元家居揚州，嘉慶初年督學浙省，往來諸水間，深感浙省人才之盛，而於「浙江」一水無所識。便實測量水土，參稽經史，撰成《浙江圖考》三卷。阮元之考證，據班固《漢書地理志》、許慎《說文》辨證，以三江為北、中、南三系，俱發源於岷山。由揚州南方入海者為北江，由宜興入海者為中江，由餘姚北入海為南江，浙江者即為南江也。他旁引古籍，將水道變遷之記載文獻，及諸家之注疏考證，依時代先後排列，並逐一以案語考釋，後并附以十圖說明之。其方法可謂謹嚴。又因實地之考察，故能對積非之說，詳加駁斥。凌廷堪云：

> 三江主《漢志》，實東原先生開其端，近人若金輔之、姚惜抱、錢溉亭諸君皆然。然《說文》所載浙、漸二水，皎若列眉，俱不知引，非閣下博稽精證，則為學者疑義，終未析也〔註51〕。

〔註50〕《文選樓叢書》收此原刊本，扉葉題「嘉慶七年浙江節院刊板」，始知其刊刻時間。
〔註51〕凌廷堪《校禮堂文集》卷廿四〈與阮侍郎書〉。

程瑤田則曰：

> 《浙江圖考》據《漢書》、《説文》辨證，以漸爲浙之非，於是千餘年
> 來浙江之名，雖學士文人不能別白，而了然於心者，一旦復還舊觀，眞快
> 事也〔註52〕。

程氏并在其《禹貢三江考》中，多引阮氏之說。此外《詁經精舍文集》中有謝江、洪震煊、蔣炯、胡綰的〈浙江即岷江非漸江考〉，皆能據阮說闡述之〔註53〕。

此書嘉慶七年元月撰成於杭州使院。今中研院史語所藏有單行，題爲嘉慶八年刊本。單刊本後收入《揅經室集》。

八、《海運考》　二卷

中國內地黃河、淮河諸流，自古爲漕運之動脈，然河流時而因淤沙而阻，致船不能行，其影響民生至鉅。明以來即有以海運代替河運之議，明邱濬《大學衍義補》曰：

> 國家都燕，蓋極北之地，而財賦之入，皆自東南而來，會通一河，譬
> 則人身之咽喉也，一日食不下咽，亦有大患，迂儒過爲遠慮，請于無事之
> 日，尋元人海運之故道〔註54〕。

阮元深有同感，然世論仍以海運不若河運可靠而未予重視。嘉慶八年十一月，阮元以上諭，爲預籌海運之。「與僚屬盡心集議，外訪之於人，內稽之於古」，然因時風所致，不敢論言海運之可行，僅未置可否，不能決然行之。

嘉慶九年十月，河水低弱，不利船行，乃復籌畫海運一法，益覺有利焉。然河道暢通後，遂不復用。因感海運之可行而世人不得知，遂重理舊說，凡考之于古，參之于今，編簡成冊，爲《海運考》一書，以爲千慮一得之效〔註55〕。

是書共二卷，成於嘉慶九年十二月〔註56〕，原刊本今不存，僅由阮跋得其始末。

九、《瀛舟書記》　六卷

阮氏一族原是以武起家。元父承信更是熟於征戰謀略，嘗以《資治通鑑》教示歷代之成敗治亂、戰陣謀略及縱橫辯論之術，于阮元理政之啓發頗大。又講授蘇軾〈代張方平諫用兵書〉等篇，教以武事。故阮元歷主各省兵備，頗具武略。

嘉慶四年阮元撫浙時，沿海盜賊猖獗，有鳳尾、箸橫、水澳、蔡牽等幫海盜，

〔註52〕程瑤田《禹貢三江考》，《皇清經解》卷五四四〈奉答阮中丞寄示浙江圖考，附及水地管見就正〉。
〔註53〕《詁經精舍文集》卷二八五。
〔註54〕《揅經室二集》卷八〈海運考跋〉所引。
〔註55〕《揅經室二集》卷八〈海運考跋〉。
〔註56〕《雷塘庵主弟子記》卷二。

肆刧商船，騷擾百姓，爲患甚劇。於是便奏置巨艦大炮，增兵設防。設立船廠，鑄造銅炮，時元父承信亦至杭州協理軍務，又保薦李長庚爲水師提督，眾人運籌帷幄，平定了諸幫海盜，僅留蔡牽別竄。阮元功績彪炳，聲望日隆。此段時間焦循曾居幕下，爲撰〈神風蕩寇記〉，詳述兵船盜船往來勦獲、起滅之事〔註57〕。

嘉慶十年，元以父喪去官，息隱於雷塘墓廬，偶檢數年來辦兵事之書記稿本，流連翻閱。其間如調度兵船、獎飭鎮將、製造船炮、籌畫糧餉等事，皆有詳載，憶及與諸幕將商籌事，一一如前。其〈瀛舟書記序〉云：

> 回憶當時，每發一函、出一令，皆再三謀慮而爲之。有自起草者、有幕友起草者、有幕友起草而自爲改訂者，筆墨之蹟，如蠅如繩〔註58〕。

因將這些書記稿本重爲校理、刪其繁、存其要，授寫書人，錄爲六卷。

元弟阮亨亦別有《洋程筆記》二卷，敘事頗詳，以爲相輔，因附錄于書後。

此書成於嘉慶十二年正月，并爲之序。

十、《漢延熹西嶽華山碑考》　四卷

阮元愛好金石，宦遊各地，時時留心金石文獻，遇有可貴碑文，必摹拓以歸，細審考釋，以復原本，並摹刻于石，以爲流傳。漢代西嶽華山碑，原碑毀於明嘉靖年間地震，其拓本存者，僅三種。一爲明長垣王文孫所藏，至清歸于成親王詒晉齋，稱爲「長垣本」。二爲明代豐氏所藏，後藏天一閣，稱「四明本」。三爲明陝西東雲駒所藏，其後歸朱珪家，稱「華陰本」。其中四明本于乾隆年間，錢東壁爲范氏編金石目錄成時，范氏以此碑非閣中舊物而酬贈之，後於嘉慶十三年輾轉爲阮元所得。元以原碑已毀，拓本少有，又此本爲全碑拓本，雖文有稍缺，然諸題名皆全，甚爲難得。遂於十四年屬吳門吳國寶摹刻之，又以歐陽修〈集古錄〉中一段〈華山碑跋〉刻于漢碑缺處以補。將此碑置于揚州北湖祠塾中，并作跋以記其事〔註59〕。此事阮元甚感得意，曾謂此爲其有力於金石之十事之一〔註60〕。

此四明拓本于嘉慶十四年八月朝覲時攜入京師，因其本日敝，便急裝成軸子，并作詩記之〔註61〕。嘉慶十五年，于京師桂芳處得觀長垣本，爲三本中最舊者，且一字不缺，遂以此校補四明本百家之缺。是年冬，朱珪之子錫庚由山西歸，便相約于南城之龍泉寺，以華陰與四明二本對校。此碑文遂因三本同校而得大備，因作跋

〔註57〕李桓《國朝耆獻類徵初編》卷三九〈宰輔、阮元〉。

〔註58〕《揅經室一集》卷八〈瀛舟書記序〉。

〔註59〕《揅經室三集》卷三〈摹刻漢延熹華嶽廟碑跋〉。

〔註60〕《揅經室三集》卷三〈金石十事記〉。

〔註61〕《揅經室四集》卷八〈題家藏漢延熹華嶽廟碑軸子〉。

記之〔註62〕。又作〈漢延熹華嶽廟碑跋〉以考釋此碑之作者〔註63〕。而于碑文、拓本之考釋，則作《漢延熹西嶽華山碑考》四卷。

本書卷一博采著錄諸家之說，皆就各書內錄出，以備考釋。卷二則敘長垣本，卷三敘四明本，卷四敘華陰本。此三本各錄其題款，記其流傳之緒。又縮刻碑文，以長垣本補四明、華陰本之缺，而以墨線別之，已損之字以墨圈識之，使瞭若指掌。江藩作序云：

> 金石家循覽是編，可以不爲異說所惑，豈非快事哉！

並稱其「考覈精審」〔註64〕。周中孚則云：

> 以比《金石萃編》，所列碑字較爲分明。至於考覈精審，則出周雪客
> （在浚）〈天發神讖碑考〉、吳槎客（騫）《國山碑考》之右矣〔註65〕。

此書撰成後，阮元屬門生程國仁校刻于廣東〔註66〕。此本後來收入《文選樓叢書》，扉葉題「嘉慶癸酉年鐫」，知其刻成於嘉慶十八年。

十一、《揅經室集》正編　四十卷、續集　十三卷、外集　五卷

清代考據之風，學者多能運用廣博的知識和方法從事研究，其具體之呈現均在個人詩文集中。張舜徽云：

> 蓋自乾嘉盛時，樸學大興，而詁經、證史、議禮、明制、考文、審音、
> 詮釋名物之文，最爲繁富。苟能博觀約取，爲用尤弘〔註67〕。

清乾嘉學者文集之不同於其他文人別集，在其經世實用之特色，其中每涉經義考訂及關涉國故之作。

阮元一生雖爲達官，然施政之餘，不廢問學，於經史、小學、天算、輿地、金石、校勘皆有所涉。即於詩學，亦以幼習王維、孟浩然、高適、岑參，而頗得其風，葉德輝稱之「不拘一格，但期適意抒發〔註68〕。」

此書爲詩文全集，可分正編、續集、外集。正編是道光二年阮元自理舊帙，授子福及祜；孔厚重編寫之，共有四集。阮元自序云：

> 其一則說經之作，擬于賈、邢義疏，已云僭矣！十四卷。其二則近于
> 史之作，八卷。其三則近于子之作，五卷。凡出于四庫書史、子兩途者皆

〔註62〕《揅經室三集》卷三〈漢延熹華嶽廟碑整拓本軸子二跋〉。
〔註63〕《揅經室三集》卷三〈漢延熹華嶽廟碑跋〉。
〔註64〕江藩〈華山碑考序〉。
〔註65〕周中孚《鄭堂讀書記》卷卅四〈漢延熹西嶽華山碑考〉。
〔註66〕江藩〈華山碑考序〉。
〔註67〕張舜徽《清人文集別錄》〈自序〉。
〔註68〕葉德輝《郋園讀書志》卷十四〈揅經室集〉。

屬之。言之無文，惟紀其事，達其意而已。其四則御試之賦及駢體有韻之
作，或有近于古人所謂文者乎，然其格亦已卑矣！凡二卷，又二卷，又十
一卷，共四十卷〔註69〕。

其四集沿《四庫全書》例以經、史、子、集分，詩則按年編錄。計一集有十四卷；
二集有八卷；三集五卷；四集文二卷、詩十一卷。所收之作至道光二年爲止。阮元
並自爲之注，以小字夾行之。〈揅經室集自序〉云：

> 余三十餘以來，說經記事，不能不筆之于書。然求其如〈文選序〉所
> 謂「事出沈思，義歸翰藻」者甚鮮，是不得稱之爲文也。

是以其文多說經記事、考據餖飣之學，其不若八代、桐城之沈思翰藻。而「揅經室」
乃其室名，自序云：

> 室名「揅經」者，余幼學以經爲近也，余之說經，推古明訓，實事求
> 是而已，非敢立異也。

此書所錄文章，多是論學研究之作、他書或自著之序跋及家人友朋或名士之傳
略、墓誌銘、行事記載。其中一集卷六、卷七爲〈考工記車制圖解〉，卷十二至卷十
四爲〈浙江圖考〉，皆曾以單行本刊行。而許多詩文亦摘自己刊行的《小滄浪筆談》、
《定香筆談》、《國史儒林傳稿》等書中。

此書完成刊行於道光三年，并作序。其時阮福等人尚請錄《四庫未收書提要》
於集中，阮元以此篇多出他人之手，本不應請。然以其文雖不必存，而書應存之，
遂另刊一集，名爲「外集」，共成五卷，其收提要一百七十三篇〔註70〕。

《揅經室集》正編收錄詩文，迄於道光二年止。其後于廣東學海堂，往來酬唱
論學，時有詩文，元于正編自序曾言：「繼此有作，以類各編」。便於道光十年，由
子常生及祜在滇南續爲編入。此續編共有十一卷，其中文四卷、詩七卷。文仍按經、
史、子、集類編之。詩則續按年編錄，自道光三年至道光十年止。

道光十九年，阮元致仕歸田，乃以所積詩文，續道光十年所編九卷，將其間所
作之文補於各卷之後。其詩則續成二卷，至道光十八年止。總計續集共文四卷、詩
九卷。刻成於道光十九年，元并作序。

此書後入錄《文選樓叢書》，一、二、三、四集和外集共四十五卷，名爲《揅經
室全集》，另收《揅經室續集》十一卷，不含道光十九年阮元續編者。

阮元詩作在編《揅經室集》前，即有單行本刊行。《揅經室四集》卷一至卷七，
所錄自乾隆五十四年至嘉慶十年，即丁父憂歸里前，是爲《琅嬛仙館詩略》七卷。《販

〔註69〕《揅經室集》阮元自序。
〔註70〕《揅經室外集》阮福序。《四庫未收書提要》之編輯，詳見本文第五章。

書偶記》著錄此書，題爲「嘉慶十年刊巾箱本」。《揅經室四集》卷八至卷十一，收嘉慶十二年至道光二年間詩，爲《文選樓詩存》五卷。《販書偶記》題爲「嘉慶二十四年琅嬛仙館刊本」〔註71〕。此二本詩集均錄入《揅經室集》，單行本不得見。阮元云：

> 元四十餘歲，已刻文集二、三卷，心竊不安。曰：「此可當古人所謂文乎？僭矣！妄矣！」一日讀《周易文言》，怳然曰：「孔子所謂文者，此也。」著〈文言說〉，乃屏去先所刻之文，而以經、史、子、集區別之。……六十歲後，乃據以削去文字，祇名曰集而刻之。（昭明選詩，詩歸于文，讀《尚書洛誥》，周公曰：「咸秩無文，始知詩之稱文，自此始，著〈八咸秩無文解〉」〔註72〕。

足見其嘉慶年間曾刻詩集單行本，其後乃改爲經、史、子、集四部類居，而稱之「集」。

今國立中央圖書館藏有一詩集稿本，僅存四卷，起自嘉慶五年，迄於嘉慶十三年。所錄詩及其排序皆與《揅經室集》同，每卷題曰「琅嬛仙館詩」，其下則無卷次，蓋全書未訂卷次。有「杭州靈隱寺書藏部寺僧毋得鬻借外人毋得損竊，字第□號」朱文楷書長方印。此稿或許是阮氏起初有意另刊詩集。後未刊而損藏於靈隱書藏中〔註73〕。

另有一單行本《揅經室詩錄》五卷，是從《琅嬛仙館詩略》及《文選樓詩存》中，擇錄而出。共二百七十餘首，不及二書之半。以詩體分卷，共分五言古詩、七言古詩、五言律詩、七言律詩、七言絕句五體。道光十三年，由汪瑩刊於蘇州〔註74〕。今中央研究院歷史語言研究所藏有一部，後亦收入《文選樓叢書》。

十二、《石畫記》　　五卷

石畫者，以石中有像，混然天成。唐代元積有〈石硯屏詩〉，詠石中「濃淡樹林分」。歐陽修藏有山松石屏，蘇軾則有月石風林硯屏，皆以石中畫而吟賞不已。然歷代有此好者不多。

阮元任雲南總督，得遊雲南群峰峻嶺。大理之點蒼山，盛產大理石，尤以中和峰之腰出文石，明代即見重于世。明徐霞客曾親至大理，見淨土菴七尺山水大石，又云第八峰新石之妙。滇中久產大理石，石中有紋彩，山民多采之販賣維生，其石畫皆渾脫天成，非筆墨所能及也。元居滇數年，所見石畫不少，道光七年至十年間

〔註71〕孫殿起《販書偶記》卷十七。
〔註72〕阮元〈揅經室續集自序〉。
〔註73〕〈國立中央圖書館刊善本書志〉，《國立中央圖書館館刊》第十六卷第二期。
〔註74〕汪瑩〈揅經室詩錄跋〉。

曾多次到點蒼山，於其石畫極賞之，曾作詩云：

> 古今諸畫家，各自具神理。梁煙復染雲，畫雪亦畫水。至於日月情，能畫者罕矣！惟此點蒼石，畫工不得比〔註75〕。

又一詩云：

> 點蒼石畫畫者誰，造物不以心爲師。模山範水有古意，半出唐宋詩人詩。詩中妙景即畫本，唐宋元畫成派支。……反惜古人不見此，收藏鑒賞今何遲。君不見洱海蒼山中有詩畫窟，一經拈出多神奇〔註76〕。

時門生張肇岑曾至石屋爲選買石畫數十幅。其間偶有題詠，持以贈親友或兒輩。後張肇岑又買石請爲品題，遂擇其得於古人詩畫之意者，不假思索，隨手拈出，口授指劃，各與題識，由張肇岑及姪林蔭曾或鐫或記，錄成《石畫記》。吳榮光〈光畫記序〉云：

> 吾師儀徵相國官總督時，公餘之暇，取石之方圓長橫而裁成之，每幅拈出古畫家筆法，而證之以古詩人之詩，惟妙惟肖。凡得若干幅，間系韻語，成《石畫記》五卷。

其題石畫詩，《揅經室續集》卷十及卷十一錄有多首。

阮元于石畫之鑒賞，以詩題識，古來未曾有，因甚爲自得，其〈石畫記序〉云：

> 否則各石雖有造化之巧，若無品題，猶未鑿破混沌。且記書畫之書雖多，未創此格，余曾見宋元眞跡數百種，亦未見此格也，其未經余見而不得品題者，更不知幾何，此亦如人才不遇知己，殊爲可惜矣〔註77〕！

傴然以石畫之伯樂自居。而石畫經題識後，確能收畫龍點睛之效。

此書成於道光十二年，阮元并爲之序，序後附〈作石畫記題以三十韻〉云：

> 滇少詩畫友，得友在石中。舊交久零落，歎息感于衷。豈無新交遊，自愧嫌龍鍾。……更如與談理，點頭何生公。我固愛石友，石亦依雲翁。

詩中頗流露晚年在滇的落寞，舊識好友皆離世，雲南又少文士，惟有與石爲友，相互談理。

其書刻成於道光十五年，弟子吳榮光作序。後收入《文選樓叢書》中。原刊本中研院史語所、台大各藏一本。

阮元之著作頗豐，然因宦遊各地，其書刊刻並非集中一地，加上部分著述乃門下所編刻，其書板更是分藏各地。道光廿三年，元弟阮亨於揚州收集其貯於文選樓、

〔註75〕《揅經室續集》卷十〈論石畫〉。
〔註76〕《揅經室續集》卷十〈大理石仿古水小冊十六幅歌〉。
〔註77〕《揅經室續集》卷四〈石畫記序〉。

積古齋等處書板，彙刻成《文選樓叢書》。阮亨序云：

> 余於文選樓、積古齋諸處所貯書板，皆加收檢。其中家兄所刊者爲多，
> 亦有門下士暨余姪輩所刊者，久不墨印，恐漸零落，印書人請以各零種彙
> 爲叢書而印之，亦可行也。

可見阮亨之輯《文選樓叢書》是應書商之請，將現藏板片彙整成叢書。

是書所收凡三十二種，四百八十一卷〔註78〕。前文所列之著述，僅《海運考》、《瀛舟書記》、《石畫記》未收錄，可綜觀阮元著述全貌。葉德輝論曰：

> 阮文達元《文選樓叢書》則兼收考訂、校讎之長者也〔註79〕。

另所收阮元輯刻書計十二種，雖不及其半，然多少表現其刻書之盛。且此書以原刊板印行，使原板得以附於叢書而保存原貌，是其最大貢獻。然此叢書因非有計劃之纂輯，故編次凌亂，無序可言，是缺憾也。

此書原刊本，今台大、史語所各藏一部。

第四節　文教事業

阮元的文教事業，除本論文所考的輯書刻書外，其教育事業及書籍之典藏，可說是直接成就他文獻整理工作的重要因素。其創建詁經精舍及學海堂，不僅在地方教育貢獻卓著，同時培養之優秀人才，在阮元輯刻大型圖書時，提供了不虞匱乏且高度專業的人力。而其留意經籍積書甚富，文選樓藏書多善本，皆名稱稱一時，這些善本秘笈皆是他輯刻書之最佳材料。

一、教育事業

清代承明時之弊，以八股取士，士人但奉四書文、八韻詩爲圭臬，而習業之書院，則成爲專攻制藝應試之場所，致使士風日靡。阮元服官之暇，大力於教育事業，其創辦書院，頗承父訓「讀書當明體達用，徒鑽時藝無益也。」曾云：

> 若夫載籍極博，束閣不觀，非學也。多文殊體，輟筆不習，非學也。
> 次因之士，僅黽勉於科名，語上之儔，詎愚蔽其耳目，率曰乏才，豈其然
> 歟〔註80〕？

故主張實事求是，博學致用。培養眞才實學之士，扭轉了科舉產生的不良學風。此一教育活動，在清代教育史上最重要的轉捩點，對近代教育也有積極的啓發作用。

〔註78〕或云三十三種。即是將《歷代帝王年表》所附《歷代帝王廟諡年諱譜》一卷算一種。
〔註79〕葉德輝《清林清話》卷九〈乾嘉人刻叢書之優劣〉。
〔註80〕《揅經室續集》卷四〈學海堂集序〉。

所創之詁經精舍及學海堂更成爲當時浙江和嶺南的學術中心。

（一）詁經精舍

　　嘉慶二年阮元任浙江學政，於杭州西湖邊構屋十四間，集兩浙之俊彥，編成《經籍纂詁》一書。嘉慶四年再撫浙，六年正月即以修書舊址闢爲書院，名爲「詁經精舍」。詁經者，是以「聖賢之道存於經，經非詁不明」而勉其「不忘舊業，且勗新知」。精舍者，漢學生徒所居之名。精舍內奉祀許愼、鄭玄二主，冀學生以漢儒爲榜樣，鑽研經典、倡導實學。並聘請大儒王昶及孫星衍爲主講。王昶，博學善屬文，于學無所不窺，在音韻、訓詁、金石方面，造詣尤深。孫星衍則深究經史、文字、音訓之學，旁及諸子百家，皆通其義。與阮元三人迭爲主講〔註81〕。

　　而習業學生，阮元選歷歲校試十一郡時所識拔宏通之士，初有三十二人，都是學有專長者。如臨海洪頤煊、洪震煊兄弟皆長於經學。蕭山徐鯤則精通音韻、訓詁，並長於校勘。周中孚則長於金石之學。王述曾精於小學、楊鳳苞則長於史學、嚴元照長於《爾雅》、周治平精通算術，均是阮元識拔之才士。

　　精舍之教學內容極爲廣泛，「十三經、三史疑義，旁及小學、天部、地理、算法、詞章」無所不包。而于時文帖括、空疏的義理之學皆不涉及，精舍學生陸堯春云：

　　　　晨夕講誦其中，月試以文，則多碑記論策諸體，未嘗雜以時藝，大要
　　窮經致用爲諸生勗也〔註82〕。

其講題大抵皆阮元諸人之研究體會，因之，以其學術思想影響學生甚鉅。而其課士方法，則摒除一般書院「扃試糊名」之法，而由學生對講師之題，搜討資料、條對以試。平時教學則重自由講論，辨証疑難。其論學研討之風，實有助於學生思想之活絡，造就通經致用之人才。

　　課士之文，其佳者皆選輯之，刊爲《詁經精舍文集》。其於鼓勵精舍學生論學及學術之推展，頗具成效。

　　經舍在培養人才和發展學術，取得了卓著的成就。孫星衍〈詁經精舍題名碑記〉云：

　　　　不十年間，上舍之士，多致位通顯，入玉堂、進樞密，出建節而試士，
　　其餘登甲科舉成，均牧民有善政。及撰成一家言者，不可勝數。東南人材
　　之盛，莫與爲比〔註83〕。

詁經精舍之創辦，實爲兩浙學術挹注了新的學術文化生命，其人才之盛，嘉慶六年

〔註81〕《揅經室三集》卷七〈西湖詁經精舍記〉。
〔註82〕《詁經精舍文集》卷三陸堯春〈詁經精舍崇祀許鄭兩先師記〉。
〔註83〕孫星衍《平津館文稿》卷下〈詁經舍題名碑記〉。

以降，百餘年間，浙江鄉試凡四十七科，未曾無詁經精舍生徒預其選，而每科均能佔百之五、六以上，其陶育之廣，收效之宏，足爲一代教育之模範〔註84〕。

經舍之業，雖曾因鴉片戰爭及太平天國之亂而中輟，然隨後經俞樾之主掌，而重見盛況。俞樾自同治五年起，主講精舍長達卅一年，而承教門下，蔚爲通才者，不可勝數。如德清戴望、定海黃以周、餘杭章太炎、義烏朱一新、錢塘吳承志等，皆一時名士〔註85〕。而詁經精舍帶起之風氣，使各地同宗旨而立的書院接踵而設，如上海的龍門書院及詁經精舍、江陰的南菁書院及學古堂、成都的尊經書院、武昌的經心書院及兩湖書院、長沙的校經堂、山西的令德堂、河北的問經書院，皆仿照詁經精舍之成規，以經史實學課士，不事舉業。可見精舍不但影響浙省至大，且澤溉全國，堪爲教育史光輝之一頁〔註86〕。

（二）學海堂

嘉慶廿二年，阮元調任兩廣總督。本其推動學術、教育之精神，於道光元年春，在廣東開設學海堂，親自書「學海堂」匾，懸於城西文瀾書院，始設經古之課。元〈學海堂集序〉提及建堂之緣起：

> 嶺南學術，首開兩漢，著作始於孝元，治經肇於黃董，古冊雖失，佚文尚存。經學之興，已在二千載上矣，有唐曲江、誠明忠正，求之後代，孰能逮之，蹟其初學，乃多詞賦耳，文辭堅教也，曷可忽諸〔註87〕？

是以嶺南學術不振，士人均習帖括之學而不知經史理文。遂本詁經精舍之宗旨，只課經解史策，而不用八股文、八韻詩。

其堂名「學海堂」，乃是取儒何休「學無不通，進退忠直，聿有學海之譽」之義。而於道光四年多建構完成之學海堂，位於粵秀山麓，枕城面海，吞吐潮夕，頗得其名。

學海堂之課業大體承續詁經精舍，阮元云：

> 多士或習經傳，尋疏義於宋齊；或解文字、考故訓於蒼雅；或析道理，守晦庵之正傳；或討史志，求深寧之家法；或且規矩漢晉，熟精蕭選，師法唐宋，各得詩筆。雖性之所近，業有殊工，而力有可兼，事有並擅。若迺志在爲山，虧於不至之簣，情止盈科，未達進放之本，此受蒙於淺隘而已，烏睹百川之匯南溟哉〔註88〕。

〔註84〕張鋆〈詁經精舍志初稿〉，文瀾學報第二卷第一期。
〔註85〕黃克武〈詁經精舍與十九世紀中國教育學術的變遷〉。
〔註86〕郭明道〈清代教育改革家阮元〉，揚州師院學報 1994 年第四期。
〔註87〕《揅經室續集》卷四〈學海堂集序〉。
〔註88〕同上。

正統之朱熹學說是比詁經精舍多出的，這意味著阮元在辦學上希望能調和漢宋，使學生能兼容眾說，實事求是，進而「睹百川之匯南溟」。

另外在學堂規制上，阮元於道光六年六月發布〈學海堂章程〉，確立了學長制，不同以往書院的山長制。唐五代時山中學舍稱「書院」，其主講並總領事務者稱山長。大都由名儒博學者任之。然書院發展至清代，淪為試藝之所，風氣遂壞。有山長濫竽充數，不學無術，但知領薪交結，不知論學講習的學者官僚。因此阮元於章程規定，由吳蘭修、趙均、林伯桐、曾釗、徐榮、熊景星、馬福安、吳應逵八人為學長，同司課士，永不設立山長。林伯桐《學海堂志》記阮元論云：

> 學長責任與山長無異，惟此課既勸通經，兼賅眾體，非可獨理。而山長不能多設，且課舉業者，各書院已大備，士子但知講習。此堂專勉實學，必須八學長各用所長，協力啟導，庶望人才日起。永不設立山長，與各書院事體不同也〔註89〕。

學堂習課既於經史策論、義理詩賦無所不包，其講學者若僅一人則不能「兼賅眾體」，遂廢除昔日書院山長的個人領導，代以八位學長的集體指導。其主要職務是以出題評卷為要，每年四課，每課由兩學長經管。至一切經費支發，事關勸學者，亦由學長公辦。遇有遴擇課業諸生名單等重要事務，由管課學長召集八人共商。八位學長在課業上適當地分工，以其專精指導課業。而八位學長均學有專長或兼工並擅，且才學品德並重要，以保持教學之品質。

其每年四次之考課，於每季第一月，由管課學長召集其他人共同擬題，且限日截卷。其課卷亦分由學長互閱評定。並擇其優者，別刊為文集，并予酬資以為獎勵。

道光十四年，盧坤任總督時，另增設專課肄業生，舉其「志在實學，不騖聲氣之士」習業。並訂《十三經注疏》、《四史》、《文選》、《杜詩》等書，令自擇一書習業，并諭令課業諸生於學長八人中擇師而從，更能因材而學、因材施教。

學海堂成立之時，雖不若詁經精舍聘有博學主講者，然其數年後亦培養出許多優秀學者。如吳蘭修工詩文、兼通曆算、考証。趙均則有治事長才，擅詩能文。林伯桐則兼通漢宋，尤精《毛詩》。曾釗則專治漢學，精于訓詁。諸多學者或由阮元識拔，或肄業學堂，均能自成一家之學。據容肇祖考據，學海堂辦學七、八十年間，主講名師先後有五十五人，學生文集有三十餘種，有著作問世之學生，可查者有三百餘人，著書幾千種〔註90〕。清末思想家梁啟超即肄業于學海堂。

學海堂不僅專為教育之所，亦是刻書極富之書院。所刻者以《皇清經解》最為

〔註89〕據容肇祖〈學海堂考〉引，嶺南學報第三卷第四期。
〔註90〕同上。

著稱。全書匯集清代學者所撰經解一百八十餘種，共一千四百卷，集中展現了清代學者學術研究的成果。其他尚有《揅經室集》、《學海堂集》等書。據考所刻約有三十七種，計三千三百三十餘卷，一千二百五十餘冊〔註91〕。亦促進了廣東出版業的發展。

廣東地方隨後成立的菊坡精舍、廣雅書院，均是繼承學海堂之教育理念，參照其制規所建立。

學海堂的創建，對廣東的教育和學術發展，做出了極大的貢獻，梁啓超則盛讚阮元曰：「廣東近百年的學風，由他一手開出〔註92〕。」

二、藏　書

揚州舊城有文選樓、文選巷，阮元曾為之考據，認為其應是隋曹憲故居。而曹憲始以《昭明文選》教授生徒，致其學大興。李善之《文選注》即承之而來。故以為此「文選」是因曹憲而名，甚至主張文選樓不應祠昭明主，而應祠奉曹憲〔註93〕。

嘉慶九年時，阮元應父命，於文選樓、文選巷之間建阮氏家廟。又以廟西之地構西塾，築樓五楹，題曰「隋文選樓」。樓上祠曹憲主，樓下西塾，為族子習業齋宿之所，以是樓為藏書處。嘉慶十二年，元從昭文吳氏處易得南宋尤延之本《文選》，即藏樓中，以為鎮樓秘冊，所收《文選》另有明晉府本、元張伯元本，「文選樓」之名，實可稱焉。

阮元藏書極豐，從校刻《十三經注疏》所用諸本即可知。然其文選樓於道光廿三年燬於火，藏書、板片均成灰燼，書不得傳。今中央圖書館藏書有《文選樓藏書記》六卷，題「儀徵阮保定元撰」「會稽李慈銘校訂」，烏絲欄鈔本，每葉十六行，行十九字。版心下有「越縵堂鈔藏」，無序跋·凡例、總目等。每書著其書名、卷冊、作者姓氏籍貫、刊本或鈔本，偶及遞藏源流，所述極為簡略。其書不標類目，分類依四庫又頗混亂。每卷始自經部易類，迄於集部詩文評類，只卷三、卷四相連貫。每卷卷末詩文評後又雜鈔各類書籍，毫無次序，似是編成而附所遺漏者。全書約計兩千種〔註94〕。

然而遍閱阮元所記及當時其它文獻，均未提及阮元曾編藏書記，甚且未聞其有計畫地整理藏書。喬衍琯曾略考訂之，云：

> 然此記草率殊甚，絕不類博雅如阮元者所編，尤不應出於李氏校訂。

〔註91〕韋瑞蘭〈中國書院刊刻圖書考〉，國立中央圖書館館刊第九期。
〔註92〕梁啓超《儒家哲學》。
〔註93〕《揅經室二集》卷二〈揚州隋文選樓記〉。
〔註94〕《書目三編、文選樓藏書記》喬衍琯〈影印文選樓藏書記序〉。

若謂阮元命其子弟習爲編製書目，或文選樓藏書散出時之簿記，自不無可能，第未易考定〔註95〕。

以阮元校刻《十三經注疏》所用諸本對之，其載者甚少，而南宋尤本《文選》、王厚之《鐘鼎款識》、四明本《華山廟碑》等，阮元據以刊刻考釋之珍本此記皆不錄。《七經孟子考文并補遺》一書，阮元校刻時考之甚詳，然所錄僅曰「集刊本」，於藏書源流隻字未提。綜而觀之，此書斷不可能爲阮元所撰，應是後人僞託者。而所錄之書是否爲文選樓藏，今不得考，然誠如喬衍琯所言，所錄僅約二千部，以文選樓藏書素爲蘇北重鎮，此目似非全豹。

其書雖不可信，然亦可聊備一格，有廣文書局影印本，收入《書目三編》中。

阮元之藏書極多，其室名有積古齋、（小）琅環僊館、揅經室、譜研齋、九十九硯齋、節性齋、石墨書樓、八磚吟館。

其藏書印則有「揚州阮元之章」、「體仁閣大學士」、「亮功錫祜」、「雷塘庵主」、「文選樓」、「節性齋」、「癸巳」、「石墨書樓」、「隋文選樓之印」、「泰華雙碑之館」、「五雲多處是三台」、「總制淮揚楚粵等處十省軍門」、「家住揚州文選樓隋曹憲故里」、「臣元奉敕審釋內府金石文字」、「揚州阮伯元氏藏書處曰琅仙館藏金石處曰積古齋藏研處曰譜研齋著書處曰揅經室」、「阮元印」、「儀徵阮元之章」、「阮氏琅環仙館收藏印」、「雲臺」、「金石錄十卷人家」諸印〔註96〕。

三、建立書藏

阮元除喜好藏書外，其宦遊之餘，常以刊寫之書典藏各地，曾于靈隱寺及焦山建立公共圖書館，名之曰「書藏」。

其取名「書藏」，是本於《周禮周官》「諸府掌官契以治藏」；《史記》「老子爲周守藏室之史」，以古代藏書地本稱「藏」，漢以後始改爲「觀」、「閣」。故名爲「書藏」。

嘉慶十四年，阮元與顧宗泰、陳廷慶、石韞玉、朱爲弼、蔣詩、華瑞潢、何元錫、王豫、項墉、張鑑諸人集於靈隱寺，談及藏書之事云：

> 史遷之書，藏之名山，副在京師；白少傅分藏其集於東林諸寺；孫洙得《古文苑》於佛龕，皆因寬間遠僻之地，可傳久也〔註97〕。

遂議立書藏於寺中。乃於靈隱寺大悲佛閣後造木廚，以唐人「鷲」、「嶺」、「鬱」、「岧」、

〔註95〕同上。
〔註96〕葉昌熾《藏書紀事詩》卷五；王河《中國歷代藏書家辭典》。
〔註97〕《揅經室三集》卷三〈杭州靈隱書藏記〉。

「嶢」等詩字編號，選二僧人簿錄管鑰。並別訂條例九條，以爲制規，使可永守。復刻一銅章，遍印其書。書其閣匾曰「靈隱書藏」〔註98〕。諸人有刊寫之書捐藏者，則皆爲編錄之。此事阮元除作〈揚州靈隱書藏記〉記之外，尚作詩以敘之：

> 近代多書樓，難聚易分散。或者古名山，與俗隔崖岸。岧嶢靈隱峰，琳宮敝樓觀。共爲藏書來，藏室特修建。學人苦著書，難殺竹青汗。若非見著錄，何必弄柔翰〔註99〕。

是以其欲學人所著皆得以保存，流傳久遠〔註100〕。

嘉慶十八年，元任漕運總督，與焦山詩僧巨超、王豫論詩之暇，立焦山書藏。藏書以〈瘞鶴銘〉「相」、「此」、「脫」、「禽」等七十四字編號，由巨超管理之，亦刻銅章，書樓匾，訂條例，一如靈隱書藏。并首捐宋、元二本《鎮江府志》以藏〔註101〕。

此二書藏制規不嚴，任何人皆可登閱圖書，只是不准攜出。而藏書並不以類部居，僅在書上及冊記注經、史、子、集，書則按次第分藏書廚。

阮元此二書藏之設置是極具意義的，不僅使圖書能彙整於一地供學人參閱，有利學術之傳承。其於圖書之保存貢獻頗大。焦山書藏即是歷經太平天國諸次戰亂而得以完整保留下來〔註102〕。

〔註98〕同上。

〔註99〕《揅經室四集》詩卷八〈四月十日同顧星橋吏部……諸君子集靈隱置書藏記事〉。

〔註100〕秦瀛《小峴山人詩集》卷二十〈寄題靈隱書藏〉：「前年中丞寄我書，索我詩文藏佛寺」，可見書藏藏書，除阮元等文人雅士捐藏外，阮元亦向幕友門人索求著作以豐富其藏書。

〔註101〕《揅經室三集》卷三〈焦山書藏記〉。

〔註102〕丁丙〈焦山藏書記〉《中國古代藏書與近代圖書館史料》。

附錄 阮元家族譜系表：(此表據劉德美文修改)

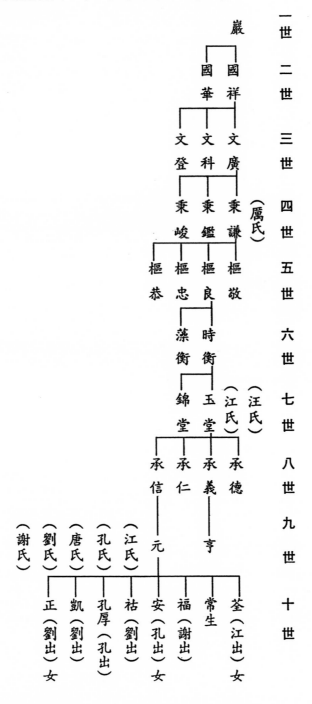

第二章　《經籍纂詁》之編刻

　　《經籍纂詁》共一百零六卷。纂集經、史、子、集書唐以前之訓詁釋文，以《佩文韻府》韻目分類編排。是一部以古訓語爲主的字詞典，也是研究古代經書及其他典籍的重要工具書。

　　中國古代字書、詞典起源甚早。起先只是一些方便童蒙識字的讀本，羅列簡單的文字或注釋難懂之字詞，從而有了字詞典的雛形。如戰國時代的《史籀》、秦李斯的《倉頡》、趙高的《爰歷》、胡毋敬的《博學》、西漢揚雄的《蒼頡訓纂》、杜林的《蒼頡訓纂》、司馬相如的《凡將篇》、史游的《急就篇》、李長作的《元尚篇》等。其中只有《急就篇》至今尚存。此書是收錄一些簡單生字、以七字爲一句，每句押韻，以方便記誦，是當時兒童習字之課本。另今有漢代閭巷書師輯《倉頡》、《爰歷》、《博學》三書而成的《倉頡篇》，是匯集字詞注釋而成的。

　　其後，由於先秦諸子百家爭鳴，學術昌盛，各家立說，自成經典，弟子門徒更注釋闡說，於是便產生大量的訓釋注解，尤以儒家爲最。到了漢代，獨尊儒術，立五經博士，專門研習講解儒家經典。經書注釋日漸繁雜，解經之工具字詞典此時便應運而生。《爾雅》及《說文解字》即是纂輯解經注釋而成。

　　《爾雅》是我國第一部以語義爲分類標準的詞典。它收集了古代詞語之訓釋，成爲解讀經史的簡便工具，後來被列爲十三經。陸德明《經典釋文》曰：「《爾雅》者，所以訓釋五經，辨章同異，實九流之通路，百氏之指南。」錢大昕亦云：「夫六經皆以明道，未有不通訓詁而能知道者。欲窮六經之旨，必自《爾雅》始〔註1〕。」《爾雅》開啓我國詞典之始，由此發展出以訓解詞語爲主的詞典。它不僅保存了許多訓釋古義，亦是一部記錄蟲魚鳥獸等知識的百科全書。

　　《爾雅》之後有一系列增補、模仿之作，如稍後的《小爾雅》是補充《爾雅》

〔註１〕錢大昕《潛研堂文集》卷三三〈與晦之論爾雅書〉。

所作。東漢劉熙的《釋名》、曹魏張揖的《廣雅》亦是增廣之作、宋陸佃的《埤雅》、羅愿的《爾雅翼》、明朱謀㻋的《駢雅》、張萱的《匯雅》、方以智的《通雅》、清吳玉搢的《別雅》、洪亮吉的《比雅》、史夢蘭的《疊雅》。到了近代，則有《辭源》、《辭海》。發展出一系列以詞語為訓釋對象的詞典。

《說文》則是我國第一部以部首分類的字典，作者許慎為古文經學家，作此書之目的是為了駁斥今文學家，並於「六藝群書之詁，皆訓其義」。其所引之文獻除《詩》、《書》、《禮》、《樂》、《易》、《春秋》六藝外，尚包括《孟子》、《老子》、《墨子》、《韓非子》、《淮南子》等諸子書，及《逸周書》、《國語》、《楚辭》、《公羊傳》、《魯詩》、《韓詩》、《山海經》、《秦刻石》、《漢律》等，範圍極其廣泛，說解也十分詳細。本書影響極大，並為後世之字典立下了典範。

《說文》之後有南朝顧野王的《玉篇》、宋司馬光的《類篇》、明梅膺祚的《字匯》、及後來的《康熙字典》。此系列字詞典是以匯集字為主，說明分析字形、解釋字義。

字詞典之發展到了唐代，在體制上有了大變革。唐代科考增加以詩賦取士，於是四聲平仄受到重視。因而為了方便賦詩之用，分類採取聲韻分法，包括四聲及韻目。然其內容仍包含字形、字音、字義之解釋，只是偏重分析字的聲韻。其中以四聲分類者有顏元孫《干祿字書》、釋行均《龍龕手鑒》、郭忠恕《佩觿》、張有《復古編》、李文仲《字鑑》等書。以韻目分類者，有陸法言等的《切韻》、陳彭年等的《廣韻》、丁度等的《禮部韻略》、宋祁等的《集韻》等書。此系列字典是以字音為主，兼及形義訓釋〔註2〕。

一般性字詞典可概分為以上形、音、義三大類。然就其內容而言，尚有一些收集解釋特定內容之字詞典。如雙語、方言、俗語、虛詞、詞藻典故及經傳注釋等，它們反映特定的對象及領域，其性質較為專門，不同於上述一般性字詞典。

一般性字詞典作為語文教育及知識傳播之工具是足夠的。然對較為專門的研究領域，就顯的不敷使用了。因此從字詞典的發展歷史來看，一般性字詞典逐漸完善後，專門性字詞典便走向蓬勃，以應付日益精細的學問。

第一節　《經籍籑詁》之編纂緣起

清初學術承續明末「經世致用」之風，反對宋、明空疏學風，重視考察和博求實證，因而主張從小學入手。顧炎武〈答李子德書〉曰：

〔註 2〕此種分類是以字詞典之訓釋取向分，各類間仍相聯繫。

讀九經自考文始，考文自知音始。以至於諸子百家之書，亦莫不然〔註3〕。

他治音韻是以小學爲通經之途徑，通經則是爲明道救世。其後的閻若璩與胡渭發展其精神，專以考證爲長。此時學者治經，兼及訓詁音釋，旁通語言文字。小學爲訓解經書義理之工具，其目的仍是「通經致用」。

到了乾嘉時期，原爲經學附庸的小學，發展成一門獨立學科，稱之爲「考據學」。學者注重名物訓詁，實事求是，他們反對宋明理學空談心性，因而轉向訓詁考據的樸學。他們對群經諸書加以注解訓釋，一時考據訓釋之盛，遠邁前朝，是爲「乾嘉學派」。

清代學者以《爾雅》爲訓詁之始，故治經宜自《爾雅》始，因此清代的訓詁學發展，雅學位極重要地位。前面已提及《爾雅》是匯集古代語詞的訓釋，且以經學爲主要對象。到唐代以後，韻書崛起，取代了雅故之書，其學漸湮。宋、明學者治經，喜談性理，不覈名實，雅學幾於廢殆。直至清代，崇尚實學，雅學一門，始復見重於士林〔註4〕。清代雅學之發展，是學者訓詁書之重視。雅學之書雖對學者治經有助益，然由於其所收廣泛，非專爲經書所作，於研經時有不足處。而專門匯集經典詞彙的《經典釋文》，嚴格來講，只能纂是「集注」。它僅將每部經典摘詞集注，而非以字詞爲單位，條引相關訓釋，可說是少了辭書化的手續。而張參的《五經文字》則僅有三卷，時有遺漏或收而失考。賈昌朝的《群經音辨》共七卷，然大多偏重釋音，釋義又常斷章取義。其它同類的詞典，不是亡佚即是不堪使用〔註5〕。因此便有纂集此類詞書之呼聲。

一、戴震之倡議

乾嘉學派之中堅戴震即是首先倡導者。錢大昕〈經籍纂詁序〉曰：

> 今少司農儀徵阮公以懿文碩學，受知九重，歷歷八座，累主文衡。首以經術爲多士倡，謂治經必通訓詁，而載籍極博，未有會最成一編者。往歲休寧戴東原在書局實啓此議。

然而其它文獻均未記載此事，戴門弟子段玉裁爲其師作年譜亦未述及。戴震之參與《四庫全書》編纂是在乾隆三十八年至四十年間，時錢大昕亦在朝任《一統志》及三通館纂修官，故其說應屬實。戴震爲余蕭客作〈古經解鉤沈序〉曰：

〔註3〕顧炎武《日知錄》卷四〈答李子德書〉。

〔註4〕清代雅學之發展，詳見林明波《清代雅學考》，收於《慶祝高郵高仲華生六秩誕辰論文集》。

〔註5〕如《舊唐書》所載武則天《字海》一百卷，今已亡佚不可見；諸葛潁《桂苑珠叢》一百卷，據黃奭《黃氏逸書考》、馬國翰《玉函山房輯佚書》輯佚，共得近五十條。

余嘗搜考異文，以爲訂經之助，又廣攬漢儒箋注之存者，以爲綜考故
訓之助。顧力不暇及，以語族弟時甫。方事於此，書未稿就，而吾友朱君
文游以其友余仲林之《古經解鉤沈》若干卷，千里馳寄〔註6〕。

《古經解鉤沈》一書共三十三卷，余蕭客著。此書是從唐以前古書中摘取訓釋《周
易》、《尚書》、《毛詩》、《周禮》、《儀禮》、《禮記》、《左傳》、《公羊》、《穀梁》、《孝
經》、《論語》、《孟子》、《爾雅》諸書的舊注，按《十三經注疏》的次序編排，並加
敘錄。所錄舊文，一一標明所出書的書名卷數，不加論斷〔註7〕。其與《經籍纂詁》
之內容頗契合。而據戴序所言，其嘗試「搜考異文、廣攬漢儒箋注之存者」之工作，
似乎與《古經解鉤沈》相類，因而交付族弟之編纂工作便不了了之。此序所述之事，
應即錢大昕所言之倡議。

觀乎戴震之學，其主張「通經必先治訓詁」始終未變。早期〈與是仲明論學書〉
云：

> 經之至者，道也；所以明道者，其詞也；所以成詞也，其字也。由字
> 以通其詞，由詞以通其道，必有漸〔註8〕。

其後〈題惠定宇先生授經圖〉又云：

> 夫所謂義理，苟可以捨經而空憑胸臆，將人人鑿空得之，奚有於經學？
> 惟空憑胸臆之，卒無當於賢人聖人之理義，然後求之古經，求之古經則遺
> 文垂絕、今古縣隔也，然後求之故訓。故訓明則古經明，古經明則賢人聖
> 人之理義明，而我心之所同然者，乃因之而明〔註9〕。

〈與某書〉亦云：

> 治經先字義，次通文理〔註10〕。

聖賢之義理，存乎經典，然由於時空之懸隔，今人不易理解。惟有透過古代文字詞
義的考釋，才能確切掌握其義理。此即乾嘉考據之精神。

明白戴震之學術路徑，即不難想像其纂集故訓之倡儀了。

二、朱筠之《纂詁》

除戴震之倡議外，朱筠也曾嘗試編纂過。次子朱錫庚爲其編《笥河文集》，作序
言曰：

〔註6〕戴震《戴震文集》卷十〈古經解鉤沈序〉。
〔註7〕《四庫總目提要》卷三十三經部五經總義類。
〔註8〕戴震《戴震文集》卷九〈與是仲明論學書〉。
〔註9〕戴震《戴震文集》卷十一〈題惠定宇先生授經圖〉。
〔註10〕戴震《戴震文集》卷〈與某書〉。

　　（筠）嘗謂：「經學不明，良由訓詁不通，通經必先釋字，庶幾兩漢
諸儒所講之經可以明，而後世望文生義之弊絕。」欲倣揚雄《訓纂》而撰
《纂詁》〔註11〕。

而錢大昕〈經籍纂詁序〉亦曰：

　　　　朱竹君督學安徽，有志未果。

姚名達所編《朱笥河先生筠年譜》，將此書繫乾隆二十八年癸巳條下。案朱筠於乾隆
三十六年視學安徽，三十八年四庫館開，朱筠任編修官而離職，是以此舉應在此二
年間，然因《四庫全書》事而告終，其倡議尚在戴震前。

　　朱筠，字竹君，一字美叔，號笥河，大興人。乾隆十九年進士，歷任編修、侍
讀學士，安徽、福建學政。極力提倡漢學，曾奏請校閱《永樂大典》，直接促成《四
庫全書》的開館，後充《四庫全書》纂修官。孫星衍、洪亮吉等皆出其門下。他與
戴震關係密切，曾延戴震至其幕下，相與論學。他對戴震的義理說持反對態度，然
對其訓詁考證方面的成就卻相當推崇。他主張「經生貴有家法，漢學自漢，宋學自
宋，今既詳度數，精訓詁，乃不可復涉及性命之旨〔註12〕。」學者應當正文字、辨
音讀、釋訓詁、通傳注，無需闡發義理，否則便是空疏無用。於是起而纂集經書故
訓，雖未能成書，然《纂詁》之名，其後為阮元所沿用。

三、阮元首次嘗試

　　稍後，元與孫星衍、朱錫庚、馬宗槤等人第三度從事纂集工作。錢大昕〈經籍
纂詁序〉云：

　　　　公（阮元）在館閣日，與陽湖孫淵如、大興朱少白、桐城馬魯陳，相
　　　約分纂鈔撮群經，未及半而中輟。

孫星衍，字伯淵，又字季逑，號淵如。江蘇陽湖人。盛年時與洪亮吉、楊芳燦、黃
景仁以文學齊名，袁枚品其詩為「天下奇才」，與之成忘年之交。其後究心經史、文
字、音訓之學，旁及諸子百家、金石碑版，尤精於校勘。阮元於乾隆五十四年至五
十六年在館閣任事，而孫星衍此時官刑部直隸司主事，在京與阮元等人交往甚密，
應即此時為纂集事〔註13〕。

　　馬宗槤，字魯陳，一字器之，安徽桐城人。少從其舅姚鼐學詩、古文詞，所作多
沈博絕麗，既而精通古訓及地理之學。鄉舉時，以解《論語》過位、升堂合於古制，

〔註11〕朱筠《笥河文集》卷首，朱錫庚序。
〔註12〕江藩《漢學師承記》卷四〈朱笥河先生〉。
〔註13〕張紹南《孫淵如先生年譜》乾隆五十五年條。

朱珪極拔之。後從邵晉涵、任大椿、王念孫遊，其學益進。《清史儒林傳》載：

> 嘗以解經必先通訓詁，而載籍極博，未有彙成一編者。乃偕同志孫星
> 衍、阮元、朱錫庚，分韻編錄。適南，旋中輟。後元視學浙江，萃諸名宿
> 爲《經籍纂詁》，其凡例猶昔年手訂也〔註14〕。

以其所言，此次纂輯似爲馬氏所倡。且其後阮元所用之凡例，已於此時由馬氏所訂。
然此舉又因馬氏南歸而告終。

朱錫庚，字少白，直隸大興人。朱筠次子，與章學誠交遊甚久，深受其影響。著
有文集，原本今在日本京都文求堂。其後曾爲阮元校勘《經籍纂詁》之書板〔註15〕。

阮元與王念孫、任大椿善，二人皆戴震弟子，故學術頗受戴震影響。其訓詁學
即師承戴震，以古訓發明義理。〈馮柳東三家詩異文疏證序〉曰：

> 古今義理之學，必自訓詁始〔註16〕。

阮元〈擬國史儒林傳序〉又曰：

> 聖人之道，譬若宮牆，文字訓詁，其門徑也。門徑苟誤，跬步皆岐，
> 安能升堂入室乎〔註17〕？

此等議論，皆戴學之面目。然其纂輯古訓，則以爲愈古者愈可信，似又近惠棟之學。
阮元〈西湖詁經精舍記〉述本書編纂緣起云：

> 聖賢之道存於經，經非詁不明。漢人之詁，去聖賢爲尤近。譬之越人
> 之語言，吳人能辨之，楚人則否。高曾之容體，祖父及見之，雲仍則否。
> 蓋遠者見聞，終不若近者之實也。元少爲學，自宋人始，由宋而求唐、求
> 魏晉、求漢，乃愈得其實。嘗病古人之詁，散而難稽也，於督學浙江時，
> 聚諸生於西湖孤山之麓，成《經籍纂詁》百有八卷〔註18〕。

清代經學發達，學者爲解經義，多從訓詁入手。然諸經之傳注龐雜，字詞之訓散見
於諸經，往往無法綜核條貫。面對日益錯綜的經學發展，此類工具書對學者研究經
學，實有迫切之需要。

第二節　《經籍纂詁》之編刻過程

《經籍纂詁》之編纂，歷經戴震、朱筠及孫星衍諸人之手，均未能成編。除了

〔註14〕《清史列傳》卷六十九儒林。
〔註15〕姚名達《朱筠年譜》乾隆廿八年條。
〔註16〕《揅經室續集》卷一〈馮柳東三家詩異文証序〉。
〔註17〕《揅經室一集》卷二〈擬國史儒林傳序〉。
〔註18〕《揅經室二集》卷七〈西湖詁經精舍記〉。

說明此舉之艱鉅外，也顯示了此類工具書之重要性。

一、嘉慶元年諸生纂集

阮元於乾隆六十年八月調任浙江學攻，嘉慶二年即遴選經生若干人分纂之。〈雷塘庵主弟子記〉載：

> 正月二十二日始修《經籍纂詁》。先是歲試畢，先生移檄杭嘉湖道，選兩浙經詁之士，分修《經籍纂詁》。至是集諸生於崇文書院，分俸與之。是日至者共二十餘人〔註19〕。

錢大昕〈經籍纂詁序〉曰：

> 乃於視學兩浙之暇，手定凡例，即字而審其義，依韻而類其字。有本訓，有轉訓，次敘布列，若網在綱。擇浙士之秀者若干人，分門編錄，以教授歸安丁小雅董其事，又延武進臧在東專司校勘。

阮元再次纂集是書，顯然較講究方法。他首先親手訂定凡例，規定纂輯之範疇及體例。然遴拔浙省經生三十二人（見附錄），齊聚西湖孤山麓，每人分配若干經籍，根據凡例，纂鈔經書中正文、注釋之訓言。然後依所訓字詞之韻，歸於《佩文韻府》一百零六韻之下。由丁杰主其事，費時一年始分纂成。

臧庸《經籍纂詁後序》曰：

> 因遴拔經生若干人，分籍纂訓，依韻歸字，授之凡例，示以指南，期年分纂成。

丁杰之主其事，僅見於錢大昕序言，而《經籍纂詁》前所附編纂姓氏中，並無記載，想是丁杰代阮元總理其事，而本書既署阮元輯，故不列於名單中〔註20〕。

二、嘉慶三年臧庸總纂

嘉慶三年春，阮元延請臧庸總纂，選諸生中較優秀者十人，以《佩文韻府》一百零六韻分為上平、下平、上聲、去聲、入聲五部分，每二人負責一部分，將先前諸生所纂，編入各韻所收字之下，並加以整理校對，往復辨證。有《佩文韻府》未收之字，則據《廣韻》、《集韻》增補。以一韻為一卷，共成一百零六卷，自四月始，至八月完成〔註21〕，費時五月。臧庸〈經籍纂詁序〉云：

> 更選其尤者十人，每二人彙編一聲。知鏞堂留心經詁，精力差勝。嘉慶三年移書來常州，屬以總編之役。鏞堂不辭謭陋，謹遵宗伯原例，申明

〔註19〕《雷塘庵主弟子記》嘉慶二年條。
〔註20〕此情形如同《十三經注疏校勘記》之段玉裁、《皇清經解》之夏修恕。
〔註21〕《雷塘庵主弟子記》嘉慶三年條。

而整齊之，以告諸君子。復延舍弟禮堂相佐，請諸宗伯橄仁和廩生宋咸熙
來司收掌、對讀。乃鍵戶謝人事，暑夜汗流蚊積，猶校閱不置。書吏十數
輩執筆候寫。雖極繁劇，勿猝不敢以草率了事，與同纂諸君往復辨難。國
子監生嚴杰、仁和附生趙坦，頗不以鏞堂為悠謬，其所編書亦精審不苟，
皆學行教篤士也。自盈夏始至仲秋告竣，凡五閱月，共成書一百六卷。

此是編纂第二階段，由臧庸總理之。臧庸，初名鏞堂，字在東，號拜經。江蘇武進
人。與其弟禮堂師事盧文弨，並從錢大昕、段玉裁等討論學術。治學嚴謹，長於校
勘、釋義。阮元因劉台拱而獲交臧庸，極器重之。常館元署，助其校輯之事。嘉慶
二年春，首次應阮元之請，至浙助輯《經籍纂詁》〔註22〕嘉慶三年春，阮元移書常
州，又延請臧庸為《經籍纂詁》總纂，乃復延弟禮堂相佐。先前諸生分纂者，是以
各書為單位，鈔纂詁言。此階段則是將之歸納編排，校閱訂正。由序言所述，諸人
摒除一切雜務，不顧酷暑蚊害，往復辨難，精審從事，耗五個月，終於完成，此為
本書初稿。

　　其時在館中，因臧庸性情耿介，有言必盡，欲少委宛一字而不可得，於是局中
人多不悅〔註23〕。因言嚴杰，趙坦之爭論尤多，然亦頗推崇二人之學識。

　　臧庸作〈後序〉述及纂輯工作曰：

　　　　卷帙繁重，限於時日，未盡覆檢原書。而《易》、《書》、《詩》、《三禮》、
　　《倉頡》、《字林》、《釋文》、《楚辭》等纂稿，每科為之審正，經、子有失
　　載正文，並補錄之，校閱之下，更隨筆改訂，刪煩鉤要，分并歸合，而條
　　次其先後，俾秩然有章。

所為之事，幾是本書之定稿。然學政以三年為一任〔註24〕，阮元將於嘉慶三年八月
任滿調職，因冀此書早日完成。故臧庸等人無法一一校對原書，僅能就有限時間，
校閱補正。然由諸人反復辨難，可知其編輯態度極為嚴謹。

三、嘉慶三年校閱刊刻

　　嘉慶三年十二月，阮元復命臧庸至廣東南海縣校刊《經籍纂詁》。阮元〈臧拜經
別傳〉曰：

　　　　三年，《纂詁》成，拜經至廣東南海縣校刊於板〔註25〕。

臧庸〈刻華嚴經音義錄序〉：

〔註22〕《揅經室二集》卷六〈臧拜經別傳〉。
〔註23〕事見嚴元照《悔庵學文》卷一〈與臧在東書〉。
〔註24〕《清史稿》職官志卷三。
〔註25〕《揅經室二集》卷六〈臧拜經別傳〉。

今來粵東爲司農校勘《經籍纂詁》……〔註26〕。

《通俗文》〈林慰曾序〉載：

> 戊午（嘉慶三年）冬季，爲外兄阮司農校勘《經籍纂詁》同來粵，相
> 處踰年，無閒言〔註27〕。

臧庸於嘉慶三年十二月，偕同阮元表弟林慰曾赴廣東爲阮氏校刊《經籍纂詁》，編纂姓氏中亦載刊板覆校爲林氏。據《雷塘庵主弟子記》所載〔註28〕，《經籍纂詁》於嘉慶四年十二月刻成，費時一年。

《經籍纂詁》刊成之初，阮元並不滿意，因僅留作家塾之用，並未對外發行。阮元〈奉敕進經籍纂詁摺子〉云：

> 前以督學之日，撰茲《纂詁》之編。育才首在通經，奉聖人之至教，
> 博古務求載籍，誦前哲之雅言。依韻類文，統長言、短言而並錄，即字審
> 義，合本訓、轉訓而俱收。爰集多士以分程，乃勒十函爲一部。屢經校勘，
> 尚有舛訛，亦事補苴，不無罣漏。是以梨鐫甫就，僅留爲家塾之藏〔註29〕。

摺子是於嘉慶十七年八月，阮元授漕運總督時，進呈《經籍纂詁》所奉。據摺中所言，可見所進呈之本，已經過校勘、補遺。

四、徐鯤等補遺

《經籍纂詁》刻成後，阮元復命徐鯤等人作《補遺》。《雷塘庵主弟子記》嘉慶六年條載：

> 四月……《經籍纂詁補遺》成〔註30〕。

今所見通行本《經籍纂詁》，附有《補遺》一百零六卷。〈凡例〉末條曰：

> 此書采輯雜出眾手，傳寫亦已數過，訛舛之處，或亦不免。凡取用者，
> 宜檢查原書，以期確實。至於遺漏，諒亦不少，現在杭州節署，延友搜查，
> 續爲《補遺》若干卷，刊刻嗣出，以禆學者〔註31〕。

依〈經籍纂詁補遺姓氏〉載，主其事者爲蕭山徐鯤。徐鯤，字北溟，蕭山人。不事帖括，專習經訓。阮元撫浙時，肄業詁經精舍。而分任其事者，多爲昔日班底，

〔註26〕《拜經文集》卷一，《皇清經解》本一一七八卷。
〔註27〕臧庸《通俗文》林慰曾序。
〔註28〕《雷塘庵主弟子記》嘉慶四年條：「十二月……刻《經籍纂詁》成。」
〔註29〕《揅經室四集》卷一〈奉敕進經籍纂詁摺子〉，後亦收於《經籍纂詁》書前。
〔註30〕《雷塘庵主弟子記》嘉慶六年條。
〔註31〕此條凡例較今本說明清楚，據史語所藏嘉慶年間本引，書中此凡例併舉二種。今本：
「一此書訛舛之處在所難免，凡取用之，宜檢原書以期確實。復因正書多所遺漏。
于每卷之後繼補刊、補遺一百六韻，以備檢查。」

共八人（見本章附錄）纂輯之步驟，依《纂詁》舊例。由八人分別鈔纂、校補諸書，再按韻編入各字下。原書每卷均有補遺，一方面對原所採之書加以校補，一方面增補原所未採之書，以期更廣備實用。〈補遺凡例〉云：

> 《補遺》采書，悉依舊例。前所失採，俱爲增入。又許氏《說文》及孔氏《易》、《書》、《詩》、《左傳》、《禮記》疏，賈氏《周禮》、《儀禮》疏，舊皆未採，今悉補纂。

核之《補遺》諸人所分纂者，其補纂之書，除上述之外，尚有《公羊》、《穀梁》二疏。《經籍纂詁》每卷之後均附《補遺》，故亦有一百零六卷。

又嘉慶六年，臧庸應阮元之邀，至杭州校勘十三經之際，且爲補訂《經籍纂詁》。阮元〈臧拜經別傳〉云：

> 五年，元巡撫浙江，新闢詁經精舍于西湖，復延拜經至精舍補訂《纂詁》、校勘《校疏》〔註32〕。

然〈經籍纂詁補遺姓氏〉並未列其名。而據吉川幸次郎〈臧在東先生年譜〉載，嘉慶五年詁經精舍議祀許愼主，而諸人爲其本主之銜稱爭議不休，各執己見。阮元意坦洪震煊兄弟，臧庸遂以疾辭，直至六年元月始應聘往杭州參與《十三經注疏》之校勘。是以阮元原擬請臧庸爲主補遺之事，因此事而改以徐鯤任之〔註33〕。

第三節　《經籍纂詁》現存之版本

現存《經籍纂詁》之版本有嘉慶四年初刊本、嘉慶年間琅嬛僊館刊本、光緒六年淮南書局刊本、光緒九年上海點石齋影印本、光緒十四年上海鴻寶齋石印本、光緒年間上海文瑞樓影印本。

一、嘉慶四年初刊本

　　現藏：日本內閣文庫　　四十八冊

　　日本尊經閣文庫　　四十八冊

　　日本南葵文庫　　四十八冊

二、嘉慶年間琅嬛僊館刊本（見書影一）

　　此本扉葉題「經籍纂詁並補遺百六卷　揚州阮氏琅嬛僊館刊本」。書前有嘉慶四年錢大昕〈經籍纂詁序〉、嘉慶四年王引之〈經籍纂詁序〉、嘉慶二臧庸〈經籍纂詁

〔註32〕見《揅經室二集》卷六〈臧拜經別傳〉。

〔註33〕吉川幸次郎〈臧在東先生年譜〉嘉慶五年條。

序〉、〈經籍纂詁總目〉〔註34〕、〈經籍纂詁姓氏〉、〈經籍纂詁補遺姓氏〉、〈經籍纂詁凡例〉、〈經籍纂詁補遺凡例〉及嘉慶十七年阮元進書奏摺。

> 版式：匡高十四公分，寬 10.6 公分。半葉八行，小字雙行，行二十字。左右雙
> 欄，單魚尾。版心上方記書名「經籍纂詁」或「經籍纂詁補遺」，魚尾
> 下記卷次及該卷韻目、該葉韻字，下記葉次。

每卷首題卷次「經籍纂詁卷第○」，下記分韻陰文「○○聲」，另行下題「臣阮元譔集」。次行記本卷卷目，另行爲陰文韻字。末題「經籍纂詁第○卷終」。又各卷之前皆有該卷目次，題「經籍纂詁卷第○目」，下亦有陰文「○○聲」，次題「臣阮元譔集」。各卷補遺附於各卷之後，首題「經籍纂詁補遺卷第○」，卷末題「經籍纂詁補遺卷第○終」，餘皆同於正編。

此本附有嘉慶十七年阮元進呈摺子，故其刊行不早於嘉慶十七年。《邵亭知見傳本書目》載：

> 經籍纂詁附補遺一百六卷　嘉慶四年刊

應是記載錯誤。《販書偶記》載：

> 經籍纂詁附補遺一百六卷　嘉慶十七年揚州阮氏琅嬛僊館刊

則較爲可靠。此本共有六十四冊。然《江蘇國學圖書館現存書目》載一部六十冊，今不得見。《揚州吳氏測海樓藏書目錄》則記曰：

> 經籍纂詁補遺一百六卷　揚州阮元嘉慶年琅嬛僊館刊竹紙初印　四十
> 八本　一函洋三十元

台灣現藏：中央研究阮歷史語言研究所（以下簡稱史語所）　六十六冊
　　　　　國立台灣大學圖書館（以下簡稱台大）　六十四冊
　　　　　私立東海大學圖書館（以下簡稱東海）　六十四冊（案是書據該館
　　　　　考訂，乃爲配補本，詳見《東海大學圖書館善本書志・經部》。）
海外現藏：日本靜嘉堂文庫（以下簡稱靜嘉堂）　六十四冊
　　　　　日本東京大學東洋文化研究所（以下簡稱東京大學）
　　　　　日本京都大學人文科學研究所（以下簡稱京都大學）　六十四冊
　　　　　日本東洋文庫
　　　　　日本內閣文庫　八十冊

三、光六年淮南書局刊本（見書影二）

淮南書局亦名淮南官書局、揚州書局，創於同治八年。以整理有《鹽法志》及

〔註34〕〈總目〉中，載卷首之目次爲「序、凡例、姓氏、總目」。

各種官書殘版、刊布江淮間耆舊著述爲宗旨，所刊書皆平價出售。

《販書偶記》載有一本「同治癸酉（十二年）淮南書局補刊」。今未見，疑爲此光緒六年補刊本之原刊。

此版扉葉題有「光緒六年四月淮南書局補刊」。書前除刪去阮元進書奏摺外，其餘序言、總目、姓氏、凡例，皆同於嘉慶年間附補遺本。

版式：框高 14 公分，寬 10.3 公分。半葉八行，小字雙行，行二十字。左右雙
　　　欄，單魚尾。

其餘皆同於嘉慶年間附補遺本。

台灣現藏：師大　四十八冊（缺第廿一冊）
　　　　　東海　四十八冊
海外現藏：香港學海樓（借存香港市政局大會堂圖書館）　四十八冊
　　　　　美國普林斯頓大學　四十冊

四、光緒九年上海點石齋影印本（見書影三）

此版扉葉題有「光緒癸未夏上海石齋縮印　申報館申昌書畫室發兌　本齋書局翻刻必究」。將阮元進書奏摺置於最前，然後是錢序、王序、藏序，凡例、姓氏、總目。次序與嘉慶附補遺本不同。

版式：卷首匡高 14.1 公分，寬 8 公分。半葉十三行，小字雙行，行四十一字。
　　　卷一以後每半葉分三欄，每欄框高 4.6 公分，寬 8.1 公分。二十行，小
　　　字雙行。皆單欄，單魚尾。版心上方記書名，魚尾下僅記該卷韻目，下
　　　記葉次。板心下方記聲調。

除補遺目之阮元題名刪去外，其餘皆依嘉慶年間附補遺本。

此書共五冊，然《江蘇國學圖書館現存書目》載：

　　經籍纂詁附補遺一百六卷　點石齋石印本　十冊

台灣現藏：師大　五冊
　　　　　東海　五冊
　　　　　中央圖書館台灣分館（以下簡稱中圖分館）　五冊
海外現藏：京都大學

五、光緒十四年上海鴻寶齋石印本（見書影四）

此版完全依光緒九年點石齋石印本影印。書前仍沿用點石齋印記。版式則完全相同。

台灣現藏：台大　十二冊

六、光緒年間上海文瑞樓影印本（見書影五）

本書扉葉題爲「影印經籍纂詁附補遺　上海文瑞樓印行」，又題「上海文瑞樓發行　鴻章書局石印」。前爲阮氏奏摺、王序、錢序、凡例、縮印凡例、姓氏、總目。

版式：匡高 17 公分，寬 10.1 公分。半葉十六行，小字雙行。四周單欄，單魚尾。版心上方記書名，魚尾下方記卷次、卷目，其下記葉次，版心下方則記聲調。

其內文格式悉同淮南書局本。

其〈縮印凡例〉特說明「分韻大字改以陽文」。以往聲調及分韻之自皆用陰文，今皆改爲陽文。而其最大的特點在於將韻字按字典之體，編成「檢韻」。其〈縮印凡例〉云：

> 延請名宿，窮年考核，照字典部居、畫數，依次編排，名曰「檢韻」。

此「檢韻」置於總目之前，讓不聞音韻之使用者，得以方便檢索。

此書還以初印本校勘五次之多，撰成〈校勘記〉一卷，附於書後，足見刊行者之用心。

台灣現藏：東海　十二冊
海外現藏：京都大學

第四節　《經籍纂詁》之內容及評價

《經籍纂詁》一書所收，凡經書史籍之本文訓詁，傳注文字音讀、釋義及假借等等，均網羅殆盡。阮元《定香亭筆談》云：

> 取漢至唐說經之書八十六種，條分而縷析之，俾讀經者有所資焉。《說文》、《廣韻》等書不錄，以其爲本有部分之書，不勝錄，且學者所易檢也〔註35〕。

此文撰於浙江學政任，《定香亭筆談》刊於嘉慶五年，此時尚未作《補遺》。可知阮元當初對《說文》一類之字詞典，並無打算收入。然到了《補遺》卻改變初衷，將《說文》補入。

本書前附有嘉慶四年〈錢大昕序〉、〈王引之序〉及嘉慶三年〈臧庸後序〉。其次爲凡例，共二十四條，其後再列《補遺》之凡例。凡例規定其編輯原則：

（1）各書中之詁言可收者：如「經傳本文即有訓詁」、「傳注有某某也」、「有以訓詁

〔註35〕《定香亭筆談》卷四，頁 153。

代正文者」等。

（2）歸字之法：如「歸字僅遵《佩文韻府》為主」、「歸字以所訓之字歸韻」、「《佩文韻府》未載之字，據《廣韻》補錄，《廣韻》所無，據《集韻》補錄。」等。

（3）取捨之法：如「同一詁而文有詳略者，俱仍其舊，不加增減。」、「重見者，雖數十見，皆采以證。」等。

（4）詁言之排列：「詁以聲相近者前列」、「詁有以本訓前列」、「詁以本義前列，其引伸之義轉相訓者次之，名物象數又次之。」等。

（5）引經之法：如「引用群經倣陸氏《釋文》之次」、「十三經舊注以現立於學官者列於前，餘依時次。」、「經籍本注皆不稱姓，非本注則稱姓以別之。」等。

（6）訓解之體例：如「凡韻字皆以－代」、「另一條始，加圓圈以隔之。」

（7）其它：如「凡取用者，宜檢查原書，以期確實。」等。

　　阮元沿續前次纂輯之經驗，其所訂凡例至為縝密，使分纂者有法可循，對纂輯之速度及全書之素質，有極大助益。

　　凡例之後有編纂人之姓氏，除記載參與編纂之人外，並註明其分工以及諸人所分纂之經籍。分工者，明其所司。如總纂、總校、收掌、分纂、分韻、編韻、覆校、刊板覆校。《補遺》亦有總校、分校、補纂、編韻。各有職司，記載詳細。而於分纂與補纂姓氏下，載有各負責之經籍，除釐清責任外，本書所收之典籍，一目了然。其所收書計有數類：

（1）古代經籍和諸子百家書籍本文中的訓詁，所收子書迄於顏之推的《顏氏家訓》。

（2）群經舊注以十三經古注為主，補以後人所輯古佚注及唐人義疏。

（3）古史及諸子舊注，如《國語》韋注、《戰國策》、《呂氏春秋》、《淮南子》高誘注等。

（4）史部、集部舊注，如四史舊注、《楚辭》王逸注、《文選》李善注等。

（5）字書，如《爾雅》、《方言》、《說文》、《廣雅》、《釋名》、《小爾雅》以及後人所輯小學佚書〔註36〕。

　　本書之編纂，極重視實用性，故全書體例完備，方便檢索。本書〈王引之序〉云：

　　　展一韻而眾字畢備，檢一字而諸訓皆存，尋一訓而原書可識。

阮元〈答友人書〉云：

〔註36〕張舜徽《清代揚州學記》。

　　　　將來編次此書，悉以造此訓詁之人時代爲先後，如此則凡一字一詁，
　　皆有以考其始自何人，從源至流，某人用某人之說，某人承某人之誤，數
　　千載盤結如指掌，不亦快哉〔註37〕！

其說明了阮元編書之主旨。此書對於研讀古代經書者，提供了極大的便利。因此本
書之問世，學者推崇不已。錢大昕爲本書作序言：

　　　　此書出，而窮經之彥焯然有所遵循，向壁虛造之輩不得滕其說以衒
　　世，學術正而士習端，其必由是矣！

所言雖有應酬意，然亦顯示其劃時代之意義。焦循《雕菰集》亦云：

　　　　訓詁之學，遂集大成，嘉惠學者，以牖群經〔註38〕。

俞樾視之爲經書訓詁之集大成〔註39〕。王先謙云：

　　　　余雅愛阮氏《經籍纂詁》，博而不雜，以爲雖不以韻書名，而於聲音
　　訓詁，使人藉以會通音韻學之指歸，莫近乎是〔註40〕。

郝懿行則稱曰：

　　　　絕無檢書之勞，而有引書之樂。是書體例甚精，而又聚通人眾手所成，
　　故能芳漱六藝，囊括百家。洵注述者之潭奧，學覽者之華苑，所謂懸諸日
　　月不刊之書〔註41〕。

王引之〈經籍纂詁序〉云：

　　　　後之覽是書者，去鑿空妄談之病而稽於古，取古人之傳注而得其聲音
　　之理，以知其所以然。而傳注之未安者，又能博考前訓以正之。庶可傳聖
　　賢著書本旨，且不失吾師纂是書之意。

此言最是中肯。阮元纂此書，不僅爲通經之門徑，其眞義實在於明故訓以解聖賢之
義理。

　　雖然推崇者眾，但誠如凡例所云，此書雜出眾手，傳寫數回，加上卷帙浩繁，
訛誤在所難免。就算今日科技昌明，此類編纂亦不免有誤，遑論當時純乎人工。臧
庸〈經籍纂詁後序〉是：

　　　　論其大端，實爲有功經學之書。倘不知者，指其小舛、枝枝節節而議

〔註37〕國粹學報廿九期。此爲阮元早年手札，未知寄與何人，所論編書亦不知何書，劉師培
　　　　理出，此稿共推斷是論《經籍纂詁》之編，應屬事實。
〔註38〕焦循《雕菰集》卷六〈讀書三十二贊〉。
〔註39〕見俞樾《春在堂雜文續》卷二〈何崃青五經典林序〉：「儀徵阮文達公《經籍纂詁》一
　　　　書於諸經訓詁集大成矣！」
〔註40〕見王先謙《虛受堂文集》卷三〈試韻舉隅序〉。
〔註41〕郝懿行《曬書堂文集》卷二〈再奉雲台先生論爾雅書〉。

之，是欲摘泰山之片石，問河海於斷潢矣！確實細微枝節之失，不足以影
響此書之價值。

《經籍籑詁》之價值無庸置疑，對後世學術更具有開創性之影響。其後朱駿聲作《說
文通訓定聲》，即是據此書以改《說文》之體例，以求融合字形、字音、字義之理。
其書之取材，亦多來自《經籍籑詁》〔註42〕。其於近代之詞典編纂，不僅提供了豐
富的資料，亦爲此類詞典奠立良好的典範。

附　錄

分纂：

山陰何蘭汀：易王弼注、李鼎祚集解；老子河上公章句、王弼注；列子張湛注、
　　　　　　殷敬順釋文。

平湖朱爲弼：書孔傳、馬、鄭、王注；書異同考。

嘉善孫鳳起：詩毛傳、芁；韓詩；詩異同考。

歸安丁授經：周禮鄭注；儀禮鄭注。

歸安丁傳經：禮記鄭注；大戴記盧辯注。

錢塘諸嘉樂：左傳杜注、嚴輯古注。

錢塘吳文健：公羊何注；穀梁范甯集解。

歸安郡保初：論語何晏集解、皇侃義疏；孝經鄭注；方言郭注。

黃巖施　彬：爾雅。

烏程周中孚：孟子趙注、孫奭音義；周氏孟子四考；賈誼新書；太元范望集解；
　　　　　　法言李軌注。

仁和趙　坦：爾雅郭注、舍人樊光等注；齋民要術；越絕書。

蕭山王端履：經典釋文；古經解鉤沈；三傳異同；人名字異同。

嘉興丁子復：國語韋注；國策高誘注；孫穀古微書。

仁和孫同元：周書孔晁注；墨子；韓非子。

錢塘梁祖恩：董輯書大傳；周髀算經趙注；顏氏家訓。

仁和宋咸熙：韓詩外傳。

臨海洪頤煊：劉熙釋名；小爾雅。

臨海洪震煊：方言。

〔註42〕張舜徽《清人文集別錄》云：「其書取材不越《經籍籑詁》，使無《籑詁》一書，則是
編亦不能徒作」。

蕭山徐　鯤：楚辭王注；文選注。

海寧陳　鱣：孫輯蒼頡篇；任輯字林；埤蒼；聲類；通俗文。

海寧倪　綬：獨斷；一切經音義；華嚴經音義；翻譯名義。

海鹽吳東發：隸釋；隸續。

歸安楊鳳苞：史記裴駰集解、司馬貞索隱；張守節正義。

烏程張　鑑：漢書顏注、蕭該音義；三國志裴注。

會稽顧廷綸：後漢書李賢注；晉書何超音義。

錢塘嚴　杰：家語王肅注。

會稽劉九華：呂覽高注；淮南子高注。

蕭山陶定山：管子房注；荀子楊注；封氏見聞記。

臨海沈河斗：孝經唐明皇注；穆天子傳郭注；春秋繁露；鬼谷子；鶡冠子；鹽
　　　　　　鐵論；論衡；匡謬正俗。

蕭山傅學灝：莊子郭象注。

錢塘吳克勤：山海經郭注；水經酈注。

開化張立本：白虎通；風俗通；新序；說苑；列女傳。

錢塘陸堯春：素問王砅注。

補纂：

鎮洋王　瑜：說文。

仁和宋咸熙：易王弼注、李鼎祚集解；易疏；儀禮鄭注；儀禮疏；左傳杜嚴輯
　　　　　　古注；左傳杜嚴輯古；左傳注；公羊何注；公羊注；穀梁范甯集
　　　　　　解；穀梁疏；三傳異同；韓詩；韓詩外傳；詩異同考；太元范望
　　　　　　集解；法言李軌注；呂覽高注；鬼谷子；鶡冠子。

烏程周中孚：詩毛傳、鄭箋；詩疏；爾雅郭注、舍人樊光等注；淮南子高注；
　　　　　　顏氏家訓。

錢塘嚴　杰：周禮鄭注；周禮疏；禮記鄭注；禮記疏。

臨海洪震煊：書孔傳、馬、鄭注；書疏；論語何晏集解、皇侃義疏；國語韋注；
　　　　　　國策高誘注；風俗通；越絕書；春秋繁露；賈誼新書；大戴記盧
　　　　　　辯注；論衡；鹽鐵論；韓非子；董輯書大傳；說苑；新序；墨子；
　　　　　　周髀算經趙注；匡謬正俗。

臨海洪頤煊：經典釋文；山海經郭注；水經酈注；隸釋；隸續。

蕭山徐　鯤：史記裴駰集解、司馬貞索隱；張守節正義；漢書顏注、蕭該音義；

後漢書李賢注；文選注。

錢塘姜遂登：孟子趙注；孝經鄭注；老子河上公章句、王弼注；管子房注；荀
　　　　　　子楊注；列子張湛注、殷敬順釋文；莊子郭象注；穆天子傳；素
　　　　　　問王砅注。

海寧倪　綏：白虎通；周易孔晁注；劉熙釋名；一切經音義；華嚴經音義；方
　　　　　　言；廣雅；孫輯蒼頡篇；任輯字林；埤蒼；聲類；通俗文。

第三章　《十三經注疏》之校刻

　　自漢代武帝立《易》、《詩》、《書》、《禮》、《春秋》爲五經以來，儒者相傳但言「五經」。而唐代時立之學官，三禮三傳分而習之，則云「九經」。唐太宗刻石經，又增《孝經》、《論語》、《爾雅》三經，爲十二經。宋時程、朱諸大儒出，立四書，尊孔、孟，由是再列《孟子》，成「十三」。而先儒釋經之書，或曰「傳」、「箋」、「解」、「學」，今通謂之「註」（或注）。《書》則有漢孔安國傳；《詩》則有漢毛萇傳，鄭玄箋；《易》則有魏王弼、韓康伯註；《周禮》、《儀禮》、《禮記》則有鄭玄註；《左傳》則有晉杜預註；《公羊傳》則有漢何休學；《穀梁傳》則有晉范甯集解；《孝經》則有唐玄宗御註；《論語》則有魏何晏集解；《爾雅》則有晉郭璞註；《孟子》則有漢趙岐註。

　　其後儒辨釋之書名「正義」，今通謂之人「疏」。唐太宗時，以經籍去聖久遠，文字多訛謬，因考定五經，頒於天下。又以儒學多門，章句繁雜，詔國子祭酒孔穎達與諸儒撰定五經義疏，凡一百七十卷，名曰「五經正義」。對經書原有注釋重加疏證，使論歸於一定，不再有岐異。唐高宗時，賈公彥始撰《周禮》、《儀禮》義疏。其後《公羊傳》有徐彥疏；《穀梁傳》有楊士勛疏。至宋咸平年間，始由邢昺撰《論語》、《孝經》、《爾雅》疏；孫奭撰《孟子》疏〔註1〕。

第一節　《十三經注疏校勘記》之編撰緣起

　　自唐代開經義取士之科，經書成了士人必習之學，也大大促進了經書的刊刻事業。早期五代宋初，經書刊刻仍以官學（國子監）爲主，且僅刻經注，未嘗及於義

〔註1〕據《玉海》四十三卷載，孫奭於宋真宗祥符五年所撰者，爲《音義》二卷。《孟子疏》
　　　今則認爲係邵武士人偽託。

疏。宋太宗端拱元年始刻五經正義於國子監，旋刻《周禮》、《儀禮》、《公羊》、《穀梁》、《孝經》、《爾雅》、《論語》七經注疏。因僅刻義疏故世稱單疏本。此板在北宋末金人南侵時，被掠奪北上，其後毀而不存。南宋初，高宗據此本重付剞劂，後世所見單疏本，大抵皆此本。而合經注及義疏彙刻者，始於南宋紹興及紹熙年間，浙東茶鹽司所刻越中本註疏〔註2〕南宋末，有建安劉叔剛一經堂所刻音釋註疏本，因每半葉十行，故世稱「十行本」。此本為南宋流傳最廣者。其板歷元至明，迭有條補，俗稱「三朝本」。明時存於南京國子監，故亦稱南監本。此本原僅刻十一經，（案：阮元刻者所據十行本即此十一經）後始補元、明所刻《爾雅》、《儀禮》足成一三之數。彙刻十三經註疏之全部者，始於明嘉靖年間閩中御史李元陽據南監本所刻，世稱「閩本」或「李元陽本」。明萬曆年間，北京國子監又據閩本重雕，稱北監本。明崇禎時，毛晉汲古閣再據北監本重刻，謂「毛本」或「汲古閣本」〔註3〕。毛本之刻，至清初百年間廣行於世，然板本之劣，多為士林所詬病。到了乾隆中葉，官方據北監本刊成武英殿十三經，非但校勘精美，且附有考證。然此本藏於宮中，大般人不得而見，流傳未廣〔註4〕。

經書雕板之始，世人多貴宋元本，蓋宋元刻本雖少而精。惟至明以來，刊刻數量日增，雖傳書益廣，然刻者往往草率為之。非但刻未精美，校勘尤不講究，踵訛增謬，隨處可見，遂有明人刻書而書亡之說。毛氏之重刻十三經註疏，於北監本之誤少有釐正，甚至新增脫誤益多。清人多有批評，清初的顧炎武是清代校勘學的開端者，嘗云：

今天下九經之本，以國子監所刻者為據，而其中訛誤實多。又《周禮》、《儀禮》、《公羊》、《穀梁》二傳，既不列於學官，其學殆廢，而儀禮則更無他本可讎其訛誤，尤甚於諸經。若士子各專一經，而下邑窮儒，不能皆得監本，只習書肆流傳之本，則又往往異於監本，無怪乎經術之不通，人

〔註2〕浙東茶司刻本始刻於南宋或北宋，當時引發極大的爭議。見葉德輝《書林清話》卷六〈宋刻經注疏分合之別〉條。據北京圖書館《中國版刻圖錄》所載，現藏原本《周易注疏》、《尚書正義》及《周禮疏》三本諱字缺筆至宋高宗「構」字，當刻於紹興年間。而《禮記正義》則在卷末有紹熙三年黃唐刻書跋文，即是刻於紹熙年間。然歷來眾人爭議者，在日人山井鼎《七經孟子考文》、森立之《經籍訪古志》皆引黃唐跋文，題年「紹興」，因據以上推首次刊刻應在北宋。然檢《紹興府志》，黃唐是在紹熙二年出任兩浙東路茶鹽司提舉的，紹熙三年即離任。因二書載紹興年間黃唐跋文，應是筆誤。

〔註3〕書板刻之源流，詳屈萬里先生〈十三經註疏板刻述略〉。

〔註4〕武英殿本《十三經注疏》刊於乾隆四年。現藏國立故宮博物院，其中《周禮》不全，《周易》、《尚書》、《左傳》各有二部。

才之日下也已〔註5〕！

孫從添《藏書紀要》鑑別篇云：「毛氏汲古閣十三、十七史，校對草率，錯誤甚多。」黃丕烈云：「汲古閣刻書甚富矣，每見所藏底本極精，曾不校，反多肊改，殊爲恨事〔註6〕。」校勘十三經注疏之倡儀，即始於清代學者對毛本十三經注疏之不滿。阮元〈江西校刻宋本十三經注疏書後〉云：

> 汲古閣毛氏板，乃明崇禎中用明監本重刻者。輾轉翻刻，訛謬百出。

> 明監板已燬，今各省書坊通行者，惟有汲古閣本。此本漫漶不可識讀，近人修補，更多訛舛。

又云：「亥家之訛，觸處皆是。毛本之訛誤已多，至清朝傳刻者若不辨其謬，輾轉翻刻，便漫漶不可識讀〔註7〕。」

經疏板本之劣，早爲士人所詬病。然明南北監刻板日已散迭，其它善本多不易得，而毛本廣行於世，一般學人更無它本可求。葉德輝云：

> 汲古閣刻十三經，展轉傳刊，魯魚多誤，而毛刻十三經乃風行海內，由於南北兩監刻本版片日就散佚，乾隆武英殿版尚未告成，一人舍此無他本可求，故遂爲天下重也〔註8〕！

這確是當代治經的最大問題。經書之優劣，將直接影響到科舉取才，無怪乎顧炎武感歎人才日下。

清代學者在反省經書版本之際，同時亦著手從事經書之校勘工作，然以元、明刊本之惡劣，乃不得不上溯古鈔舊槧。顧炎武的《九經誤字》即是據唐石經以校今本。又如惠棟的《周易述》、戴震的《毛鄭詩考證》、盧文弨的《儀禮詳校》、《群書拾補》、段玉裁《周禮漢讀考》、王念孫《讀書雜志》等等，都對經書作過不少校勘、考證。而當時孫星衍、臧庸、丁杰、顧廣圻等人亦皆致力於經書之校勘。眾家校經，一時蔚爲大觀。然所爲僅止於單經之考校，未有總彙十三經注疏全部者，且於單經也都未能廣蒐善本而全面校勘。其原因除個人之力，無法獨自匯校十三經外，善本散佚四方不易蒐羅，亦是一大原因。明清之藏書家多聚藏善本，常以爲秘笈而不借不刊者，頗影響經書之流傳〔註9〕。然其時亦有許多藏書家

〔註5〕顧炎武《九經誤字》自序。

〔註6〕見《士禮居藏書題跋記》卷二，元大德本《後漢書》陳鱣跋語。

〔註7〕《十三經注疏校勘》左傳校勘記引用書目，毛本條。

〔註8〕葉德輝《郋園讀書志》卷一。

〔註9〕藏書家秘珍之弊，由來已久。明人葉盛〈書廚銘〉云：「讀必勤，鎖必牢，收必審，閣必高，子孫子，惟學教；借非其人亦不孝。」又明人吳愷嘗引《鴻臚寺野談》曰：「關中非無積書之家，往往束置高閣，以飽蠹蟲。既不假人，又不觸目。至畀諸灶

極重視版本，每得善本，即延聘名校勘家爲其校書，藉以刊行流傳。因而許多窮困無功名之校勘家皆依附之，顧廣圻即是一例。他曾爲孫星衍、張敦仁、胡克家、秦恩復、吳鼐等人校書。其他如陳鱣、錢泰吉、俞樾等，皆畢生以校勘爲業。此風亦爲當代校勘學注入一股活力〔註10〕。

校勘十三經注疏既爲清代士林共同之心願，然而限於精力、財力，尚無學儒名士足以獨力完成校纂之工作。阮元於乾隆年間，主持兩浙學政，此區域素棧學術昌盛，人才濟濟。而阮元亦頗懷振興經術之志，曾多次校勘經書，因借此延攬善於校經之士，於杭州立館總輯《十三經注疏校勘記》。阮元校勘十三經之舉，早在弱冠爲諸生時便已著手。阮元〈恭進十三經注疏校勘記摺子〉云：

> 臣幼披治化，肄業諸經，校理注疏，綜核經義，於諸本之異同，見相沿沿舛誤，每多訂正，尚未成書。乾隆五十六年，奉敕分校太學石經，曾以唐石經及各宋板悉心校勘，比之幼時所校，又加詳備〔註11〕。

《雷塘庵主弟子記》卷二：「元弱冠時，以汲古閣十三經注疏多訛謬，曾以釋文、唐石經等書，手自校改。」又段玉裁《經韻樓集》〈十三經注疏校勘記序〉云：「玉裁竊見阮元自諸生持，校誤有年，病有明南北雕及常熟毛晉十三經注疏本，紕漏百出〔註12〕。」皆提及阮元自諸生時，習讀經書之際，已從事校經之工作。惟只書中眉批、筆記一類，尚未有成書之規模。且識學未廣、所見不多，是以成就有限。

乾隆五十五年庚戌，阮元進士及第。翌年即任石經校勘官，同邵晉涵、汪廷珍、沈初等人共校石經。阮元奉命分校《儀禮》，得以遍覽館閣所藏秘笈善本，遂以舊時所校，一一比勘綜核，參校之本益臻完善。

雖然阮元早年即從事校勘十三經之工作，但眞正促使他完整匯校十三經注疏者，應推盧文弨。

盧文弨，字召弓，號磯魚，又號檠齋，晚號弓父，學者稱抱經先生，杭州餘姚人。生於康熙五十六年（1717），乾隆十七年進士，授編修，命南書房行走，歷官左春坊，左中允，翰林院侍讀學士，廣東鄉試正考官，提督湖南學政。奏言州縣吏不應杖辱生員，得罪，降三級。三十三年辭官歸田，不復出。主講書院凡二十幾年。

下，以代蒸薪。余每恨蠹魚之不若也！」而范氏天一閣、錢曾述古堂之藏書之秘，尤其聞名。
〔註10〕見蔣元卿《校讎學史》〈校讎的鼎盛時期〉。
〔註11〕《揅經室二集》卷八〈恭進十三經注疏校勘記摺〉。
〔註12〕此序原附於《十三經注疏校勘記》單行本中。《校勘記》與《十三經注疏》合刻後即去之。今收於《經韻樓集》中。

所校著之書頗多，大都彙刻於抱經堂彙刻書中，包括《經典釋文》三十卷、《釋文考證》三十卷、《孟子音義》二卷、《儀禮注疏詳校》十七卷及《抱經堂文集》三十四卷等十餘種。各書皆據善本精校，無不蓄疑渙釋，諟正是非。又合經史子集三十八種，仿《經典釋文》例，摘字而注之，成《群書拾補》三十九卷。

盧文弨在〈重雕經典釋文緣起〉文中，提出其對經書注疏板本之質疑：

> 今之所貴宋本者，謂經屢寫則必不逮前時也。然書之失眞，亦每由於宋人每好臆見而改舊文。……古來所傳經典，類非一本，陸氏所見，與賈、孔所見本不盡同。今取陸氏書附於注疏本中，非強比彼就此，即強彼以就此。欲省兩讀，翻致兩傷〔註13〕。

他認爲經書注、疏、釋文之作，因年代之差異，各自所據板本必有所不同。原在經注中簡單或根本不成問題的問題，到義疏及釋文時，因所據板本的傳抄、刊刻錯誤，以致衍生出更多、更複雜的問題。注疏、釋文合刻後，時有校勘，而校者往往忽略上丘客觀性條件之差異，爲某些問題爭論不休，然究其因，板本矣！盧氏在校勘理論方面，確實爲校勘學的發展提供許多空間。而其校勘之豐，更使後世校勘學家得以在此基礎上，凌駕前人〔註14〕。

蕭穆〈記方植之先生臨盧抱經手校十三經注疏〉載方東樹語云：

> 抱經先生手校十三經注疏本，後人衍聖公府，又轉入揚州阮氏文選樓。阮作校勘記以此爲本〔註15〕。

據蕭穆所載，道光四年，時阮元任兩廣總督、兼署廣東巡撫。方東樹往訪，曾以阮刻十三經校勘記，借所藏抱經先生原本詳校一過。故所言盧抱經先生手校本，爲阮元得自岳翁衍聖公（孔憲增）之所，應屬可靠。盧文弨卒於乾隆六十年十一月底，其時盧文弨整理自著，宋成而驟逝，後由鮑廷博、徐鯤等人續刻〔註16〕。正當阮元調任浙江學政。而據柳詒徵《盧抱經先生年譜》後引阮元〈抱經堂校刻書總序〉載：

> 先生沒，先生家甚貧，書之外無長物。元恐其所校書久而就損，謹以其書之所以益人之故，詳爲敘述，俾學者知先生之書，非向來叢書之比。

足見此時阮元即已接觸到盧氏之校書手稿。至於孔憲增如何得到盧氏之經書手校本，及阮元如何獲得此本，皆無從得知。

〔註13〕盧文弨《抱經堂文集》卷三。
〔註14〕盧文弨校書之數量相當驚人。家藏圖書數萬卷，悉下丹黃。趙鴻謙《盧抱經先生校書年表》列一百八十餘種之多。盧氏校本現多藏江蘇圖書館。
〔註15〕蕭穆《敬孚類稿》卷八。
〔註16〕見徐鯤《抱經堂文集》目錄後跋。

　　盧氏十三經注疏手校本雖經方東樹抄錄下來，然少有人見此臨本。傳至其孫山如，雖有摘錄之議，然僅錄《易》、《詩》兩校勘記，隨即遭賊寇所毀，臨本僅存《周禮校勘記》兩卷并《釋文校勘記》兩卷，及《儀禮校勘記》兩卷。諸本存於蕭穆家，後遭祝融所燬，盧氏之校記自此亡失。

　　盧文弨之校經，大抵以舊書校本爲據，參以近時之本，而互相鉤稽參驗。主要以單經爲主，偶見善本，即抄錄校勘，或爲之作記。其校經之作，除《儀禮注疏詳校》外，多未輯刊成書。

　　《儀禮注疏詳校》是盧文弨於乾隆四十五年，應程晉芳之請，爲其校勘。時程晉芳共蒐有十一家之本，加以盧氏之舊作，考證精審。凌廷堪爲序云：「書自宋李氏集解而下，所引證者數十家。凡經注及疏，一字一句之異同，必博加考定，歸於至當，以云詳校，誠不虛也。」此書直至乾隆六十年始成書付梓，足見盧氏校勘之慎。

　　而盧氏於其他經亦多有校訂。昔未能刊行流傳。今僅能從《抱經堂文集》所錄各校本題記，知其校勘之跡。如〈周易輯正題辭〉述其校理周易之始末：

　　　　乾隆己亥（四十四年），友人示余日本國人山井鼎所爲《七經孟子考文》一書。歎彼海外小邦，猶有能讀書者，頗得吾中國庋舊本及宋代梓本、前明公私所梓復三四本，合以參校，其議論猶有可採。然憾其於古本、宋本之誤者，不能盡加別擇，因始發憤爲之刪訂。先自《周易》始，亦既有成編矣〔註17〕！庚子之秋，在京師又見嘉善浦氏鏜所纂《十三經注疏正字》八十一卷。其見聞更廣，其智慮更周，自不患不遠出乎其上。雖然，彼亦何可廢也。余欲兼取其長，略其所短，乃復取吾所校《周易》，重爲整頓，以成此書，名曰《周易注疏輯正》〔註18〕。

此書成於乾隆四十六辛丑，以官本爲底，除兼採《七經孟子考文》、《十三經注疏正字》二書外，尚就通志堂所梓各本，并爲校之。然書成之後，並未付梓，後世因不得見。其它如〈孟子注疏校本書後〉，載其兩度校補孟子章指之事。〈書公羊注疏後〉記其校正《春秋繁露》後，因董仲舒精於公羊家言而讀之，旋感何休注多訛謬，遂校之。

　　盧文弨之校經工作，曾一度交與弟子臧書，編纂成書。乾隆五十四年己酉，盧文弨以《七經孟子考文》及《十三經注疏正字》參訂毛詩，命臧庸錄之，成《毛詩

〔註17〕乾隆十一年，盧文弨曾校勘《周易》。文集卷七〈重校經史題辭〉云：「余故復取諸本與新本，校其異同，其訛謬顯然，則仿《六經正誤》之例爲一書。其參錯難明，則仿《韓文考異》之例爲一書。毛氏汲古閣本，大段可觀。」言其初校《周易》。
〔註18〕盧文弨《抱經堂文集》卷七〈周易輯正題辭〉。

注疏校纂》三卷。又同年十二月，復命臧庸一依《毛詩注疏校纂》條例，錄成《尚書注疏校纂》。翌年，臧庸再據盧文弨所撰《周易注疏輯正》，錄其切要可據者，爲《周易注疏校纂》三卷。兩年之內纂集三部校勘記，足以說明盧文弨是有計劃地將自己校勘《十三經注疏》的構想及成果，透過弟子臧庸之襄助，期望能儘快完成。（時盧文弨已七十三歲）然而當校纂一部部完成時，盧文弨之心力突然轉至《經典釋文》上，臧庸亦參與校勘審訂。

《經典釋文》之校刻，是盧文弨校勘《十三經注疏》之餘，有感注疏與釋文所據經書板本不盡同，而以釋文附於注疏本中，非強彼以就此，即強此以就彼，欲省兩讀，翻致兩傷。因不合注疏而獨自校勘。工始於乾隆五十六年辛亥十月，終於乾隆五十八年癸丑。《經典釋文》之校刻，使校纂之編輯中輟。其後臧巾赴楚畢沅處，校經之事，盧文弨只得獨力爲之。然年邁多病，僅於死前完成校勘已久之《儀禮注疏詳校》。三部校纂皆未刊刻行世，不得見，僅有臧庸所作，收錄於《拜經堂文集》〔註19〕。

盧文弨晚年彙集之《群書拾補》三十九卷，即收有《易經注疏》、《尚書注疏》、《春秋左傳注疏》、《禮記注疏》、《儀禮注疏》等書之校補成果。其《群書拾補》自序曰：

> 年家子梁曜北語余曰：「所校之書，實不能皆流通於世。其藏之久，不免朽蠹之患，則一生之精神虛擲既可惜，而謬本流傳後來亦無從取正，雖自有餘，奚裨焉。莫若先取缺文斷簡，謬誤尤甚者，摘錄以傳諸人。則以傳一書之力，分傳數書，費省而工倍，宜若可爲。」于感其言，就余力所能，友朋所助，次第出之，名曰《群書拾補》〔註20〕。

此書所輯之群書校勘，皆取其誤謬甚者。然而眾書錯誤難以勝數，久校而無法盡其功，尤無法盡述盧氏校經之全貌。然校勘之成果，其精要者，畢集於斯，盧氏校經之功，或可由此略窺一二。雖然盧文弨未曾提出總校《十三經注疏》之計劃，但從上述之事實來看，其企圖是顯而易見的。盧氏所欠缺的，不過是足夠之人力與財才。稍後的阮元，穫得此豐沛的校勘成果，以其優越之條件，《十三經注疏校勘記》自然水到渠成。從校勘記內容來看，除《穀梁傳》、《孟子》外，其他十一經均採用了盧文弨的校勘成果，較前述之著爲多，可知阮元確實採用了盧氏手校本。

另外，盧氏校定付刻之書，書首必臚列所據刻本和校本，並略述其內容。這種

〔註19〕《皇清經解》所錄《拜經堂文集》不見此三跋文，中研院史語所藏，據漢陽葉氏藏本影印《拜經堂文集》始有載。

〔註20〕盧文弨《群書拾補》自序。

方法後爲阮元校勘記所採用。

　　須注意的是，雖說盧文弨對阮元校勘記有很大之影響，但阮元校勘經書，早在獲得盧氏校記之前。其後校勘石經時，校勘記已初具規模。與其說阮元校勘記是以盧氏手校本爲藍本，不如說阮元的校勘記兼採盧氏之說，同時受其鼓舞，遂發起大規模的十三經注疏校纂工作。

第二節　《十三經注疏校勘記》之編撰經過

　　嘉慶五年庚申，阮元任浙江巡撫，以往日編輯《經籍纂詁》之房舍，重加整修，立詁經精舍。選文行兼優者讀書其中，聘孫星衍、王昶任主講，爲學林培養不少人材。

　　嘉慶六年辛酉，開十三經局，延請長於校經之士，共輯《十三經注疏校勘記》。《周易》、《穀梁傳》、《孟子》屬之元和李銳；《尚書》、《儀禮》屬之德清徐養原；《詩經》則屬之元和顧廣圻；《周禮》、《公羊傳》、《爾雅》屬之武進臧庸；《禮記》屬之臨海洪震煊；《左傳》、《孝經》屬之錢塘嚴杰；《論語》則屬之元和孫同元。其中，臧庸爲襄助阮元纂輯《經籍纂詁》之幕友。嚴杰、洪震煊、孫同元亦曾協纂《經籍纂詁》，當時與徐養原俱爲詁經精舍講學之士〔註21〕。顧廣圻則是由段玉裁推薦。

　　李銳，字尚之，一字四香，江蘇元和縣人。幼開敏，有過人之資，從私塾檢得《算法統宗》，心通其義，遂爲九章八線之學。受經於錢大昕，得中西異同之奧，於算術古曆尤深。潛心經史，以唐、宋人詩文爲雕蟲小技不足觀也，然工四書之文。家居教學，從游者多登第，自己則屢不得中。阮元巡撫浙江，延之至西湖，校《禮記正義》。元所輯《疇人傳》亦與之商榷，出力頗多。卒於嘉慶二十三年。阮元曾應李銳子之請作傳〔註22〕。

　　李氏所著有《周易虞氏略例》一卷，收在王先謙所輯《皇清經解續編》。又著有《召誥日名攷》一卷、《漢三統術》三卷、《漢四分術》三卷、《漢乾象術》二卷、《補修宋占天術》一卷、《補修宋奉元術》一卷、《日法朔餘彊弱攷》一卷、《方程新術草》一卷、《句股纂術細草》一卷、《弧失纂術細草》一卷、《開方說》三卷，後合刊爲《李氏遺書》〔註23〕。

〔註21〕詳見孫星衍〈詁經精舍題名碑記〉所載。

〔註22〕《揅經室二集》卷四〈李尚之傳〉。

〔註23〕《李氏遺書》，清道光三年阮亨輯刊之。其中《句股算術細草》一卷爲嘉慶十二年吳門刊。《開方說》作於李氏卒年，甫成上、中二卷而卒，下卷則爲弟子黎應南續成之。詳見上海圖書館《中國叢書綜錄》。

徐養原，字新田，又字飴庵，浙江德清縣人。夙承家學，讀書有深識。嘉慶六年副貢生。父母先後卒，遂無意攻制舉業。家居誦讀考論，非疾病喪紀不輟業，然安粗糲遠聲譽。偶爲邑人評所著書，錢大昕見之，大驚歎。浙撫阮元集高材生校勘諸經注疏，養原任《尚書》、《儀禮》。《儀禮》脫文錯簡，素號難治，所校特精。卒於道光五年，年五十八。

徐氏以爲學者必修六藝，遊之書數，居之禮樂，皆以養性。於是條通經傳，多所考辨。兼通聲律、六書、古音，旁及曆算、輿地、氏族之學。有《頑石廬經說》十卷、《周官故書考》四卷、《儀禮今古文異同疏證》五卷、《春秋三家異同考》一卷、《論語魯讀考》一卷、《律呂臆說》、《管色考》一卷、《荀勗笛律圖說注》一卷等若干著作，數十萬言，精實詳核。

臧庸，初名鏞堂，字在東，又字東序。後改名庸，字用中，一字西成，江蘇武進縣人。拜經爲其室名，文集曰《拜經堂文集》。嘗受業於盧文弨，並爲之校錄諸經校記。在蘇州從錢大昕、王昶、段玉裁諸先生研究學術。嘉慶二年，阮元督浙江學政，延至西湖助輯《經籍纂詁》，三年，書成，至廣東南海縣校刊書板。五年，阮元巡撫浙江，新闢詁經精舍於西湖，復延至精舍補訂《經籍纂詁》，佐校《十三經注疏》。七年九月，完成十三經分校者，歸常州。九年，入京應鄉試不中。十二年，復應阮元招至杭州，讀書署中。十五年，復應鄉試，不中。十六年，病卒，年四十有五。因劉台拱而獲交阮元，在阮元館多時。阮元作《儒林傳》，入庸之高祖臧琳，而以臧庸附之。然《儒林傳》因文體直簡，阮元乃復述所未盡者爲〈臧拜經別傳〉〔註24〕。

臧氏所著之書有《拜經日記》八卷，王念孫極稱之，用圈識其精確不磨者十之六七。其敘《孟子年譜》，陳壽祺歎爲絕識。又著《月令雜說》一卷、《樂記》二十三篇、《注》一卷、《考經考異》一卷、《臧氏文獻考》六卷。又其生平考輯古義甚勤，故輯古之書甚多。有《子夏易傳》一卷、《詩考異》四卷、《韓詩遺說》二卷、《訂僞》一卷、《盧植禮記解詁》一卷、《爾雅古注》三卷、《說文舊音考》三卷、《蔡邕月令章句》二卷、《王肅禮記注》一卷、《聖證論》一卷、《帝王世紀》一卷、《尸子》一卷、《賈唐國語注》二卷、《校鄭康成易注》二卷、《蕭該漢書音義》二卷等四十餘種〔註25〕。

洪震煊，字百里，別號樾堂，浙江臨海縣人。少有雋名，補諸生，益篤志屬學。

〔註24〕《揅經室二集》卷六〈臧拜經別傳〉。
〔註25〕清乾隆、嘉慶年間武進臧氏同述觀刊本《拜經堂叢書》十種，收有《拜經日記》等九種著作。日人吉川幸次郎作《臧在東先生年譜》，附錄中考臧氏著書作成目錄，總計有四十五種之多。

與兄頤煊居詁經精舍，與臧庸、丁杰晨夕辯難，臧庸每嘆曰：「大洪淵博，小洪精銳，兩君卓識，吾所不及。」阮元稱之曰：「齊侍郎後，不圖復見洪生也！」阮氏修《經籍纂詁》，爲任《方言》；《十三經注疏校勘記》，爲任《禮記》。他所刊書，並恒佐校讎之役。其在閩時，重構三百有三士亭成，集賓客酌酒賦詩，操手立就。舉座爲之擱筆。勤學讀書至夜分，輒引錐自刺，達旦無寐。設遇構思，研求忘食，不得解不止。

洪氏所著《夏小正疏義》五卷、《石鼓文考異》一卷、《樾堂詩鈔》一卷，及〈曾子一貫論〉、〈顏子復禮論〉、〈性情說〉等篇，均以漢學以難宋學。嘉慶十八年，亦舉拔貢生，既廷試，貧不能歸，入直隸督學幕，以微疾卒，年四十。

嚴杰，字厚民，浙江餘杭縣人。爲監生。道光年間，徵舉爲孝廉。博通經史而知名。曾助阮元校輯《經籍纂詁》。嘉慶六年，應聘至詁經精舍，與阮元、段玉裁、趙坦相交論學，阮元頗見重之。後參與校勘記之編纂，分校《左傳》、《孝經》。論學力主持平，與段玉裁共同爲校勘記定校。阮元築學海堂於粵東，輯《皇清經解》，倚重嚴杰手校，並編其所附叢書。所輯《皇清經解》三十卷，收入《皇清經解》。

孫同元，字雨人，江蘇元和縣人。少受家訓，通經詁。阮元立詁經精舍，選高材生肄業其中，與焉。參與校勘十三經注疏，任《論語》。嘉慶十三年舉人，大姚知縣，改永嘉教諭、署溫州府教授。永嘉地近閩，語言殊異，諸生多不明字義，遂作《今韻三辨》，分字辨、訓辨、詩辨，用以教士。又著《弟子職注》一卷、《六韜逸文》一卷及《永嘉見聞錄》一卷。

顧廣圻，字千里，別號澗蘋，又號一雲散人。江蘇元和縣人。所居處名曰尼適齋，乃本《北齊書》〈刑邵傳〉：「日思誤書，更是一適」。表明其對校書之志趣。因自號思適居士，文集曰《思適齋集》好讀書，不事科舉，精於板本校勘，往往應邀爲刻書學者校書。著名藏書家黃丕烈所刻士禮居叢書，大都由顧氏校定。還應孫星衍、張敦仁、胡克家、秦恩復、吳鼒之聘校書。近人馮桂芬〈思適齋文集序〉中說：

> 元和顧澗蘋先生，潛心經學，博覽群書。自先秦以來，九流百家之書，無所不讀。時朝廷開四庫館，徵海內遺書，以是古籍之出尤多。先生名既重海內，藏書家得異本必就先生相質。先生記識，精力絕人，所見益廣，輒爲之博綜群本異同，折衷一是，尤不肯輕改，務存其眞，遂以善校讎名。書經先生付刊者，藝林輒寶之，先後釋三十餘種，校成未及刊者尚半，其多且勤如此〔註26〕。

〔註26〕馮桂芬《顯志堂稿》卷二〈思適齋文集序〉。

日本學人神田喜一曾撰《顧千里年譜》，稱他爲清代校勘學第一人。嘉慶六年辛酉，顧廣圻應阮元之召往杭州，分纂十三經注疏校勘記，任《毛詩》。

嘉慶七年七月，十三經局中出現相當劇烈的爭議，眾人爲了注疏合刻始於何時爭論不休。

時段玉裁以爲注疏合刻在於北宋，段玉裁〈臨陳芳林校左傳正義跋〉曰：「此淳化庚寅官本，慶元庚申摹刻者也。」以爲北宋太宗淳化年間，即有注疏合刻本。

而顧廣圻則主張注疏合刻應在未南渡後。他在十三經局立議言：

> 北宋本必經注自經注，疏自疏。南宋初始有注疏。又其後始有附釋音注疏。晁公武、趙希弁、陳振孫、岳珂、王應麟、馬端臨諸君以宋人言宋事，條理脈絡，粲然可尋。而日本山井鼎左傳考文所載，紹興辛亥三山黃唐跋禮記語，尤爲確證。安得有北宋初刻《禮記注》及淳化刻《春秋左傳注疏》事乎〔註27〕？

文中即針對段氏之說，加以駁斥。日人山井鼎所著《七經孟子考文》，載〈黃唐刊禮記跋〉曰：

> 本司舊刊《易》、《書》、《周禮》正經、注、疏，萃見一書，便於披繹。它經獨缺。紹興辛亥，遂取《毛詩》、《禮記》疏義，如前三經編彙，精加校正云云。

據此學者主張注疏合刻應始於南宋。時洪震煊亦持此論〔註28〕。錢大昕亦云：

> 釋文與正義，各自一書，宋初本皆單行，南宋後乃有合正義於經注之本，又有合釋文於經注之本〔註29〕。

又云：

> 可證北宋時，正義未嘗合於經注。即南渡初，尚有單行本，不盡合刻。

後有持黃唐跋者，以注疏合刻起於南、北宋之間，而易、書、周禮先刻於北宋之末。持是論者，李銳、徐養原也。其後阮元亦認同此說〔註30〕。顧廣圻則曰：

> 南宋併注疏，越中出最早。後則蜀有之，沿革例了了。今均無見者，款式距可曉。唯建附釋音，三山別離造。黃唐跋左傳，其語足參考〔註31〕。

〔註27〕見顧廣圻《百宋一廛賦注》。
〔註28〕洪震煊主張注疏合刻自南宋始，其說見〈禮記注疏校勘記序〉。
〔註29〕錢大昕《十駕齋養新錄》卷三〈注疏舊本〉。
〔註30〕李銳之說見《周易注疏校勘記》；徐養原之說見《尚書注疏校勘記》引據之書；阮元說見〈江西校刻宋本十三經注疏書後〉。
〔註31〕顧廣圻《思適齋集》〈陳仲魚孝廉索賦經函詩率成二十韻〉，據汪紹楹文引。

顧氏述及當時，言：「若爭自癡絕，未障狂瀾倒。」可見爭議之劇烈。後顧說不為經局同人所納，他於嘉慶七年壬戌七月作〈有感詩〉云：

> 無復移山一處平，阿膠原不俟河清。飛時方慮輸鳶敗，刻處先期未楮成。醇酒易為千日醉，豫章難變七年生。枚皋奏賦纔聞詔，多謝張衡苦鍊京。

九月又作〈重有感詩〉：

> 南華發塚枉生咍，莫挽頹波是殉財。曲禮頓教王式去，公羊頓告鄭詹來。但存博士同門蔽，況有高人割席猜。獨恨漆書私改日，豎儒重燄祖龍灰。

未幾遂歸里矣。後乃引起段玉裁與顧廣圻一連串之爭辨，二人交惡，終身不解〔註32〕。十三經局自此事後，便各自為政，不集於杭州校經。分任其事後，由阮元復定之。

段玉裁，字若膺，一字茂堂，江蘇金壇縣人。乾隆卅大年舉人，官貴州玉屏知縣，改四川巫山縣，後引疾歸，遂不復出。歸引後一意經術，年逾八十猶復孜孜不倦，生平最服膺戴震，頗傳其治學之精神。

段玉裁之參與校輯《十三經注疏》，並無明文記載，阮元更隻字不提。然從段氏之言，略可得知段氏確曾參與校訂。段玉裁與〈劉端臨書〉云：

> 雖阮公盛意，而辭不敷文。初心欲看完注疏考證，自顧精力萬不能。

近日亦薦顧千里、徐心田二君而辭之〔註33〕。

此書言薦顧廣圻、徐養原之事。而據阮元有〈辛酉臘月朔入山祈雪，即日得雪，出山過詁經精舍，訪顧千里、臧在東，用去年得雪詩韻〉一首，是嘉慶六年冬，顧氏已於詁經精舍參與校經。因而此書應是作於六年冬之前〔註34〕。阮元最初欲延請段玉裁任校經事，段氏以體弱多病辭之。然段氏並非立即辭謝，他初欲為之，而後自顧精力不能始放棄。可見段氏對此事仍感興趣，而自己尚有《說文解字注》在成，在不能兼顧下，只得辭謝校經之任。

然不主校經事並不表示段氏就不參與校經。阮元早在乾隆五十六年，奉旨校勘石經時，即曾去函段玉裁，商問疑難之處。加以段玉裁之室交劉台拱為阮元姻親，使得二人關係更形密切。段氏雖未能專任校經事，以二人之交情、段氏之學術地位，

〔註32〕汪紹楹在〈阮氏重刻宋本十三經注疏考〉一文中，言此事為段、顧釁隙之肇端。
〔註33〕段玉裁《經韻樓集補》〈與劉端臨書〉第廿九書。
〔註34〕《揅經室四集》卷五。

阮元時而請益，與之商訂是極合理的。段氏〈跋黃蕘圃蜀石經毛詩殘本〉（嘉慶九年）云：「余爲阮梁伯訂十三經校勘記。」又〈與孫淵如書〉（嘉慶十四年）云：「昔年余爲阮梁伯修十三經校勘記。」〈陳芳林墓志銘〉（嘉慶十六年）曰：

> 余讀之（《春秋內外傳考證》），駭然以驚曰：「詳矣！精矣！內外傳乃有善本矣。」迨其書藏於家，用以訂阮梁伯《十三經校勘記》。

又黃丕烈〈士禮居重雕嚴州本儀禮經注緣起〉云：「段若膺先生定校勘記，既臚陳之。」這些均是段氏參與校訂十三經校勘記之明證。

嘉慶八年冬，段玉裁曾爲阮元作〈春秋左傳校勘記目錄序〉〔註35〕。嘉慶九年段玉裁〈與王懷祖書〉云：

> 唯恨前此三年，爲人作嫁衣而不自作。致此時拙著不能成矣！所謂一個錯也。

此言嘉慶六年以來，段氏爲阮元訂定校勘記之事。段氏極用心於校勘記事，致其《說文解字注》未能如期完成。段氏既非專主此事，書成後並不掛其名，難免有爲人作嫁之感。其後阮元出資爲其《說文解字注》刻一卷，使段氏鬱情稍解。段氏〈與王念孫書〉曰：「數年以文章而兼通財之友，唯藉阮公一人〔註36〕。」

段氏於嘉慶九年後，專心致力於《說文解字注》，對《十三經校勘記》較少參與。直至嘉慶十一年，《說文解字注》完竣後，始再投入校勘記事。時阮元丁父憂，居雷塘庵墓廬，少問事，最後定校之事，幾爲段氏與嚴杰主之。蕭穆〈記方植之先生臨盧抱經手校十三經注疏〉錄方東樹語云：

> 《校勘記》成，芸臺寄與段茂堂復校。段見顧所校《詩經》，引用段說未著其名，怒之，於顧所訂，肆行駁斥。隨即寄粵付凌姓司刻者開雕，而阮與顧皆不知也。故今《詩經》獨不 成體，此事當時無人知者，後世無論矣！乙酉八月，嚴厚民杰見告。蓋以後諸經，乃嚴親齎至蘇共段同校者也〔註37〕。

張鑑撰《雷塘庵主弟子記》，載校勘記之完成，在嘉慶十一年丙寅。然今存單行校勘記極少，初刊於何時難以考證。日本京都大學人文科學研究所藏有一部，共二百四十五卷，有王念孫圖記識語，定爲嘉慶十一年刊本〔註38〕。孫殿起《販書偶記》

〔註35〕此文爲段氏代阮元所作，後經阮元修改，錄於《左傳注疏校勘記》之前。修改之處仍可見二人有意見相左者。汪紹楹文曾加以比較。

〔註36〕以上均見林慶勳〈段玉裁先生年表〉。

〔註37〕蕭穆《敬孚類稿》卷八〈記方植之先生臨盧抱經手校十三經注疏〉。

〔註38〕見《京都大學人文科學研究所藏漢籍書目》。

著錄《十三經注疏校勘記并釋文校勘記》二百四十五卷。首卷有段玉裁序，題「嘉慶戊辰歲酉月（十三年）揚州阮氏選樓刊」〔註39〕。段序收錄在《經韻樓集》中。後阮元重刊《宋本十三經注疏》時，將校勘記附錄其後。今日本東京大學文學部東洋文化研究所及靜嘉堂文庫各藏一本。卷首有段玉裁序，附有進呈摺子。其卷數亦為二百四十五，應是嘉慶二十一年以後刊本。道光元年阮元輯《皇清經解》時，亦收錄之。清光緒二十四年，蘇州江蘇書局重刊之，共有《十三經注疏勘記》二百三十四卷、《釋文校勘記》二十九卷附《周易略例校勘記》一卷及《孟子音義校勘記》二卷。今大陸北京圖書館、首都圖書館、北京大學圖書館、上海圖書館、吉林大學圖書館均有藏本〔註40〕。

第三節　《十三經注疏勘記》內容體例之省察

校勘記之名稱，前文提及段玉裁〈與劉端臨書〉云：「初心欲看完注疏考證，自顧精力萬萬不能。」是未開始撰《校勘記》前，段氏所說。可知阮元先前校經稿本名為「考證」。顧廣圻〈儀禮要義跋〉（嘉慶七年）云：「中丞阮公，將為十三經作考證一書。」又顧氏〈與段大令論椒聊經傳書〉云：「此前為阮中丞撰考證時，……」〔註41〕黃丕烈《百宋一廛書錄》〈爾雅疏題識〉云：「五硯樓本，曾屬常州臧在東校出，今已錄其佳者入浙府所刻十三經考證中。」這些回憶之辭，足以證明《校勘記》編纂之初，名為「考證」，後始更名為「十三經注疏校勘記」〔註42〕。

《校勘記》所引據之書目，皆有著錄，置於校勘記序之後，此法是受盧文弨之影響。其引用之書目統計如下：

《周易注疏校勘記》
　　單經本一種、單注本三種、單疏本一種、注疏本六種。

《尚書注疏校勘記》
　　單經本二種、單注本三種、單疏本一種、注疏本四種、諸家著作八種。

《毛詩注疏校勘記》
　　經注本三種、注疏本四種、諸家著作七種。

〔註39〕孫殿起《販書偶記》卷一。
〔註40〕見上海圖書館《中國叢書綜錄》所載。
〔註41〕汪宗衍《顧千里先生年譜》引。
〔註42〕陳鴻森《劉盼遂氏段玉裁年譜補正》，嘉慶九年條下。

《周禮注疏校勘記》

　　單經本二種、單注本三種、注疏本五種、諸家著作三種。

《儀禮注疏校勘記》

　　單經本一種、單注本四種、單疏本一種、注疏本四種、諸家著作十二種。

《禮記注疏校勘記》

　　單經本二種、單注本二種、注疏本五種、諸家著作九種。

《春秋左傳注疏校勘記》

　　單經本一種、單注本六種、單疏本一種、注疏本五種。

《春秋公羊注疏校勘記》

　　單經本一種、單注本一種、注疏本四種、諸家注疏二種。

《春秋穀梁注疏校勘記》

　　單經本一種、單注本一種、單疏本一種、注疏本五種。

《論語易注疏校勘記》

　　單經本三種、單疏本二種、注疏本三種。

《孝經注疏校勘記》

　　單經本三種、注疏本五種。

《爾雅注疏校勘記》

　　單經本二種、單注本二種、單疏本一種、注疏本四種、諸家著作五種。

《孟子注疏校勘記》

　　單經本一種、單注本八種、注疏本四種。

單《儀禮》一經，即參考一種版本、十二種校本，可見其校經之精審。

　　《校勘記》各經之編撰皆各自為政，故其體例，遂有些許差異。如〈引據各本目錄〉，《左傳》、《論語》、《孝經》三校勘記皆不依版本性質歸類。《儀禮》則於各本直稱其版本之類，亦不歸類。其他九經皆分開歸類（類別如上引）。另《校勘記》有參引其他校勘著述，然僅《尚書》、《毛詩》、《周禮》、《儀禮》、《禮記》、《公羊》、《爾雅》七種校勘記有著錄。其他各經校勘記中多有引用他人之說者，如《周易》、《左傳》、《論語》、《孝經》皆引用盧文弨、山井鼎、浦鏜等諸人之說；《穀梁》引用惠棟、段玉裁、錢木昕、嚴杰之說，都未著錄於引用書目。而有著錄引用書者，亦未完全著錄，如盧文弨之說，《毛詩》、《周禮》、《公羊》雖有引用，而未著錄。《校勘記》之體例之不統一，是集體著書之通病，況且諸人分任其事，各自校經，自然在體例

上難以一致。而阮元前時無法統合，後時又無心整理，致今所見者體例不嚴，亦此書之缺憾也。

諸人對各版本之看法也多有分歧。如注疏合刻之時間，《周易校勘記》、《儀禮校勘記》二本主張在南、北宋之間。《尚書校勘記》、《左傳校勘記》則說在北宋之末；《禮記校勘記》則主張在南宋之時。諸家皆校勘名士，各有主張，基本共識不易達成。而如此觀點上之分歧，在校勘記內容之取捨即可能產生一些問題。

在校勘方法方面，盧文弨〈與王懷祖念孫庶常論校正大戴禮記書〉中曾提出「相形不相掩」之校勘原則：

> 讀所校《大戴禮記》，凡與諸書相出入者，並折衷之以求其是，足以破注家望文生義之陋。然舊注之失，誠不當依違，但全棄之，則又有可惜者。若改定正文，而與注絕不相應，亦似未可。不若且仍正文之舊，而作案語繫於下，使知他書之文，固有勝於此之所傳者。觀漢、魏以上書，每有一事至四五見、而傳聞互異，讀書皆當用此法以治之，相形而不相掩，斯嘉矣〔註43〕！

這是說多依靠版本之對校，在對校的基礎上，再旁徵博引，並審慎地加以別擇去取。如此即能盡量避免因過於主觀，而導致的臆測妄改。經書之原貌，則較易保存。

《十三經注疏勘記》之校法，似乎是沿用此說而來。《校勘記》所引用板本、諸說，數量自無庸疑。而各條皆詳校板本，其訛誤可辨者，引據諸說，皆簡略說明理由。既使讀者有所參考，又可避免校者不察而產生更多錯誤。《校勘記》在此校勘方法上，的確取得一定的共識。連一向主張「以不校校之」，不輕判別的顧廣圻〔註44〕，其《毛詩注疏校勘記》中，亦多採眾說而辨之。

嘉慶二十一年十二月，阮元特將《十三經注疏勘記》敬裝十部，進呈御覽。據其〈恭進十三經校勘摺子〉載，其呈《十三經注疏勘記》二百十七卷、附《孟子音義校勘記》一卷、《釋文校勘記》二十五卷，共二百四十三卷。而日本京都大學人文科學研究所藏本總目為《注疏校勘記》二百十七卷、《周易注疏校勘記》一卷、《釋文校勘記》二十五卷、《孟子音義校勘記》二卷。比較之下，相差的兩卷，除一卷為《孟子音義校勘記》外，另一卷為何經注疏校勘記，不得而知〔註45〕。而阮元進呈

〔註43〕盧文弨《抱經堂文集》卷二十。

〔註44〕葉德輝《藏書十約·校勘七》將校書之法分「死校」、「活校」二種。而顧廣圻為死校者。「據此本以校彼本，一行幾字，鉤乙如其書，一點一劃，照錄而不改雖有誤字，必存原本。」

〔註45〕瞿鏞《銅琴鐵劍樓藏書目錄》周易略例條載：「阮元謂十行本無略例，蓋其所藏適闕，遂認為無耳。」然阮元〈周易校勘記序〉有言：「別校略例一卷」是進呈本中似乎有

之二百四十三卷本，不見於其他記載，應是阮元爲了進呈嘉慶皇帝而特別修訂的。

　　《皇清經解》本共收錄二百四十八卷，然其總目仍列二百四十五卷，總目與京都大學本相同。另莫友芝《邵亭知見傳本書目》、《北京圖書館古籍善本書目》皆載有二百四十五卷阮氏家刻本。

第四節　重刻宋本《十三經注疏》

　　嘉慶十一年，《校勘記》完成，時阮元丁父憂，辭官居雷塘墓廬，深居簡出，少問事。因之《校勘記》之定校，全賴段玉裁、嚴杰。十三年，初刻完成。嘉慶十四年，阮元因未察鄉試弊案而遭革職。後因上五旨壽，賞予編修。此後兩年皆在京師爲官。十七年八月授漕運總督。嘉慶十九年調任江西巡撫後，始重刊《宋本十三經注疏》，附以舊作《校勘記》。阮元〈江西校刻宋本十三經注疏後〉述其事云：

> 嘉慶二十年，元至江西，武寧盧氏宣旨讀余校勘記而有慕於宋本。南昌給事中黃氏中傑亦苦毛皮之朽，因以元所藏十一經（十行本）至南昌學堂重刻之，且借校蘇州黃氏丕烈所藏單疏二經重刻之。近鹽巡道胡氏稷亦從吳中購得十一經，其中有可補元藏本中所缺者，於是宋本注疏可以復行於世。

胡稷〈重刊宋本十三經注疏後記〉言之更詳：

> 宮保阮公元來撫江右，稷向讀其所著《十三經注疏勘記》，心知所藏宋本之善，欲請觀之，而蒞政之初，公事旁午。踰歲初春，始獲所願。稷昔欲重刊而志未逮者，又怦然動矣！武寧貢生盧宣旬，宮保門下士，於是稷夙有文字契。至是來謁，屬董厥事，以宋本召工剞劂，而一時賢大夫樂與觀成者，咸鼓舞而贊襄之。於官則有……。於紳則有……。或輸廉以助，或分經以校。續殘補闕，證是存疑。而宮保於退食餘閒，詳加勘定，且令庋其版於學中。

據此則主其事者，胡稷、盧宣旬二人。而盧宣旬任《校勘記》之部分，摘錄校訂。校經之事，則分任眾人。工始嘉慶二十年仲春，竣於二十一年秋八月，歷時十九月，成四百十六卷并附錄校勘記，爲書一萬一千八百一十葉〔註46〕。

　　《略例校勘記》。
〔註46〕書刻成之時間，據阮元〈江西校刻宋本十三經注疏書後〉云：「二十一年秋刻板初成」。胡稷〈重刊宋本十三經注疏後記〉云：「嘉慶二十有一年秋八月，南昌學堂重刊宋本十三經注疏成。……距始事於二十年仲春，歷時十有九月。」然朱臨革〈重校宋本十三經注疏跋〉卻載始於嘉慶二十一年春，終於二十二年秋，應是誤記。

嘉慶二十一年六月，阮元調任河南巡撫。阮元子福於〈江西校刻宋本十三經注疏書〉後案語云：

> 此書尚未校刻完竣，家大夫即奉命移撫河南，校書之人不能如家大人
> 在江西時細心。其中錯字甚多，有監本、毛本不錯而今反錯者，要在善讀
> 書人，參觀而得益矣！校勘記去取亦不盡善，故家大人頗不以此刻爲善。

另朱華臨〈重刊宋本十三經注疏跋〉亦提及：

> 嗣宮保陞任兩廣制軍，來庵（盧宣旬）以創始者樂於觀成。板甫就，
> 急思印本呈制軍，以慰其遺澤西江之意。局中襄事者，未及細校。故書一
> 出，頗有淮風別雨之訛，覽者憾之。

阮元是於二十一年九日擢升爲湖廣總督。其書急欲印交阮元，遂於八月倉促印成，未及校對版刻。而且認爲《校勘記》之去取不盡善，故阮元並不以此爲善本。因之，同年十二月阮元敬裝呈上者，爲單行本校勘記，而非此重刻宋本。若阮元滿意此書，何有不趁此誇耀之理。

經書之分卷，清以前凡有兩種。一種是以單疏本之卷數分，而以經注分置之。宋代初合刻注疏皆如此分。另一種則是以經注本分卷爲據，以義疏分置之。南昌府學刻本之分卷標目，《儀禮》、《爾雅》是依單疏本分；其他則是依據十分本分。然《毛詩》之卷目雖有二十，每卷下卻再分三、四部分，校勘記只有七十卷；《孟子》雖標十四卷，然每卷分上、下，共二十八卷。另去《孟子音義校勘記》；釋文校勘記亦僅錄《周易音義》一卷。此分卷法，當是盧宣旬據單行本重加配錄，因成今日之貌。此種分卷法，即不見了唐宋義疏分卷之原貌，招致後人批評。今比較如下：

	周易	尚書	毛詩	周禮	儀禮	禮記	左傳	公羊	穀梁	論語	孝經	爾雅	孟子
經注本	9	20	20	42	17	63	60	28	20	20	9	11	14
單疏本	14	30	40	50	50	70	36	30	12	10	3	10	
南昌本	10（70）	20	20	42	20（51）	63	60（61）	28	20	20	9	10	14（28）

本書之校刻，亦是以十行本十一經及《儀禮》、《爾雅》單疏本爲主。阮元〈江西校刻宋本十三經注疏書後〉云：

> 凡有明知宋本之誤字，亦不使輕改，但加圈於誤字之旁，而別據《校
> 勘記》，擇其說附載於每卷之末，俾後之學者不疑於古籍之不可據，慎之
> 至者。

不臆改古書，但加圈於誤字之旁，使人一目瞭然，而其解往往在《校勘記》中。錢泰吉《曝書雜記》有一段記載：

　　嘉慶二十三年，衍石兄之南昌，許爲購注疏。未至，余夢兄攜注疏歸，字旁有圈，心異之。及得而讀之，果然。蓋余聞南昌新刻注疏成，欲得之久矣！其即所謂思夢歟？余先期未嘗知新刻注疏有旁圈也。異哉〔註47〕！

張之洞《書目答問》亦云：

　　　　凡有關校勘處，旁有一圈，依圈檢之，精妙全在此。四川書坊翻刻阮本，訛謬太多不可讀，且削去校勘之圈，尤謬。是此書不僅保存宋本之原貌。誤字旁加圈，便於讀者識別檢索，此是本書之一大創舉、特色也〔註48〕。

本書刻成，其版存於江西府學，先後又有所校正。如道光六年南昌府學教授朱華臨所主事。朱氏〈重校宋本十三經注疏跋〉云：

　　　　今夏，制軍（案：時阮元爲兩廣總督）自粵郵書，以倪君模所校本一冊寄示，適奉新余君成教亦以所校本寄省。倪君所校計共九十三條，余君所校計共三十八條。予因合二君所校之本，詳加勘對，親爲檢察，督工逐條更正，是書益增美備。

又言：「倘四方君子更有考訂所及，補目前所未備者，隨其所得，郵寄省垣。俾得彙梓更正，亦皆有補於後學。」其意在廣搜博採，相與正訛糾謬。足見其板是逐年累月校補。今傳之本，各校記條下，或偶有補語，即是此後所補〔註49〕。

　　本因士子需求殷切，流傳相當廣泛，加上版片取得容易，故歷年來板本眾多。就可知者，除嘉慶二十年南昌府學刊本外，尚有同治十年廣東書局刊本；光緒十八年湖南寶慶務本書局刊本；光緒二十三年上海點石齋石印本；民國十三年上海埽葉山房石印本；民國二十一年上海錦章圖書局石印本；民國二十四年上海世界書局石印本〔註50〕。

一、嘉慶二十年南昌府學刊本（見書影六）

　　扉葉題「重刊宋本十三經注疏附校勘記」、「用文選樓藏本校定」。前有〈重校宋本十三經注疏後記〉。每一經之前另有一扉葉題「重刊宋本○○注疏附校勘記」，另記阮元審定、盧宣旬校及刻工姓名。

　　版式：匡高 16.7 公分，寬 11.3 公分。半葉十行，行十二字，小字雙行。左右雙欄，粗黑口，雙魚尾。上魚尾下方刻經名及卷次，下魚尾下方則刻葉次。

〔註47〕錢泰吉《曝書雜記》卷上。
〔註48〕張之洞《書目答問》卷一。
〔註49〕補語多據閩、監、毛本校對校勘記。凡有校勘記疏漏者，補之；說明不清者，詳之。
　　　　然僅《周易》、《毛詩》二書較多補語，其他諸經或鮮少、或無補語。
〔註50〕見《中國叢書綜錄》。

　　台灣現藏：史語所、師大、東海。

　　日本現藏：東京大學、京都大學、內閣文庫。

　　大陸現藏：北京圖書館等廿四地〔註51〕。

二、道光六年重校本（見書影七）

　　扉葉題「重刊宋本十三經注疏附校勘記」、「用文選樓藏本校定，道光六年重校本」。其餘悉同南昌府學本。

　　　　版式：匡高 17.5 公分，寬 12.2 公分。餘同南昌府學本。

　　　　台灣現藏：史語所、台大。

三、同治十年廣東書局刊本

　　　　大陸現藏：北京圖書館等十六處〔註52〕。

四、同治十年長沙尊經閣刻本

　　　　日本現藏：京都大學。

五、同治十二年江西書局刊本

　　　　大陸現藏：北京圖書館等十三處〔註53〕。

　　　　日本現藏：東京大學。

六、光緒十三年上海脈望仙館石印本（見書影八）

　　扉葉有「光緒丁亥脈望仙館石印」長方形牌記。前有脈望仙館主人序，次為〈重刻宋板注疏總目錄〉。無胡稷後序。

　　　　版式：匡高 15 公分，寬 11.1 公分。半葉廿行，行廿六字，小字雙行。四周單
　　　　　　　欄，單魚尾。版心上方刻「十三經注疏」，魚尾下方刻卷目，下刻葉次。
　　　　台灣現藏：台大、東海。

　　　　大陸現藏：北京圖書館等卅二地〔註54〕。

〔註51〕北京、北師、清華、上海、華師、辭書、天津、內蒙、吉林市、山東、青島、山東大
　　　　學、南京、安徽、浙江、杭州大學、福建、湖北、武漢、江西、廣東、四川、重慶、
　　　　四川大學、清海等廿四地。

〔註52〕北京、首都、北師、遼寧、山東大學、南京、南京大學、安徽、浙江、福建師範、江
　　　　西、四川、重慶、四川大學、黑龍江、桂林等十六地。

〔註53〕北京、首都、北師、復旦、天津、遼寧、山東、南京、南京大學、浙江、武漢大學、
　　　　江西、重慶等十三地。

〔註54〕北京、首都、北師、中醫、上海、復旦、華師、辭書、天津、內蒙、遼寧、吉林市、
　　　　吉大、甘肅、山東、山東大學、南京、南京大學、浙江、杭州大學、福建、福建師
　　　　範、湖北、武漢、武漢大學、江西、廣東、四川、重慶、四川大學、桂林、清海等

海外現藏：馬來西亞大學。

七、光緒十八年湖南寶慶務本書局刊本。（見書影九）

此本是據脈仙館石印本重刻，其牌記、內文皆沿用脈望仙館石印本。

版式：匡高 15.6 公分，寬 11.5 公分。半葉廿行，行廿六字，小字雙行。四周單
欄，單魚尾。版心上方刻「十三經注疏」，魚尾下方刻卷目，下刻葉次。

台灣現藏：台大。

大陸現藏：北京圖書館等十一地〔註55〕。

日本現藏：京都大學。

八、光緒廿三年上海點齋石印本。

大陸現藏：北京圖書館等廿地〔註56〕。

民國以後掃葉山房、錦章圖書局、世界書局等石印本，均是據脈望仙館石印本
而重刊的。

第五節 校刻《十三經注疏》所據底本及評價

校勘古書，首先必須了解現存版本之源流系統，進而蒐集各種不同的版本，分
析其價值。再選擇底本。底本是用來校勘的工作本，它要求選擇最接近原本的本子。
底本可以是現存最早的本子，因為現存最早的本子往往是最接近原本的本子。越接
近原本，則較少脫誤、錯亂之情形。然而最早的版本並不一定即最好的版本，有些
古書因流傳久遠，現存最早版本與原本間有很長的沿遞過程，最早的版本離原本之
原貌較遠。而後出版本經過精校，或許較為接近原本。如《史記》未慶元時黃善夫
刻本和明震澤王鏊本，是以百衲本《史記》輯補而成完本的。但此宋明本距《史記》
成書已千餘年，其間多有傳抄翻刻，與原貌有段距離。而晚數百年的金陵書局《史
記》集解索隱正義合刻本，則是張文虎據錢泰吉之校本和自己所見之各種舊刻古本、
時本以及其他校勘資料詳加考訂的本子。今人之評價，金陵書局本遠在未明本之上，
因而皆以金陵書局本作底本。總之，底本應選擇現存版本中，最接近原本者。而底
本之選擇是否恰當，將直接影響校勘記之價值。

廿二地。
〔註55〕北京、上海、華師、天津、吉林市、甘肅、安徽、福建師範、武漢大學、四川、四川
大學等十一地。
〔註56〕北京、北大、北師、上海、復旦、華師、上海師範、辭書、吉林大學、甘肅、山東、
南京大學、浙江、福建師範、武漢、江西、廣東、重慶、四川大學、桂林等廿地。

　　蒐集之各種版本，除擇一爲底本外，其餘則爲對校本和參校本。校勘價值較大之版本可以作爲對校本，用以和底本互勘。而價值較低者，並非完全無用，可爲參校本，用以爲校勘之參考。在校勘過程中，版本的選擇是非常重要的。不僅影響到校勘的品質，善於選擇版本更能使校勘工作收事半功倍之效〔註57〕。

　　阮元校勘十三經注疏所用之底本，即其所藏之宋刻十行本及單疏本。他在〈江西校刻宋本十三經注疏書後〉云：

　　　　元家所藏十行宋本有十一經，雖無《儀禮》、《爾雅》。但有蘇州北宋
　　所刻之單疏板本，爲賈公彥、邢昺之原書，此二經更在十行本之前。元舊
　　作《十三經注疏校勘記》，雖不專主十行本、單疏本，而大端實在此二本。

一、單疏本

　　自經書之有雕板，所刻者皆僅止於經注，未嘗刊刻義疏。北宋國子監於太宗端拱年間開始雕印的九經三傳，始首度刻群經義疏，稱「單疏本」。

　　《玉海》藝文部卷四十三云：

　　　　端拱元年三月，司業孔維等奉敕校勘孔穎達《五經正義》百八十卷，
　　詔國子監鏤板行之。《易》則維等四人校勘，李說等六人詳勘又再校，十
　　月板成以獻。《書》亦如之，二年十月以獻。《春秋》則維等三人校勘，
　　王炳等三人詳校，邵世隆再校，淳化元年十月板成。《詩》則李覺等五人
　　再校，畢道昇等五人詳勘，孔維等五人校勘，淳化三年壬辰四月以獻。《禮
　　記》則胡迪等五人校勘，紀自成等七人再校，李至等詳定，淳化五年五
　　月以獻。

單疏本自宋太宗端拱元年起，迄淳化五年止，前後七年間，凡刻《周易正義》十四卷；《尚書正義》二十卷；《毛詩正義》四十卷；《禮記正義》七十卷；《春秋左傳正義》三十六卷等五經正義於國子監。旋又刻《周禮》、《儀禮》、《公羊》、《穀梁》、《論語》、《孝經》及《爾雅》等七經義疏於杭州，亦爲單疏本。《玉海》藝文部卷四十一云：

　　　　至道二年，判監李至請命李沆、杜鎬等校定《周禮》、《儀禮》、《公羊》、
　　《穀梁傳》，及別纂《孝經》、《論語》、《爾雅》正義，從之。咸平三年三
　　月癸巳，命祭酒邢昺代領其事，杜鎬、舒雅、李維、孫奭、李慕清、王煥、
　　崔偓佺、劉士元預其事。凡賈公彥《周禮》、《儀禮》疏各五十卷，《公羊》
　　疏三十卷，楊士勛《穀梁傳》十二卷，皆校舊本而成之。《孝經》取兀行

〔註57〕參見王雲海《校勘述略》。

沖疏，《論語》取梁皇侃疏，《爾雅》取孫炎、高璉疏，約而修之，又二十
三卷。四年九月丁亥以獻。賜宴國子監，進秩有差。十月九日命杭州刻板。
此次自太宗至道二年，至眞宗咸平四年止，前後共六年，繼刻《周禮疏》五十卷；《儀
禮疏》五十卷；《春秋公羊傳疏》三十卷；《春秋穀梁傳疏》十二卷；《孝經正義》三
卷；《論語正義》十卷；《爾雅疏》十卷〔註58〕。

自是忠宋國子監共刻十二經單疏本。當時宋有十三經之稱，僅曰「九經三傳」。
蓋《孟子》一書在北宋仍不爲士林所重，故不列之於經。

北宋末年，靖康之亂，冑監舊板，爲金人輦而北上。紹興九年九月，詔下州郡
索國子監元頒善本，校對鏤板。十五年閏十一月，博士王之望請群經未有板者，令
臨安府雕造。二十一年五月，又詔令國子監訪尋五經三館舊監本刻板。李心傳《建
炎以來朝野雜記》載：

> 監本書籍，紹興末年所刊。國初艱難以來，固宋暇及。九年九月張彥
> 實待制爲尚書郎，始請諸道州學取舊監本書籍，鏤板頒行，從之。然所取
> 多有殘闕，故冑監刊六經無《禮記》，正史無《漢書》。二十一年五月，輔
> 臣復以爲言，上謂秦益公曰：「監中其他闕書，亦令次第鏤板，雖重有費，
> 不惜也！」由是經籍復全。

而當時監中不自刻書，悉令臨安府及它州郡刻之。此即南宋監本。北宋監板爲金人
輦而北上，後盡毀於災禍。今日所見者，大抵皆南宋重刻本〔註59〕。

南宋監板存於太學，元代改爲西湖書院。元世祖時，遺使取杭州等處凡在官書
籍板刻至京師，然尙有多種刻板留下。至明初，太祖曾先後派人將西湖書院所存宋
元板片，運往南京國子監。單疏本今傳世者已極少，所可知者，並殘本計之，亦不
及十種，且多藏於日本。傅增湘〈宋監本周易正義跋〉云：

> 群經註疏，以單疏本爲最古。顧單疏刊於北宋，覆於南宋，流傳乃絕
> 罕。就余所見者：《尚書正義》二十卷，藏日本帝國圖書寮。《毛詩正義》
> 四十卷（缺首七卷），藏日本內藤湖南家。《禮記正義》殘本四卷，藏日本
> 身延山久遠寺。《公羊疏》殘本九卷，藏上海涵芬樓。《爾雅疏》十卷二部，
> 一藏烏程蔣氏孟蘋家（密韻樓）；一藏日本靜嘉堂文庫，又殘本五卷藏寶

〔註58〕此七經義疏雖刻於杭州，然其板仍歸北京國子監，監板時有委於地方刻者，然板皆歸
　　　　於國子監，南宋監本委刻於臨安府即一例。《四部叢刊續編・單疏本爾雅》後，錄王
　　　　國維跋語，以爲咸平年間所刻七經義疏，因板在杭州，未隨五經正義爲金人掠去，
　　　　誤也。而王國維《觀堂集林》所收〈單疏本爾雅跋文〉已刪去此段，可見王氏亦知
　　　　此說誤也。
〔註59〕南宋重刻群經事，詳見王國維〈五代兩宋監本考〉、〈兩浙古刊本考〉。

應劉氏食舊德齊。《儀禮疏》舊藏汪閬源家，今不知何往。合此《周易》計之，則存於天壤間者，僅此七經而已〔註60〕。

此七經單疏本現存者。《周易正義》現僅存北京圖書館一部〔註61〕。另日本尚有一部鈔本、一部舊鈔殘本。《尚書正義》有二十卷本，舊藏日本楓山書庫，今藏圖書寮。今有日人影印本、《四部叢刊三編》複印本、嘉業堂本。《毛詩正義》有殘卷一本，存卷八至四十，藏日人內藤湖南。另有殘本，藏於武田科學振興財團，及一舊鈔殘本。今有日人恭仁山莊影印本、嘉業堂本。《禮記正義》現存二部殘本。一本存六十三至七十卷，藏日本身延山久遠寺；一為古鈔卷子，僅存〈曲禮下〉，凡四百七十七行。此二種有《四部叢刊三編》影印本，嘉業堂僅刻卷子本二卷。《公羊疏》殘本一冊，原藏蔣孟蘋，後歸寶禮堂潘氏，今藏北京圖書館。存卷一至卷七，卷二缺末葉，卷三缺前七葉，卷七缺第六及其後各葉。有嘉業堂刊本〔註62〕。

阮元校勘十三經所據之《儀禮》、《儀禮》兩單疏本，其版本之流傳、現存情況：

《儀禮疏》五十卷，原藏黃丕烈士禮居，後歸汪閬源士鐘藝芸書舍，道光十年，汪氏曾鳩工重刊。原書不知何往，今北京圖書館藏有影鈔本。缺卷卅二至卷卅七，又缺葉十三翻。嘉慶十一年，顧廣圻為張敦仁刻《儀禮注疏》，即取此景德單疏本編之。又日本圖書寮有舊鈔本《儀禮疏》一冊，僅十五、十六兩卷。其體式猶存單疏之面貌〔註63〕。

《爾雅疏》十卷，傳世有三本，一為黃丕烈士禮居藏；一為袁壽階五硯樓藏，後袁本亦歸士禮居，此本即阮《爾雅注疏校勘記》所據，後因兵事遺失。黃丕烈遂將己本讓之陳鱣，後藏烏程蔣氏，後歸涵芬樓，今藏北京圖書館。另一本為陸心源所藏，後入日本靜嘉堂文庫。又有一殘本五卷，藏寶應劉氏，見《藏園群書題記續編》。其版匡高 20.9 公分，寬 14.3 公分。半葉十五行，行廿九字至卅一字不等。白口，左右雙邊。諱字宋欽宗、高宗嫌名「萲」、「媾」，及孝宗嫌名「愼」字偶或一避。其刻工皆南宋中期杭州名匠，因推之此書當是南宋監本〔註64〕。今有《續古逸叢書》及《四部叢刊續編》影印本。

除此七本之外，尚有日本圖書寮所藏《春秋正義》影鈔宋槧本。此本卷一第二十一、二十二葉缺四十五行，卷二十九第二葉、卷三十第十四葉各缺三行，卷三十

〔註60〕傅增湘《藏園群書題記》卷一。
〔註61〕見北京圖書館《中國版刻圖錄》。
〔註62〕以上日本藏書皆據關口順〈十三經注疏校勘記略說〉所記。
〔註63〕見汪紹楹〈阮氏重刻宋本十三經注疏考〉。
〔註64〕楊守敬《日本訪書志》云：「北宋刊本，或云南宋初刻本。」日本島田翰《古文舊書考》則以避宋寧宗嫌名「廓」字，認為南宋寧宗刻本。

四第四葉缺二行、第十葉缺十五行。又卷一、卷二十七、卷三十六末葉均缺。有日本東方文化學院影印本、《四部叢刊續編》影印本、嘉業堂本。另《春秋穀梁疏》有本七卷，存卷六至十二。乾、嘉時藏周漪塘處，愛日精盧與陳鱣皆有傳抄。後愛日精盧本歸涵芬樓，今藏北京圖書館。陳氏本今藏北京大學圖書館，有嘉業堂刊本。

民國七年，吳興劉承幹曾據單疏本刊《周易》、《尚書》、《毛詩》、《儀禮》、《禮記》（殘）、《左傳》（殘）、《公羊》（殘）、《穀梁》（殘）於嘉業堂叢書，各作校勘記附其後。

二、十行本

宋刊九經三傳，首先附刻陸德明釋文者，爲南宋末年建安所刻「附釋音註疏本」，此即岳珂《九經三傳沿革例》所稱「建本有釋音注疏」，因其版式每半葉十行，故稱爲「十行本」。其爲宋刻經傳流行最廣，影響最深者。此十行本雖然每半葉皆十行，然其版式大小、字數皆不統一，可知並非一家之作。而從現存各本所見，其中《毛詩》、《禮記》、《左傳》三本確知爲建安劉叔剛一經堂所刻。此本各藏書家多有之，但所記於其刊刻處，無所討論者，云「建刻」者，想必即以劉叔剛爲此本之刊刻者。此刻凡《周易兼義》九卷附釋文一卷、略例一卷、《附釋音尚書註疏》二十卷、《附釋音毛詩註疏》二十卷、《附釋音周禮註疏》四十二卷、《附釋音禮記註疏》六十三卷、《附釋音春秋左傳註疏》六十卷、《附釋音春秋公羊傳註疏》二十八卷、《附釋音春秋穀梁傳註疏》二十卷、《孝經註疏》九卷、《論語註疏解經》二十卷、《孟子註疏解經》十四卷共十一種。

《周易兼義》九卷附釋文一卷、略例一卷，陳鱣《經籍跋文》、洪頤煊《讀書叢錄》、瞿鏞《鐵琴銅劍樓藏書目錄》、吳壽暘《拜經樓藏書題跋記》、傅增湘《雙鑑樓善本書目》皆著錄此書。國立中央圖書館藏有此書，此板遞經明代修補。此書之稱「兼義」而不稱「附釋音」者，陳鱣《經籍跋文》解釋曰：「它經音義附於每節注後、疏前，獨周易總附於末卷之後。故題爲周易兼義，而不稱附音。」阮元《校勘記》則云：「兼義字，乃合刻注疏者，所加取、兼并正義之意也。南、北宋之間以注疏附於經注者，謂之某經兼義，至其後則直謂之某經注疏，此變易之漸也。」阮元之說雖屬猜臆，不知所據。然似較陳鱣之說合理。吳壽暘言「明時修版，古字率多，改竄間有未經改盡者。」

《附釋音尚書註疏》二十卷，瞿鏞《鐵琴銅劍樓藏書目錄》、傅增湘《雙鑑樓善本書目》、彭元瑞《天祿琳琅書目續編》皆著錄此書。國立中央圖書館藏有此書，至明正德十二年，遞經修補。另藏一明初刊本。

《附釋音毛詩註疏》二十卷，清孫星衍《平津館鑑藏記》著錄此書，云：「此本釋音，當出於南宋閩中之刻。有明正德補葉，」清頤煊《讀書叢錄》亦有著錄。森立之《經籍訪古志》載有昌平學所藏一本，云：「首載毛詩正義序，屬明代補刊，序後有劉氏文府叔桂軒一經堂記。」知此本爲建安劉叔剛刊本，現存日本足利學校遺蹟圖書館。國立中央圖書館藏有二部，一部修至明初；一部爲殘本，僅存前十二卷，修版至明中葉。有劉叔剛之四個木記。另國立故宮博物院藏有一部，殘存八卷，爲楊守敬自日本購得。

《附釋音周禮註疏》四十二卷，陸心源皕宋樓藏有一本，後歸日本靜嘉堂文庫。日人森立之《經籍訪古志》著錄有昌平學藏殘本，缺一至七卷。《雙鑑樓善本書目》有宋刊明印本。國立中央圖書館藏有一部。另國立故宮博物院藏有一部存卷七至四十二，爲楊守敬自日本購得。

《附釋音禮記註疏》六十三卷，孫星衍《平津館鑑藏記》著錄此書，有劉叔剛宅鋟樟木長印，是爲建安劉叔剛所刻。國立中央圖書館藏有二種，一爲全本，一部爲殘本，僅存前四十卷。修版至明正德十二年。

《附釋音春秋左傳註疏》六十卷，《平津館鑑藏記》著錄此書，爲南宋閩中刊本。洪頤煊《讀書叢錄》亦著錄有宋刊本、楊紹和《楹書偶錄》著錄之宋刊本，通體完善，毫無修版。瞿鏞《鐵琴銅劍樓藏書目錄》著錄兩部，一爲宋刊元印本、一爲宋本明代遞修補。丁丙《善本書室藏書志》著錄有李鹿山藏本，無修補。此外王文進《文祿堂訪書志》、潘宗周《寶禮堂宋本書錄》著錄此本皆有劉叔剛木記。森立之《經籍訪古志》有足利學藏宋建安劉叔剛刻本，現存日本足利學校遺蹟圖書館。國立中央圖書館藏有四部，一部殘存二十八卷；一部殘存三十卷。二部全本，皆遞經明代修補。另國立故宮博物院藏有一部殘本，存卷三十至六十。

《附釋音春秋公羊註疏》二十八卷，《平津館鑑藏記》、《讀書叢錄》、《鐵琴銅劍樓藏書目錄》、《雙鑑樓善本書目》皆著錄此書。國立中央圖書館藏有三部，一爲全本；一爲卷一至二、卷十五至十八，六卷鈔配本；一爲二十卷殘本。

《附釋音春秋穀梁傳註疏》二十卷，《讀書叢錄》、《鐵琴銅劍樓藏書目錄》、《雙鑑樓善本書目》著錄者爲宋刊本。《平津館鑑藏記》、《善本書室藏書志》所著錄者有元明補修。國立中央圖書館藏有一部，有元明補修。國立故宮博物院藏有一部殘本，存卷十至十八。

《孝經註疏》九卷，《平津館鑑藏記》云：「此本亦南宋刊本，正德六年補刻，而殘缺過多，板心上不標年代者，僅數葉存矣！」所存者，多爲明正德、嘉靖年間補刻。洪頤煊《讀書叢錄》著錄此書云：「阮尚書南昌學宮刊本即從此翻雕。此書今

已不得見。」

　　《論語註疏解經》二十卷，《楹書偶錄》著錄有宋建刻本。《經籍訪古志》有昌平學藏宋刊本，現藏日本圖書寮。國立中央圖書館藏有二部，皆經元明補修。

　　《孟子註疏解經》十四卷，《讀書叢錄》、《楹書偶錄》、《皕宋樓藏書志》、《靜嘉堂秘籍志》皆著錄之。國立中央圖書館藏有二部，皆遞經元明補修〔註65〕。

　　《校勘記》所據之十行本，多元明修補，尤以《孟子》為甚。洪頤煊《讀書叢錄》云：

> 以上八種（《周易》、《尚書》、《毛詩》、《周禮》、《禮記》、《左傳》、《公羊》、《穀梁》、《孝經》）皆南宋閩中所刊，即世所稱「十行本」。間有明正德、嘉靖補刻葉，惟《孝經》殘缺最多，原葉幾無一二存矣！阮尚書南昌學宮刊本即從此本翻雕。

從補版的多寡，即可判定板本之優劣。然閩本是據十行本刻，必也承襲這些修補，由是閩本以下諸板，亦沿此例。因之，以諸本互校，想見於是處必多合。若校者不辨此，不能多所徵引，必不能辨是非。故瞿鏞《鐵琴銅劍樓藏書目錄》〈周易兼義〉條云：

> 阮氏校勘記、南昌學府重刊宋本，皆據是書。方盛行於世，顧以是本核之頗多不同。其不同者，是本往往與家藏宋單注本、宋八行注疏枊及校勘記所引所引岳本、錢本、宋本合。阮本多誤同閩、監、毛本、蓋阮本多修板，其誤多由明人誤改。

〈附釋音春秋左傳注疏〉條更云：

> 南昌府學重刊本雖據阮校多所改正，……其未經改正者猶不少，且有一二句中，訛字疊見，而或改否，致使文義更有難明。至於補脫，阮校並據宋本，而重刊本翻從閩、監、毛三本，即阮氏所明斥其誤者，亦有不顧，遂與所附校勘記不相應。其意蓋以閩、監、毛皆出十行本，而不知閩本已仍修板之訛，非出原本也。

瞿氏所藏十行本《周易》、《尚書》、《左傳》、《公羊傳》、《穀梁傳》〔註66〕，其修補處較阮元所據本少，因以比勘阮元所校補之處，為之考訂正誤。

　　另《校勘記》之附於《十三經注疏》，亦產生問題。王國維〈跋爾雅疏〉云：

> 阮氏重刊本《爾雅注疏》，其疏文全據此本。然因與經注合刻，故單

〔註65〕此單疏本、十行本之版刻、流傳，詳見潘師美月先生〈宋刻九經三傳〉一文。
〔註66〕《銅琴鐵劍樓藏書目錄》為季錫疇代撰。而所舉十行本《周易》、《左傳》、《公羊》三書恐為元刊本。詳見汪紹楹〈阮氏重刻宋本十三經注疏考〉。

> 疏中複舉經注之文，多所刊落。又往往改疏字以就經注本，故與所撰《校
> 勘記》多不合，而校記亦多疏略。阮本之新生訛奪，抑又倍之〔註67〕。

這是由於校勘記與重刻本之校者不同所致，而盧宣旬之摘錄亦未注意上問題，故合
刊後，有不合之處。

　　阮元校刻《十三經注疏》雖有眾說未全、板本不盡善者，或些許暇疵，然並不
影響其價值。本書之成，為學士通儒視為不可一日或缺之書，仰之如金玉，至今未
有能取代者。日人加虎之亮曾作〈周禮經注疏音義校勘記〉，其序評云：

> 清儒校勘之書頗多，然其惠後學，無若阮元《十三經注疏校勘記》。
> 凡志儒學者，無不藏十三經，讀注疏者，必並看《校勘記》，是學者不可
> 一日無之書也〔註68〕。

〔註67〕此段為《四部叢刊續編・爾雅疏》張元濟跋所引。今本《觀堂集林》文中無此段。
〔註68〕《周禮經注疏音義校勘記》是曾針對阮元校勘記，廣搜近二百種板本、諸家校本，加
　　　　以校補。此序言引自喬衍琯〈跋宋監本周易正義，兼論阮元十三經校勘記〉。

第四章 《皇清經解》之輯刻

第一節 《皇清經解》之編輯緣起

清代經學發展，因考據昌盛而多解經之書。總匯前人解經之作有二途，一爲集注之法，將解經之說，彙集各注疏間。如《十三經注疏》，是總集唐以前注解。一則爲叢書之法，將解經著述匯編入一套叢書，以觀其源流。清初之《通志堂經解》實創其先。

阮元既重刊《十三經注疏》，復爲校勘記，將清人解經之說納入其中，使其書所收更爲完備，所論更爲詳實。而《皇清經解》，則是承續《通志堂經解》而作。

一、《通志堂經解》及《四庫全書》

《通志堂經解》署爲納蘭性德輯。納蘭秉其師承，其刊刻《通志堂經解》志在流傳經史。《清史稿》文苑傳云：

> 性德原名成德，字容若，滿州正黃旗人，康熙十五年進士，授乾清門侍衛，少從姜宸英遊，喜爲古文辭，鄉試出徐乾學之門，遂授業焉。尤工於詞，晚更篤意經史。屬友秦松齡、朱彝尊，購求宋元諸經解，後啓於乾學，得鈔本一百四十種，曉夜窮研，學問益進，刻《通志堂經解》一千八百餘卷〔註1〕。

《通志堂經解》之輯，實得力於其座主徐乾學。其所著錄諸書既爲徐乾學所藏，復爲之擇取校定。納蘭性德〈經解總序〉曰：

> 座主徐先生……乃盡出其藏本示余小子，曰：「是吾三十年心力所擇取而校定者。」余且喜且愕，求之先生，鈔得一百四十種。自《子夏易傳》

〔註 1〕《清史稿》卷四八九文苑傳〈納蘭性德〉。

外，唐人之書僅二三種，其餘皆宋元諸儒所撰述，而明人所著間存一二。

請捐貲經始，與同志雕版行世。先生喜曰：「是吾志也！」遂略敍作者大

意於各卷之首，而復述其雕刻之意如此〔註2〕。

納蘭性德篤意經史，嘗欲裒輯宋元以來諸儒說經之書以行世。及屬友人秦松齡、朱彝尊購諸藏書之家，間有所得。然其雕版漫漶，斷闕不可辨讀，鈔本更多訛謬，完善無訛者，十不得一二，於是求助於其師徐乾學。

徐乾學，字原一，號健庵。江蘇崑山人。顧炎武外甥，康熙九年進士。曾主持《明史》、《大清會典》、《一統志》。歷任禮部侍郎、左都御史、刑部尚書。自小即開始搜求鈔錄圖書，為官二十餘年，所得俸祿盡以購書。時至清初，故家藏書多散落四方，因命其門生故吏代為搜羅，一時南北大家藏書多歸其門。築樓七楹，貯書數萬卷，多為宋元善本。對其子孫曰：「所傳者惟是矣！」因名為「傳是樓」，編有《傳是樓書目》〔註3〕。

徐氏所藏宋元善本，名滿一時。納蘭性德搜求不得，自然轉向恩師求助。未知徐氏早將所藏之書，加以擇取校定。納蘭性德大喜，因鈔錄唐人之書《子夏易傳》、陸德明《經典釋文》、成伯瑜《毛詩指說》、唐元宗《孝經注》四種；後蜀馮繼先《春秋名號歸一圖》以下宋人之書八十五種，附見者五種；元人之書四十七種；明人之書三種。共一百四十餘種，分為易、書、詩、春秋、三禮、孝經、論語、孟子、四書、總經解十類。另加上納蘭性德自著《大易集解粹言合定》、《禮記陳氏集說補正》二書，成一千七百九十二卷。納蘭性德為之序者，凡六十四種。其事始於康熙十二年，至康熙十九年告竣。徐乾學、納蘭性德各為之序〔註4〕。

《通志堂經解》以叢書方式，輯錄宋元諸經師解經著述，間及漢唐經注，成為宋元經學成就之總結。《通志堂經解提要》曰：

上承注疏之後，下導《皇清經解》之先，宋元義理之學，略備於此〔註5〕。

《通志堂經解》開叢書輯刻經書專著之風氣，為其後之經解叢書立下典範。

其後，乾隆間《四庫全書》之編纂，是中國學術史上規模空前的叢書。其經部搜取歷代諸要籍，以易、書、詩、禮、春秋、孝經、五經總義、四書、樂、小學為類，依次將秦以至清初諸經籍匯集。其包涵之廣，是歷代叢書所不及。而其書實開啟圖書之盛世，一時間士庶向風，刊刻古籍，蔚然興起。而纂輯抉擇，刊刻精良，

〔註2〕見《通志堂集》卷十。

〔註3〕詳參陳惠美《徐乾學藏書刻書考》。

〔註4〕關文瑛《通志堂經解提要》〈通志堂經解提要敍例〉。

〔註5〕同上。

亦爲前代所不及。

　　《通志堂經解》反映了唐、宋、元、明的經學成就，《四庫全書》進一步展現了清初以前的經學全貌，《皇清經解》則是效法《通志堂經解》之體，沿續《四庫全書》之功，使經學之歷史得以完整呈現。夏修恕〈皇清經解序〉曰：

> 《皇清經解》之刻，迺聚本朝解經之書以繼《十三經注疏》之跡也。自《十三經注疏》成，而唐、宋解經諸家大義多括於其中。此後李鼎祚書及宋、元以來經解，則有康熙時通志堂之刻。我大清開國以來，御纂諸經爲之啓發，由此經學昌明軼於前代，有證注疏之疏失者，有發注疏所未發者，亦有與古今人各執一說，以待後人折衷者。國初如顧亭林、閻百詩、毛西河諸家之書，已收入《四庫全書》。乾隆以來惠定宇、戴東原等書，亦已久行宇內，惟未能如通志堂總匯成書，久之恐有散佚。道光初，宮保總督阮公立學海堂於嶺南以課士，士之願學者，苦不能備觀各書，於是宮保盡出所藏，選其應刻者，付之梓人，以惠士林。

　　可見《皇清經解》之作，是承續《十三經注疏》、《通志堂經解》、《四庫全書》之業，對清代經學之發展有承先啓後之影響。

二、《經郛》

　　阮元之搜採諸經要籍，實承續《通志堂經解》及《四庫全書》而來。而其緣起，則溯及嘉慶八年浙江巡撫任內，命弟子陳壽祺纂群經古義爲《經郛》，此書《皇清經解》之先聲。

　　陳壽祺，字恭甫，一字葦仁，號左海，晚自號隱屏山人。福建閩縣人。嘉慶四年進士，出朱珪、阮元門下。曾任翰林院編修、國史館總纂。阮元撫浙，延主敷文書院，兼課詁經精舍。助撰《經郛》。後主講清源書院、鰲峰書院。有《左海文集》。

　　《經郛》之編撰經過，陳壽祺〈西湖講舍校經圖記〉云：

> 嘉慶辛酉（六年）季秋，余請假歸。明年，吾師阮撫部自越招之，講學敷文學院，不果往。又明年春，乃至書院。……其夏，師選校官及高才生十有六人，採唐以前說經文字，親授義例，纂爲《經郛》數百卷。屬稿具，壽祺與校編焉，輒稽合同異，以俟吾師以審定〔註6〕。

其書之編撰，始於嘉慶八年夏，遴選校官及詁經精舍高才生十六人參與撰輯。然據《雷塘庵主弟子記》所載，本書始於嘉慶九年四月〔註7〕。本書所用之義例，早先

〔註6〕陳壽祺《左海文集》卷八。
〔註7〕《雷塘庵主弟子記》嘉慶九年條。

是由陳壽祺所定。阮元〈隱屏山人陳編修傳〉曰：

> 元修《海塘誌》，且纂群經古義爲《經郛》，壽祺皆定其義例焉〔註8〕。

陳壽祺〈上儀徵阮夫子請定經郛義例書〉〔註9〕即是他以擬妥之義例，交請阮元訂定。文中談及此書之緣起云：

> 吾師所修《經籍纂詁》百有六卷，考訓故、賅音讀，六藝群書所載備矣。然而微言大義散見經傳，升嶽浮海、胥達津梁，食雞跖者，必取其千說羊尼者，莫分其二。苟非比以義類，觀其會通，則駧牝沿訛，犧尊失據，斥菱茲爲巧慧，訾栖亞爲乖違，煩稽古之三萬言。

可見《經郛》之作，意在補強《經籍纂詁》無法條貫說義之缺，而欲將古訓「比以義類，觀其會通」。〈經郛條例〉更揭示其書宗旨十點，有「探原本」、「鉤微言奧訓、眇辭注家闕略」、「綜大義、發明旨歸、會通典禮」、「存古禮」、「存漢學」、「証傳注」、「通經異義」、「通互詮一家之說，或前後參錯而互相發明」、「辨勦說」、「正誤解」、「廣異文」〔註10〕。主要在補充漢、唐以來注經所未備，搜討條理之。

〈經郛條例〉中言及本書搜採內容云：

> 群經佚注，近多編輯成書，並雅材好博，收拾闕遺。分所纂經說，係取諸家章句之外，凡諸佚注不盡複錄。

所采錄之書，除經部諸書外，凡史部、子部、文集中有關涉經義者，莫不採錄。

本書之體例，每部經書皆仿《經典釋文》之法作序錄於卷首，以論其家法之興廢。而將經書之章句逐條釐析，每條先揭經篇名，次錄所采諸書原文，並註明書名、篇名、卷名。其中如有眾說紛雜者，則別作通論解之。

《經郛》於嘉慶九年完成後，因「所採之書，未得詳盡，且抄錄遺錯，不能付刊〔註11〕。」故阮元於嘉慶十六年時，任事館閣，逐有餘力重理舊稿，然最後卻以「採擇宋周，艱於補遺」，未能付刻〔註12〕。

陳壽祺云：

> 《經郛》薈萃經說，本末兼該，源流具備，闡許、鄭之閎渺，補孔、賈之闕遺。上至周秦，下迄隋唐，網羅眾家，理大物博。漢魏以前之籍，搜採尤勤。凡涉經義，不遺一字〔註13〕。

〔註8〕阮元《揅經室續集》卷二〈隱屏山人陳編修傳〉。
〔註9〕陳壽祺《左海文集》卷四〈上儀徵阮夫子請定經郛義例〉。
〔註10〕陳壽祺《左海文集》卷四〈經郛義例〉。
〔註11〕《詩書古訓》阮元自序後阮福之識語。
〔註12〕《雷塘庵主弟子記》卷四，嘉慶十六年條。
〔註13〕同註10。

　　《經郛》一書，所收爲唐以前解經之說，以集注方式，解說經義。可說是承續《經籍纂詁》而作。所不同的是，《經籍纂詁》是以字爲單位，而《經郛》則是以諸經章句爲主。

　　道光十五、六年，阮元在京師，欲撰《詩》、《書》古訓，故從《經郛》中提出此二經，刪節增補，校訂以成之，是爲《詩書古訓》。由此書可略見《經郛》之面目。

第二節　《皇清經解》輯刻過程

一、初步構思

　　《皇清經解》的編撰構想，即來自《經郛》。阮元爲江藩作〈國朝漢學師承記序〉曰：

> 　　元又嘗思國朝諸儒說經之書甚多，以及文集說部，皆有可採。竊欲析縷分條，加以翦截，引繫於群經各章句之下。譬如休寧戴震氏解《尚書》「光被四表」爲「橫表」，則繫之《堯典》；寶應劉氏解《論語》「哀而不傷」，即《詩》「惟以不永傷」之傷，則繫之《論語八佾篇》，而互見《周南》。如此勤成一書，名曰「大清經解」〔註14〕。

此序作於嘉慶戊寅（廿三年），可見其最初構想是匯集各家說經，條繫於各經各篇之下，方法與《經郛》略同。此構想顯然是承續《經郛》，欲將有清一代經學研究納入。

　　然此編纂構想並未立即付諸行動，又曰：

> 　　徒以學力日荒，政事無暇。而能總此事，審是非，定去取者，海內學友惟江君暨顧君千里二三人〔註15〕。

阮元於嘉慶廿二年調任兩廣總督，不久又兼署廣東巡撫，此時正忙於軍務、民事，力有未逮。因寄望江藩、顧廣圻等人主之。然是時江藩遠在三吳，艱於南行，而顧廣圻則在揚州爲孫星衍整理遺稿，皆未能任其事〔註16〕。此議遂停。

二、道光五年嚴杰等編刻

　　道光元年春，阮元在廣東粵秀山闢學海堂，於經義子史、前賢諸集，下及選賦詩歌古文詞，示諸生以取捨之途，一如浙江詁經精舍例。其於學海堂之取名及主旨，

〔註14〕《揅經室一集》卷十一〈國朝漢學師承記序〉。
〔註15〕同上。
〔註16〕汪宗衍〈顧千里先生年譜〉，圖書館學季刊第四卷第二期。

在〈學海堂集序〉云：

> 昔者何邵公學無不通，進退忠直，聿有學海之譽，與康成並舉。惟此
> 山堂，吞吐潮汐，近取於海，乃見主名。名士或習經傳，尋疏義於宋齊；
> 或解文字，考故訓於倉、雅；或析道理，守晦庵之正傳；或討史志，求深
> 寧之家法；或且規矩漢、晉，熟通蕭選，師法唐、宋，各得詩筆。雖性之
> 所近，業有殊工，而力有可兼，事亦並擅〔註17〕，

阮元於嘉慶四年撫浙時，修建詁經精舍，課士以經史疑義，旁及小學、天部、地理、算法、詞章，「晨夕講誦其中，月試以文，則多碑記論策諸體，未嘗雜以時藝，大要以窮經致用為諸生勗也〔註18〕。」其宗旨在於培養諸生篤實之學。道光元年再創辦學海堂，課士亦以經、史、文學、科學等實學為主，其取士則「務取志在實學，不驚聲氣之士。尤宜心地淳良，品行端潔〔註19〕。」其大力提倡經史實學，培養學術人才，主要是反對科舉八股所造成的虛浮風氣，而成為當代學術之重鎮。

學海堂作為一教育、學術之推動者，為提振士風，實有賴於圖書之刊刻，一方面亦應教學之所需，而以經書之刊刻為先。夏修恕〈皇清經解序〉曰：

> 阮公立學海堂於嶺南以課士，士之願學者，苦不能備觀各書，於是宮
> 保盡出所藏，選其應刻者，付之梓人，以惠士林。

《皇清經解》之編纂並未依原先構想，而改集解形式為叢書形式。其原因固不可知，然〈劉逢祿行狀〉提及：

> 嘗為阮公宮保重雕《宋本十三經注疏》，又彙刊本朝說經之書為《皇
> 清經解》，以幸士林，阮公從之〔註20〕。

阮元是否聽從劉逢祿之建議，而改為叢書，未可確知。

編刻《皇清經解》之工作，阮元委由屬官督糧道夏修恕主持。〈皇清經解序〉曰：

> 於是宮保盡出所藏，選其應刻者，付之梓人，以惠士林，委修恕總司
> 其事。修恕為屬官，淑於公門生門下，遂勉致力。

夏修恕，字渾夫，號森圃，江西新建人。嘉慶七年進士。道光初，由翰林院檢討改任廣東督糧道。夏修恕總司其事，負責監督輯刻、總管財務，並尋求地方官紳捐資贊助。然《皇清經解》卷首姓氏中並無載夏修恕，一如《經籍纂詁》之丁杰，

〔註17〕阮元《揅經室續集》卷四〈學海堂集序〉。
〔註18〕陸堯春〈詁經精舍崇祀兩先師記〉，《詁經精舍文集》卷三。
〔註19〕容肇祖〈學海堂考〉，嶺南學報第三卷第三期。
〔註20〕劉逢祿《劉禮部集》行狀。

其工作是代替阮元總司其役，因全書署爲阮元輯，故不具其名。

全書之編輯，皆阮元自訂凡例，酌定去取，而由嚴杰依例編輯。〈皇清經解總目〉嚴杰識語云：

> 今雲貴總督宮保阮師，素以經術提倡後學。嘉慶二十二年奉命總督兩廣，數載之間，百廢具舉。於粵秀山麓建學海堂爲課士之所，取國朝以來解經各書，發凡起例，酌定去取，命杰編輯爲《皇清經解》。是編以人之先後爲次序，不以書爲次序，凡見於雜家、小說家及文集中者，亦挨次編入，計一千四百卷。

嚴杰曾助輯《經籍纂詁》，繼而就讀於詁經精舍，爲阮元校刻《十三經注疏附校勘記》。嘉慶十六年阮元在京師爲官，嚴杰遠道相隨，督課阮元女安，留京師一年餘。阮安許江都張熙，嚴杰復爲張熙師。嘉慶廿五年春，攜張熙贅於阮署，翌年張熙以疾死，嚴杰遂阮元幕署〔註21〕。道光四年冬，學海堂建成，翌年八月，嚴杰即受命編輯《皇清經解》。

監刻之事則委由學海堂學長吳蘭修任之。吳蘭修，字石華，號荔村、古輸，自稱經學博士。廣東嘉慶州人。嘉慶十三年舉人。歷任番禺縣學訓導、信宜縣學教諭。道光四年，阮元籌建學海堂，吳蘭修與趙均共司其役，道光六年，學海堂立學長制，吳蘭修任之，復兼粵秀書院監院。工詩文，尤精考據，又擅算術之學。富藏書，於粵秀書院築藏書樓名守經堂，所藏至三萬餘卷。

校對則是由學海堂諸生分任，以二、三人一組，校對一書，其姓氏均錄於所校之書後，是爲責任分工。如顧炎武《左傳杜解補正》由嘉應楊懋建、番禺趙齊嬰分校。《音論》是漢軍樊封、順德馮左勛分校。諸生之詩文，均錄於《學海堂集》中，樊封更於光緒元年補爲學長〔註22〕。而收發書籍則由阮元子阮福任之。

《皇清經解》之纂輯，始於道光五年八月。然翌年六月，阮元奉調雲貴總督，阮福亦隨之，其役乃託於夏修恕與嚴杰等人。然遇輯刻之重大事宜，仍以書信與阮元商訂〔註23〕。歷經四年，全書於道光九年刻竣，夏修恕特爲撰序，冠於書首，云：

> 宮保以六年夏節滇黔，修恕校勘剞劂，四載始竣。計書一百八十餘種，庋板於學海堂側之文瀾閣，以廣印行。本書成於學海堂，因名《學海堂經解》。

道光九年十二月，初刊三十函《皇清經解》郵寄到滇，阮元保存國朝諸儒說經文獻

〔註21〕《揅經室二集》卷六〈女婿張熙女安合葬墓碣〉。
〔註22〕諸人生平，詳見容肇祖〈學海集考〉・嶺南學報第三卷第三期。
〔註23〕《雷塘庵主弟子記》卷六，道光五年條。

之志，又進入新的里程碑。

三、咸豐十一年補刊

《皇清經解》刻成後，其板片庋藏於學海堂側之文瀾閣，共一百零九架。咸豐七年，英法聯軍之役，英人佔據粵秀山，板片毀壞失敗。其後學海堂諸學長以其他山堂多藏書板，募有能取出者，厚賞之，因有通事某甲取出，然缺失者大半。乃以舟載至城西之泌沖，庋藏於鄒氏祠堂〔註24〕。咸豐九年，勞崇光總督兩廣，以其板殘缺不全，因議補刻。勞崇光〈皇清經解補刻後序〉曰：

> 考據之學至本朝而精，故撰者之書至本朝而盛，文達公備出原書，刊
> 爲總部，厥費鉅矣，厥功偉矣。板藏學海堂中，咸豐七年毀於兵燹。後兩
> 年，崇光晉督兩廣，搜之灰燼，完者十之四，殘者十之六，戎馬倥傯，公
> 私竭蹶，勢固卒卒不暇。然念此鉅書頓成缺典，此亦帥茲土之憾也。乃與
> 同志損貲補刊之，以卷計者凡數百，以頁計者凡數千，鳩工閱一歲而書完。

咸豐十一年，勞崇光損銀七百兩，地方官紳亦捐資助成之，共籌得銀七千兩，用以補刻《皇清經解》。越一年，即同治元年，補刊完成〔註25〕。時任總校者有鄭獻甫、譚瑩、陳澧、孔廣鏞。

譚瑩，字兆仁，別字玉生，廣東南海人。道光十八年三月，補學海堂學長。道光二十四年舉人。工詩，尤擅駢體文，嘗與熊景星、徐良深結西園吟舍，文名日起，爲阮元所荐賞。精於版本校讎之學，曾爲伍崇曜校刊《粵雅堂叢書》等。富於藏書，以文史之書多全。尤重鄉邦文獻之收藏，藏書處名「樂志堂」，所藏數萬卷，編有《樂志堂藏書目》。其任學海堂學長三十年，英彥多出其門。

陳澧，字蘭甫，號東塾，廣東番禺人。少入粵秀書院肄業，道光十二年舉人，十四年被選爲學海堂專課肄業生，二十年補學海堂學長。六應會試不第，遂絕意仕進。爲學海堂學長數十年。咸豐十年曾爲東莞龍溪書書院山長，同治六年爲菊坡精舍山長。湛深經學，能通漢、宋，稱一代通儒。曾規劃創立「菊坡精舍書藏」，貯書以供修習講課。家有「傳鑒樓」，專儲司馬光著作。「東塾書樓」藏書頗富。

孔廣鏞，字懷民，廣東南海人。與兄孔廣陶好藏書，銳意收藏圖畫字畫，其家「三十三萬卷樓」藏書之富，甲於粵地。

由此可知，總校之人，皆一時之選。又原書共一千四百卷，收書一百八十三種，

〔註24〕容肇祖〈學海堂考〉。
〔註25〕孔廣鏞〈總校皇清經解私識〉云：「經始於咸豐辛酉（十一年），告成於同治壬戌（元年）」。

七十三家。補刻時，增補馮登府的《石經考異》六卷、《三家詩異文疏證》二卷，成
一千四百零八卷。

第三節　《皇清經解》現存之版本

　　《皇清經解》今所見清代之版本有清道光九年廣東學海堂刊本、道光九年廣東
學海堂刊咸豐十一年補刊本、光緒十一年上海點石齋石印本、光緒十三年上海書局
石印巾箱本、光緒十七年鴻寶齋石印本。

一、道光九年廣東學海堂刊本（見書影一〇）

　　此本扉葉分三列，中題「皇清經解」，未題刻板者。前有道光九年〈夏承恕序〉、
〈皇清經解卷首姓氏〉、〈皇清經解總目〉，附有道光九年嚴杰識語。

　　版式：版匡高 18.7 公分，寬 13 公分。半葉十一行，行二十四字。左右雙欄，單
　　　　　魚尾。版心上方刻「皇清經解」，版心魚尾下方刻卷別，其下刻書名，底
　　　　　下刻葉次。每卷首題「皇清經解卷○」，行下題「學海堂」。次行低二格
　　　　　題所錄書名，下題著者姓名（含籍貫、銜名），如「崑山顧處士炎武著」。
　　　　　每卷末則有校勘者姓名。

　　現藏：史語所　三二〇冊
　　　　　師大　三六二冊

　　大陸：北京圖書館等共三十二地藏書〔註26〕。

　　海外：日本靜嘉堂文庫　二九六冊
　　　　　日本東京大學
　　　　　日本京都大學　三部　二四〇冊
　　　　　日本東洋文庫
　　　　　日本內閣文庫　四〇〇冊
　　　　　　另一本　不全　三七四冊

二、道光九年廣東學海堂刊、咸豐十一年補刊本（見書影一一）

　　咸豐十一年兩廣總督勞崇光據原板補刊，其字體、大小悉依原板翻雕。書前增

〔註26〕據《中國叢書綜錄》載，有北京、首都、科學、北師、上海、復旦、華師、上師、天
　　　津、內蒙、遼寧、吉林市、陝西、甘肅、山東、山東大、南京、南京大、安徽、浙
　　　江、杭大、福建、河南、武漢、江西、廣東、四川、重慶、雲南、廣西、寧夏、民
　　　院等共三十二地藏有此本。

加〈續刻目錄〉、咸豐十一年勞崇光〈補刻後序〉、〈補刊捐資銜名〉及〈在事銜名〉。
現存版本之卷首有三種編排：

　　（1）〈序〉、〈總目〉、〈續刻目錄〉、〈補刻後序〉、〈補刊在事銜名〉、〈卷首姓
　　　　氏〉、〈補刊捐資銜名〉。封面爲白色。

　　（2）〈序〉、〈總目〉、〈續刻目錄〉、〈補刻後序〉、〈補刊在事銜名〉、〈補刊捐資
　　　　銜名〉、〈卷首姓氏〉。封面爲朱色。

　　（3）〈序〉、〈卷首姓氏〉、〈補刊捐資銜名〉、〈總目〉、〈續刻目錄〉、〈補刻後
　　　　序〉、〈補刊在事銜名〉。封面爲白色。

版式：版匡高 18.6 公分，寬 12.9 公分。半葉十一行，行二十四字。左右雙
　　　欄，單魚尾。版心上方刻「皇清經解」，版心魚尾下方刻卷數，其下刻書
　　　名，下刻葉數，最底則刻「庚申補刊」。卷中版式悉同原刊本。

現藏：史語所　　三二〇冊
　　　台大　（3）　三二〇冊
　　　台大（不全）　（2）
　　　東海　二部　（1）、（3）　　三六〇冊
　　　中央圖書館臺灣分館　三六〇冊

大陸：北京圖書館等廿八地藏書〔註27〕。

海外：日本靜嘉堂文庫　二部　三六〇冊
　　　日本東京大學
　　　日本京都大學　二部　三二〇冊
　　　日本東洋文庫
　　　日本尊經閣文庫　三六〇冊
　　　日本內閣文庫　二部　三六〇冊
　　　馬來西亞大學　三部　三二〇冊
　　　美國普林斯頓大學　三六〇冊

三、光緒十一年上海點石齋石印本（見書影一二）

　　此本扉葉題有「光緒十有一年春三月上海點石齋石印」雙行大字，左下一行小
字「申報館申昌書畫室發凡」。首有光緒十一年點石齋主人所撰，〈皇清經解石印縮

〔註27〕此本有北京、首都、北師、清華、中醫、上海、復旦、華師、辭書、天津、遼寧、吉
　　　林市、吉大、哈爾濱、山東、南京、南京大、浙江、杭大、福建師、湖北、江西、
　　　川大、雲南、黑龍江、桂林、廣西、青海等廿八地館藏。

本序〉、十二則〈皇清經解石印縮本例言〉、〈夏序〉、〈總目〉。

版式：版匡高 17.3 公分，寬 11.4 公分。半葉分成三層，卅三行，行廿四字。四
　　　周雙欄，單魚尾。版心上方刻「皇清經解」，版心魚尾下刻卷數，下刻
　　　書名，底下則刻葉數。書後附有自編目錄。其餘行格悉同原刊本。

本書序言云：

> 惟原書集有千四百餘卷，坊家裝作三百餘本之夥。卷帙繁重，則繙閱
> 較難。本齋雅擅鉤摹夙印巾箱精品，使繁冗之書統歸簡易，爰購取阮刻初
> 印眞本，縮影泐石，印成善本。將全書分訂二十四冊。

可見此書是以初刊本爲底本縮印，然於初印本並非照單全收。其廣搜各家專籍，遂
加參訂，以勞氏咸豐補刊本與阮刻本兩兩對校，微有不同，爰集諸同人互證參觀，
詳加考訂。並取兩書所見異字分條著錄，彙成一冊，名曰《正訛》。此外本書又補刊
阮本所未備者，如馮登府《國朝石經考》等七種。原刻每種著作多至數十卷，今以
每種彙成一卷，但卷首仍留原標目。爲方便檢索，特延李師善等人依十三經之編次，
撰次《皇清經解縮版編目》十六卷，附於書後。

　　現藏：台大　二十四冊
　　大陸：北京圖書館等十三地〔註28〕。
　　　　　馬來西亞大學　二十四冊

四、光緒十三年上海書局石印箱本（見書影一三）

　　此書高約 19.8 公分，寬約 12 公分，共六十四冊。扉葉有長形印記題曰「光緒
十三年歲在丁亥上海書局石印」。書首依〈夏序〉、〈嚴識〉、〈總目〉、〈補刻後序〉、〈在
事銜名〉、〈卷首姓氏〉、〈捐資銜名〉排列。其中將附在〈總目〉後的〈嚴杰識語〉
摘出置於總目之前，〈續刻目錄〉亦合於〈總目〉後，不另列。

　　版式：版匡高 15.3 公分，寬 10.9 公分。半葉廿八行，行五十八字。四周雙欄，
　　　　　單魚尾版心上方刻「皇清經解」，版心魚尾下刻書名，其下刻葉數，底
　　　　　下則刻「丁亥石印」。

每卷首題「皇清經解第○種」，行下題「學海堂」。次行低二格題所錄書名、卷數，
下題著者姓名（含籍貫、銜名），每卷末則有校勘者姓名。

　　現藏：中央圖書館
　　　　　日本東京大學

〔註28〕本書有北京、北師、上海、復旦、山東、南京、南京大、福師、武大、廣東、重慶、
　　　川大、民院等十三地館藏。

五、光緒十七年鴻寶齋石印本（見書影一四）

此本扉葉用上海點石齋印記，前亦有點石齋主人序。其餘版式、行格悉依上海點石齋石印本。

台灣：台大

大陸：北京圖書館等十四地藏書〔註29〕。

除此之外，所知向有光緒十一年與南菁書院本《皇清經解續編》合刻本〔註30〕，然今不得見。

第四節　《皇清經解》之內容及評價

《皇清經解》阮元並未作序，僅有夏承恕序，言本書之編輯要旨、始末。其後記有捐資、編校者姓名。總目後並有嚴杰識語，略述編輯義例。後為勞崇光補刻後序、續刻目錄及補刊者姓氏。

本書匯集了清代初期經學家的解經著述，從清初至嘉慶年間重要學者著作，幾乎網羅了所有阮元《國史儒林傳》中主要的漢學家。按作者生年先後排列，始於顧炎武、迄於馮登府，共有七十四家。日人藤塚明直曾統計分析這些人的籍貫分布〔註31〕：

籍貫	山東	河南	山西	江蘇	浙江	安徽	福建	廣東	雲南
人數	2	1	1	37	28	8	1	1	1

浙皖一帶有六十七人，佔九成強。此區域本是人文薈萃，學術昌明，無庸置疑。然所反映者，其取捨標準，與阮元學術主張、個人交遊極有關係。如以阮元為主的揚州學派，其入選者有一四人之多，較經學鼎盛的蘇、常二州更多。而其中不乏阮元密友、幕客、門生，如凌廷堪、程瑤田、劉台拱、臧庸、洪震煊、陳壽祺、嚴杰、趙坦、及其子阮福。此一取向，顯示了當時以阮元為中心的學術集團的蓬勃發展。

《皇清經解》提出構想之初，屬意由江藩、顧廣圻等人任之，然不能如願。而到後來成書，其體例與原來構想大相逕庭，主要是因為纂輯之人不易延請。《經

〔註29〕此本有北京、中醫、上海、華師、上師、辭書、吉林市、南京、湖北、武漢、江西、廣東、廣西、寧夏等十四地館藏。

〔註30〕吳引孫《揚州吳氏測海樓藏書目錄》載：「《皇清經解》正續，學海堂、南菁書院合刊本，竹紙初印，六四〇本，三十二函，洋三百元」。

〔註31〕藤塚明直〈皇清經解の編纂とその影響〉，東洋文化，復刊四十六號。此表經劉德美《阮元學術之研究》補充。

籍纂詁》、《十三經校勘記》之編纂，分校者皆博學鴻儒、一時秀士，此與兩浙學術昌盛有關。然阮元初掌兩廣，此地文風自不能與兩浙並論，主編者嚴杰，亦是昔日幕客，從江南趕赴，因被迫改以簡易之叢書形式，是可以理解的。而由編纂姓氏來看，參與編校者，是以學海堂學生為主，除吳蘭修外，欠缺經學通儒與事。阮元本人隨後赴滇，因而本書之編成，勢必無法完善。

　　此書對清代之經學發展，有舉足輕重之影響，在當時流傳甚廣，在當時經學著作雖浩如煙海，書籍流通卻極為有限，此書將之整理比勘，匯輯成冊，不僅有助於學術之傳播，其於經學文獻之保存亦頗有貢獻。

　　限於客觀條件之不足，本書於內容、體例有諸多引人非議處。當時學者徐時棟即舉出十二項缺失：

1、次序未當：經解不比叢書，自當從經，而依時代先後為序，不及《通志堂經解》分類為當。

2、搜羅未備：如閻若璩《尚書古文疏證》、姜炳璋的《讀左補義》、余蕭客的《古經解鉤沈》、江永的《古韻標準》等精博之書，皆付闕如。

3、甄錄欠審：如毛奇齡《仲氏易》，被稱為仇兄之作，為人非議。劉逢祿《論語述何》為意揣之作，皆選錄之。

4、去取未公：《十三經注疏校勘記》已有專本，又附錄《十三經注疏》之後，今又錄於經解中，實屬疊床架屋，是為去取未公。

5、抉擇未精：《經籍纂詁》亦為阮元之作，雖有少許舛誤，不失學者津梁，卻捨《纂詁》取《校勘》，是為抉擇未精。

6、錄題未審：《音論》、《日知錄》、《潛邱箚記》、《解春集》等皆非全書，宜附加鈔刪諸字，以與全本有別。

7、名號不一：如《觀象授時》為《五禮通考》之篇題，非類書叢書之一種，標為書目，已乖體例。劉台拱《論語駢枝》在劉氏遺書中，不以駢枝為名，而稱遺書，是名號不一。

8、位置未宜：說部多條者遴一條，文集多篇者選一篇，別為叢鈔並無不可，而如洪頤煊《禮經宮室答問》、《孔子三朝記》為全書，亦列入叢鈔，實為位置未宜。

9、抄錄未善：箋注全經，得失互見，而說部文集中，偶有經義者，每多心得特識，故不得已編叢鈔。但當以經為次，說明出處、異同、是非，聽學者自擇，先列專經之書，後附旁見之義，不應率意收入，漫無統緒。

10、校讎未功：各卷之終既具校者姓名，即當經審再三，以免貽誤。竟脫錯良多，如《春秋毛氏傳》因卷首缺一頁而難卒讀。

11、名稱分歧：對作者或稱官位，或稱科名，或稱處士、徵君，雖無關宏旨，亦正名之一端。

12、未附小傳：著作諸儒，顯晦各異，孟子云：「誦其詩讀書其書，不知其人，可乎？是以論其世也，是尚友也。」編者固應搜訪平生，略爲小傳附之〔註32〕。

歷來學者之批評不脫上述，於其體例及取捨之標準多所爭議。

（一）門戶之見

本書匯集群籍，對收書之選擇，並非無所根據。阮元素爲漢學之護法，其於〈國朝漢學師承記序〉云：

> 兩漢經學所以當尊行者，爲其去聖賢最近，而二氏之說尚爲起也。……吾故曰兩漢之學純粹以精者，在二氏未起之前〔註33〕。

其序中極讚揚江藩《國朝漢學師承記》言：

> 讀此可知漢世儒林家法之承授，國朝學者經學之淵源，大義微言，不乖不絕，而二氏之說不攻自破。

江藩作《國朝漢學師承記》，明白揭櫫漢學旗號。當時主張揉合漢宋的龔自珍曾與之商議本書之不妥，列有十項，謂讀書者實事求事而已，若以漢與宋爲對峙，恐成門戶之見〔註34〕。阮元此序表明其擁護漢學立場，繼而論及有意採集整理當時諸儒說經之書，且屬意江藩總其事。如此，漢學成爲《皇清經解》之編輯取向是可以想見的。觀乎《國朝漢學師承記》所收輯各家，其中有廿四人著作收入《皇清經解》中，所佔極重，即可證明。

秉此標準，本書舉凡闡揚宋學義理、反對馬鄭之說，一概不錄。如姚鼐《九經說》，雖有家法，然爲理學之作，故不取。林喬蔭《三禮陳數求義》融貫諸說，然多駁馬鄭之說，不錄〔註35〕。而於漢學家之著作，亦擇其爲漢學作者，如胡渭《禹貢錐指》既收入《經解》，然其《易圖明辨》辨證宋儒圖書《易》說，未及於漢學，因而不錄。

同時的錢儀吉因不滿此時學者崇尚漢學，乃於開封大梁書院輯刻《大梁書院經解》（又名《經苑》）。選書四十一種，實刻二十五種唐、宋、元儒家經典之書。其意在補《通志堂經解》之不足，實則是對《皇清經解》之不滿。其〈刻經苑緣起〉云：

〔註32〕徐時棟《煙嶼樓文集》卷卅六，〈分類重編學海堂經解贊〉，轉引自劉德美文。
〔註33〕《揅經室一集》卷十一〈國朝漢學師承記〉。
〔註34〕《龔自珍全集》五〈與江子屏箋〉。
〔註35〕梁鉅章《退庵隨筆》卷十四。

以補《通志堂經解》之闕，救《皇清經解》之偏〔註36〕。

吳汝倫亦曰：

> 獨其門戶之見，使後來變本加厲，海內學者，專搜細碎，不復涵泳本
> 經，究通文去，此其失也〔註37〕。

吳氏病《皇清經解》門戶之見，因於〈與王先謙論刻續經解札〉中，期勉王先謙能於《皇清經解續編》中補救《皇清經解》之失〔註38〕。粵儒朱次琦亦批評曰：

> 《皇清經解》，阮文達所詒也，殆禪於經矣！雖然何偏之甚也。顧亭
> 林之學不分漢宋也，今采其說尊宋者芟焉。（如日知錄於易謂不有程傳，
> 大誼何緣而明庠之類，今不采。）書以國朝為目，當時之儒非皆漢學也，
> 若方靈皋者流，迺一言不錄也〔註39〕。

此書既冠「皇清」之名，所收為有清一朝乾嘉年間說經之作，不應以門戶之見而摒棄其他重要著作。作為當時流行指導之書，不僅有遺珠之憾，因而可能對經學之發展造成不良之影響。

（二）搜羅未備

《皇清經解》除對於所收之內容有所偏頗外，其收錄之書亦有未備之處。如汪喜孫即批評其未收閻若璩《尚書古文疏證》、胡渭《易圖明辨》、《洪範正論》、惠棟《易漢學》、戴震《孟子字義疏證》等重要著作。就《尚書》而言，既收惠棟《古文尚書考》、王鳴盛《尚書後案》、孫星衍《尚書古今文注疏》，卻摒棄閻若璩《尚書古文疏證》，無法讓學者貫串此淵源傳承。而惠棟表彰漢儒《易》學，先有《易漢學》而後有《周易述》，《經解》既收《周易述》卻不錄《易漢學》，不能明其源流。而於聲韻之學，《經解》選錄顧炎武《音學五書》、戴震《聲均表》、《聲韻考》，然竟不收江永《古韻標準》、王念孫《古音譜》、《古音廿一部表》、江有誥《群經韻讀》，實無法讓人完整了解當時聲韻學發展的軌跡〔註40〕。

光緒十一年，江蘇學政王先謙，蒐采乾嘉以後之經學名著，並及乾嘉以前為阮刻《皇清經解》所遺漏者，刻於廣東南菁書院。計有二百九部書，共一千四百三十卷，是為《皇清經解續編》。本書承續《皇清經解》之作，續收嘉道以後儒者解經之作，同時補《經解》之未備者。

〔註36〕錢儀吉《衎石齋記事稿續稿》卷六。
〔註37〕吳汝倫《吳摯甫全集》尺牘〈與王逸吾〉。
〔註38〕同上。
〔註39〕簡朝亮《朱九江先生年譜》。
〔註40〕汪喜孫《尚友記》，遠雅堂叢書。

再者,《經解》所收群書,大多經過刪節。有節錄部分的,如顧炎武《音學五書》僅錄《易音》、馮登府《三家詩異文疏證》有六卷,《經解》僅收二卷;或將若干著述中重要的序跋棄而不錄。使原書略而不全,無以觀得全貌,是其保存經解著述外的一項缺憾。

(三)體例未精

《皇清經解》之體例最引人爭議者,在於其使用以人為主之排列方式是否適當。徐時棟提出的十二項缺失中,以首條「次序未當」為重點。因而建議將全書重新排列,各書按易、書、詩、周禮、儀禮、禮記、大戴禮、三禮、春秋、孝經、論語、孟子、四書、爾雅、群經、筆記、文集、小學訓詁、小學字書、小學韻書、天文算法等二十一類,繫於各類之下。其分類係依《經解》所收書而列,此法欲仿效《通志堂經解》。

以《皇清經解》所收有群經、筆記、小學、天文算法,範圍可說極為廣泛。就如同阮元本人,乾嘉學者素以博學著稱,即因此一特點,影響到阮元編輯《皇清經解》之意向,基本上與《通志堂經解》之經學史走向有所不同。《皇清經解》之所以廣泛收集,無非想真切地反應當時的學者博深的經學理路及成就,而以專學的主線,則不能清楚呈現經學家個人的學術成就。

此編輯意向是建立在乾嘉時期的學術風氣下,若以今日學術分工角度看,當然較為笨拙。另一方面,此種叢書式編排亦有檢索不易之缺點。後來的學者因此另編目錄以為輔佐,甚且有人因而重編《皇清經解》。

光緒年間,吳縣陶治元依十三經分經編次,成《敬修堂皇清經解編目》十六卷,光緒十二年正月自刊本。同時的諸暨蔡啓盛依江永《四書典林》之例,分類編輯,以經證經,又可觸類旁通,成《皇清經解檢目》八卷、《通用表》一卷,光緒十二年十月自刊本。其後臨海尤瑩復依陶氏原例分經,編輯《皇清經解續編》目錄,成《式古堂目錄》十九卷,有光緒十九年上海石印本。蔡啓盛、尤瑩皆詁經精舍肄業生,為德清俞樾弟子,治經有家法,故此三書體例較善。光緒年間,上海點石齋延李師善等人依陶氏分經之例,仍依原次標其卷頁,成《皇清經解縮版編目》十六卷,光緒十一年仲夏石印本。上海古香閣延凌忠照等人依陶氏分經之例,編輯《皇清經解橫直縮本編目》十六卷,光緒十三年上海書局石印本。《皇清經解續編》亦由上海蜚英館依陶氏分經之例,成縮本編目十六卷〔註41〕。這些縮印本附有編目,卷帙輕巧,易於檢閱,對本書之流傳功不可沒。

〔註41〕劉聲木《萇楚齋隨筆》卷七。

另有扶經室主人的《皇清五經彙解》，將《皇清經解》打散重新編排。孫殿起述其大要曰：

> 因《皇清經解》正續編二書，學者每苦貫串爲難，此仿阮文達《經郛》之意，先列經文爲標目，然後取諸家解說，條分其下，以時代分先後，集成一書。並續搜者，所采書凡一百四十一家，二百八十七種。原稿名《群經彙解》〔註42〕。

是書依原《經郛》之構想，將諸家解經之說，條繫於各經文之下，亦有對《皇清經解》作若干的補充。此亦爲《皇清經解》最初之構想，若當時即以江藩、顧廣圻任其事，便是如此。因此清末王韜曾謂：

> 若是書果成於江君之手，其條分件繫，去取判別，體例當較之現行之書爲善〔註43〕。

今存之《詩書古訓》即是取《經郛》之二經刪校而成，《經解》原構想並非不可行，唯一原因是欠缺江、顧之流，足以勝任，因而退求其次，其未盡人意，職是之故。

《皇清經解》在取裁、體例上雖頗受批評，然其成就是無法抹滅的。張之洞嘗言：

> 經學必先求諸《學海堂經解》；小學必先求諸《段注說文》；史學必先求諸《三史》；總計一切學術必先求諸《四庫提要》。以此爲主，以餘爲輔，不由此入，必無所得〔註44〕。

將《皇清經解》視爲經典之作，可知《皇清經解》在清代經學之地位。而皮錫瑞所言：

> 《皇清經解》、《續皇清經解》二書，於國朝諸家，蒐輯大備。惟卷帙繁富，幾有累世莫殫之疑。而其中卓然成家者，實亦無幾。一知半解，可置不閱。今之治經者，欲求簡易，惟有人治一經，經主一家，其餘各家，皆可姑置〔註45〕。

卷帙繁富，正足以表現乾嘉學者之經學成就。而所收者雖多有聲名不著者，就刊刻圖書、保存經學文獻而言，這些經學著述亦較容易散失，今以叢書之體，得以保存下來，豈非一功也。

本書雖爲體例所限，缺點不少，然瑕不掩瑜，其於學術傳播、典籍保存之功，實是清代學術史上一樁盛舉。

〔註42〕孫殿起《販書偶記》卷三，諸經總義類。
〔註43〕劉聲木《萇楚齋續筆》卷五。
〔註44〕甘鵬雲《潛廬隨筆》卷二菱湖日記。
〔註45〕皮錫瑞《經學歷史》第十〈經學復盛時代〉。

第五章　其他輯刻書籍──經、史

　　除上述三部大型經學圖書外，阮元一生無不致力於輯刻圖書。由於五十年的官宦生涯，多數下放各地，於各地文獻史料搜集整理，出力頗多。而師友之著作，有無力刊行者，有死後未成篇者，及利於學而欲其廣行者，皆爲之輯刻。其金石之纂集，更是名聞一時。以下就其輯刻之書，略按經、史、子、集，分類部居，考其源流、版式，及略述其評價影響。

第一節　經說類

一、《七經孟子考文補遺》　二百卷

　　《七經孟子考文》爲日人山井鼎所輯，其後物觀又據足利學所藏古經本彙校之，謂之《考文補遺》。由書前〈京保十一年丙午郡山教官物茂卿敍〉及〈京保十五年庚戌物觀序〉，可推知其書約成於康熙五年，補遺則成康熙九年。書凡《周易》十卷、《尚書》二十卷、附《古文考》一卷、《毛詩》二十卷、《左傳》六十卷、《禮記》六十三卷、《論語》十卷、《孝經》一卷、《孟子》十四卷，合計一百九十九卷，并凡例一卷，共二百卷〔註1〕。其書摘經字爲釋、不載全文。每條釋文有「經」、「注」、「文」、「疏」。其經版是以汲古閣本爲主，而以宋本，古本及明劇諸本校其異同，有「考據」、「補闕」、「補脫」、「正誤」，及著者「謹案」〔註2〕。

　　此本收入《四庫全書》。阮元弱冠在京師時，曾得見此書寫本，及爲浙江學政，復見揚州江氏隨月讀書樓所藏日本原版茗紙印本，因攜至杭州，用以校閱群經〔註

〔註1〕《四庫提要》記九十九卷，略去《尚書古文考》一卷，詳見《四庫提要》群經總義卷。

〔註2〕此書〈物茂卿敍〉後有附凡例三條，於其書名、體例、所據版本均有說明。

〔註3〕阮元〈刻七經孟子考文并補遺序〉，《揅經室一集》卷二。

3）。阮元論是書所據版本曰：

> 山井鼎所稱宋本，往往與漢晉古籍及《釋文》別本、岳珂諸本合。所
> 稱古本及足利本，以校諸本，竟爲唐以前別行之本。

遂認爲物茂卿序言「古本爲唐以前王、段、吉備諸氏所齎來古博士之書」可信〔註4〕。
而今存經文、以唐石經、《經典釋文》、《五經正義》爲最古，此書雖不全，然可備唐
本之遺，遂有志刊刻之。

此書乾隆間彭元瑞藏有抄本〔註5〕。其後四庫館得浙江汪啓淑家藏刻本鈔錄
之。阮元既得揚州江氏隨月讀書樓所藏刻本，取四庫文淵閣傳鈔本，錄其序文及凡
例。另取元板之經文，於嘉慶二年六月校刻刊〔註6〕。時助其校字者有吳縣江鏐、
仁和趙魏、錢塘陳文杰〔註7〕。

是書日本刻本曾於乾隆年間，由海舶攜入國內，有好事者皆以翻刻通行，然世
間罕存，顯見未廣流傳。其後外間所傳多阮刻本〔註8〕。然於阮刻前尚有彭元瑞、
鮑廷博議刊之。《五十萬卷樓藏書目錄初編》引彭元瑞語云：

> 秘書多寫本，惟是正文字之書，不可不刻，傳寫既多，展轉訛誤，恐
> 歸於無可考。……其中傳寫之誤，以館中檄取刻本校正之〔註9〕。

然未知刊成否，今不見。《拜經樓藏書題跋》曰：

> 武林汪君鵬既獲彼國古文《孝經》及皇侃《論語義疏》以歸，余友鮑
> 廷博次第刻入叢書。復得此本（案：拜經樓藏鈔本十三冊），惜卷帙稍繁，未
> 有踵鮑君而梓之者〔註10〕。

素不知其後阮元即刻之。然阮元之刻是否得自鮑氏之啓示，未可知。

《文選樓叢書》收有此板，扉葉以隸書題「七經孟子考文並補遺二百卷」，左行
題「儀徵阮氏小琅嬛仙館刊本」，字稍小。前有〈阮序〉、〈物觀序〉、〈物茂卿敘〉、〈凡

〔註4〕《四庫提要》引歐陽修日本刀歌「徐福行時書未焚，逸書百篇今尚存，令嚴不許傳
　　　中國，舉國無人識古文。」以證日本藏有中國古本之可能，肯定是書所據。《五十萬
　　　卷樓藏書目錄初編》卷三亦云：「其國足利學所藏鈔本，多出舊刻，其可據固甚多矣。」
〔註5〕莫伯驥《五十萬卷書目初編》卷三。
〔註6〕此刻爲巾箱本，詳阮序。洪頤煊〈七經孟子考文補遺跋〉云：「阮雲台夫子視學兩浙，
　　　以日本元箬紙本再雕于琅嬛僊館，以一本贈頤煊。」可知阮元所據底本，爲揚州江
　　　氏藏本。然莫伯驥《五十萬卷樓藏書目錄初編》則云阮氏所據爲文淵閣鈔本。是阮
　　　元僅錄文淵閣傳鈔本之序文及凡例部分，餘仍以江氏藏本爲底，是否表示江氏藏本
　　　無序文、凡例、不可確知。
〔註7〕《定香亭筆談》卷四。
〔註8〕同註6。足可證文教之興，非特位崇學高之人無以起風行。
〔註9〕莫伯驥《五十萬卷樓藏書目錄初編》卷三。
〔註10〕吳騫《拜經樓藏書題跋》卷一。

例〉、〈總目〉，〈凡例〉末記「儀徵阮亨梅叔校」。

　　版式：匡高 14.1 公分，寬 10.2 公分。半葉九行，行二十一字，小字雙行。
　　　　　左右雙欄、單魚尾。版心魚尾上方刻書名，魚尾下方刻卷目，其下刻葉
　　　　　次，版心下方刻冊次。每卷首題書名，下以小字記經書名。其後載輯者
　　　　　銜名、補遺纂修者、校者銜名。（見書影一五）

《拜經樓藏書題跋》論曰：

　　　　夫經籍去聖日遠，闕文訛字，誕本實繁，賴古書流傳流於外，使學者
　　　猶得藉以考證其謬誤，而補訂其闕失，豈不誠斯文之一大幸哉〔註11〕？

足可為今日經籍保護之鑑。此書於日後阮元校勘（十三經注疏）助益頗大，校勘記
中多所引用。

二、《禮經釋例》　十三卷

　　凌廷堪撰。此書凡十三卷，廿二萬餘言。乾五十二年初稿成，五十九年二稿、
嘉慶四年三稿、九年四稿、十三年五稿著完〔註12〕。初名《禮經釋》，後改定今名。
凌氏以治禮聞名，認為「儀禮雖難讀，然卻多是重複，倫類若通，則其先後彼此展
轉參照，足以互相發明」〔註13〕。因此乃仿杜預《春秋釋例》，將儀禮所載分為八
類：「通例」二卷四十例；「飲食之例」三卷五十六例；「賓客之例」一卷十八例；「射
例」一卷二十例；「喪例」一卷二十一例，「祭例」二卷二十一例，「器服之例」二卷
四十例，「雜例」一卷二十一例。陳澧稱曰：「近時凌氏《禮經釋例》，善承鄭、賈之
梨，大有助益於讀此經者〔註14〕。」周中孚則曰：

　　　　證以群經，抒以特見，合者取之，離者則置之，信者申之，疑者則闕
　　　之，務使條理秩然。非向壁虛造，憑臆斷以爭勝於前人，以較杜氏之於春
　　　秋，尤為精警不刊也〔註15〕。

梁啟超稱「其方法最為科學，實經學界一大創作〔註16〕。」

　　嘉慶十三年夏，此書稿定，八月凌氏即應江巡撫阮元之聘，課其子常生業。凌

〔註11〕同上。
〔註12〕凌氏後記云：「乾隆丁未（五十二）歲創始，嘉慶戊辰（十三）歲卒業，凡二十有二
　　　　年，五易稿而後成」。時間詳考，見陳萬鼐〈凌廷堪先生年譜〉中山學術文化集，第
　　　　十二集。
〔註13〕凌廷堪《校禮堂文集》〈答陳材卿書〉。
〔註14〕陳澧《東塾讀書記》卷八。
〔註15〕周中孚《鄭堂讀書記》卷四。
〔註16〕梁啟超《中國近三年百年學術史》，第十三。

氏以書稿出示，嘉慶十四年阮元遂為之刊行〔註17〕。

此書末附自作〈七戒〉一篇。後收入《文選樓叢書》及《皇清經解》。今《文選樓叢書》收有原刊本，扉葉題「禮經釋例」，左上題曰「歙凌仲先生著」，左下題曰「揚州文選樓阮元藏板」。首有嘉慶四年凌廷堪序、嘉慶十四年阮常生序、阮元〈次仲凌君傳〉。卷首凌廷堪〈後禮〉三篇、目錄（後題「受業儀徵阮常生壽昌校」）、凌氏後序。

版式：匡高 18.3 公分，寬 12.6 公分，半葉十行，行二十一字。四周雙瀾，單魚尾，版心魚尾上方刻書名，魚尾下方刻卷次，版心下刻葉次。每卷前有目錄，正文首行題書名、卷次，次行下題「歙凌廷堪次仲學」，經文頂格寫，釋文則低一格。（見書影一六）

三、《周易虞氏義》　九卷、《虞氏消息》　二卷

張惠言撰。張惠言，字皋文，武進人。乾隆五十一年與阮元鄉試同榜，嘉慶四年考取進士時，阮元已是會試副總裁。官至翰林院編修。阮元極為推崇，言「其為學博而精，旁探百氏，要歸天經，而尤深易、禮〔註18〕。」

漢、魏經說《易》，可見者十餘家，其中以鄭玄、荀爽、虞翻三家略具梗概，能為指說。李鼎祚作《周易集解》，搜採古《易》家言，而於虞注為多，是以其說較備。

清代惠士奇《周易述》，始考其古義。是書言《易》，以荀爽、虞翻二注為主，參以鄭玄、宋咸、干寶諸家之說，融會其義。而張惠言則承其書，專取虞氏易義而考之。其〈虞氏易義序〉云：

昔惠棟作《周易述》，大旨遵原虞翻，補以鄭、荀諸儒，學者以未能專一少之〔註19〕。

故「求其條貫，明其統例，釋其疑滯，信其亡闕」，作《虞氏義》九卷，又表其大旨，為《消息》二卷。自言其旨曰：

庶以探賾索隱，存一家之學，其所未窹，俟有道正焉耳〔註20〕。

阮元稱之云：

漢人之《易》，孟、費家各有師承，勢不能合。惠言傳虞氏易，即傳漢孟氏易矣，孤經絕學也〔註21〕。

〔註17〕陳萬鼐《凌廷堪年譜》嘉慶四年條。
〔註18〕《揅經室一集》卷十一，〈張皋文儀禮圖序〉。
〔註19〕阮元〈虞氏易義序〉，引自《揅經室續集》卷二〈集傳錄存〉。
〔註20〕張惠言〈周易虞氏易〉自序。
〔註21〕《定香亭筆談》卷四。

本書刻於嘉慶八年，前有嘉慶八年阮元序、嘉慶二年張惠言自序、董士錫及陳善後序。原刊本今藏師大，扉葉題「周易虞氏義」、「原附虞氏消息」、「嘉慶八年揚州阮元琅嬛僊館刊板」。

版式：匡高 18.3 公分，寬 13.6 公分。半葉十一行，行廿三字，小字雙行。左右雙欄，單魚尾。版心魚尾上方刻「周易虞氏義」或「周易虞氏消息」，魚尾下刻「卷之○」，版心下方刻葉次。（見書影一七）

四、《儀禮圖》　六卷

宋代楊復曾據《儀禮》之文，參考舊說，專詳各種禮節儀式之地點及陳設方位，作圖二百零五，附於各經文之後，讀《儀禮》者，可按圖考文，據文以釋義，而名物制度，粲然於目。此書是最早對《儀禮》所言宮室作全面論說考辨的一部書。然其於宮廟僅列七圖，頗為疏漏，阮元批評曰：「雖禮文完具，而位地或淆」〔註22〕

張惠言以為治《儀禮》者，當先明宮室，兼采唐、宋、元及清代諸儒之義，斷以經注。首述宮室圖，而後依圖列事，讀者按而讀之，則明朗無惑。又詳考吉凶、冠服之制圖所不盡者，復為之圖表以明之。其下各卷則俱依十七篇，次第為圖，使讀經者置圖於左，可隨讀隨閱，進退揖讓，了然於心〔註23〕。與張惠言同時的焦循亦撰有《群經宮室圖》，然皆不若張氏之精密〔註24〕。

嘉慶十年，阮元於張氏弟子兼女婿董士錫處，得見此書手錄本，因屬董君校寫刻之于板，并為作序。

此書原刊本不存，今台大藏有一部同治九年崇文書局重刻本。（見書影一八）

五、《三家詩補遺》　三卷

阮元所輯三家詩稿二冊。此稿原係散紙一束，葉德輝得之於京師地攤中，因首有「阮伯元父」四字朱文篆書方印，檢視之，始知為阮元輯三詩異文之手稿，此稿其三卷，完整無缺〔註25〕。

阮元〈馮柳東三家詩異文疏證序〉嘗云：

> 三家詩實先毛公，魏晉以絕學寖亡，其散見于往籍者，千百之一。伯厚王氏《詩考》之輯，毛舉大指，未暢厥流，余嘗病之〔註26〕。

由此可見阮元早已不滿王應麟《詩考》之輯，其重輯是遲早之事。

〔註22〕同註 18。
〔註23〕周中孚《鄭堂讀書記》卷四。
〔註24〕同上。
〔註25〕葉德輝《郎園讀書志》卷一。
〔註26〕《揅經室續集》卷一，〈馮柳東三家詩異文疏証序〉。

齊、魯、韓三家之說《詩》，按《隋書經籍志》言，齊詩，魏已亡；魯詩，亡於西晉；韓詩雖存，無傳之者。今三家詩，惟存《韓詩外傳》。宋王應麟撰《詩考》以考三家詩。檢諸書所引，集以作帙，以存逸文。其蒐輯頗勤，然不無遺漏疏略處。至清代則多人續事增修〔註27〕。

與阮元同時的范家相作《三家詩拾遺》，阮元作《三家詩補遺》書中引用范書，可見其成書早於阮氏之撰。其後有丁晏的《三家詩補注》、馮登府《三家詩異文疏証》及陳喬樅的《三家詩遺說考》。其中以陳喬樅書徵引最爲繁富。

陳喬樅，字樸園，爲陳壽祺之子。其書乃承其父之輯三家詩而成。葉德輝曾就此書與阮書作比較，言二書選述次第多相同，加以陳壽祺爲阮元弟子，曾多次爲阮元輯刻圖書，因推言其書有相讓美，未可考也〔註28〕。

葉德輝既得此稿本，因以阮元書爲陳氏父子書之先河，爲彰顯之，而其稿交與弟子劉肇隅校刻之，名曰「三家詩補遺」。收入《觀古堂叢書》。前有劉肇隅序、葉德輝敘。（見書影一九）

六、《詩書古訓》　六卷

阮元嘗論：

> 兩漢經學所以當尊行者，以其去聖賢最近〔註29〕。

其訓詁經義，往往認爲愈古之說，愈近經書本義。

道光十六年，阮元居京師，欲撰《詩經》、《尚書》之故訓。而其說經最古者，過於兩漢經典中所引《詩》、《書》之訓語。遂取出昔日未刊之《十三經經郛》稿本，擇其中《論語》、《孝經》、《孟子》、《禮記》、《大戴禮記》、《春秋》三傳、《國語》、《爾雅》十經中，引《詩經》、《尚書》二書爲訓者，條繫於各篇各章之下。另有子、史書中所引者，以其摻雜不醇，故低格寫之，附之於後。如此錄成六卷，并作序〔註30〕。前四卷爲《詩經》，後二卷爲《尚書》。以此付門人畢光琦校訂刪節，并爲增補，刊於道光廿一年〔註31〕。

此書原刊本今台大藏有一部，前有道光十六年阮序及道光十九年阮福識語。

版式：匡高 19 公分，寬 13.4 公分，半葉十行，行二十字，四周雙欄，單魚尾。

〔註27〕皮錫瑞《經學歷史》十，經學復興時代。

〔註28〕同註25。劉肇隅序中陳言此二書考証相異處頗多，云：「是書著錄之簡括，義例之嚴謹，與夫陳本雖詳而有補其不足之處。」可見二書仍有相異互補之用，應非如葉氏臆測也。

〔註29〕《揅經室續集》卷十一，〈國朝漢學師承記序〉。

〔註30〕阮元〈詩書古訓序〉。

〔註31〕阮福〈詩書古訓識語〉。

版心魚尾上方刻「詩書古訓」，魚尾下方刻卷次及卷名，版心下方則刻葉次。（見書影二〇）

第二節 方志地理類

本類所收之書，有純屬分志者，如《廣東通志》、《雲志通志稿》；有專爲某地作小志者，如《北湖小志》；有因各地特有而專爲作志者，如《兩浙鹽法志》、《兩黃鹽法志》、《海塘志》。有記地方史蹟修護者，如《兩浙防護錄》。

一、《兩浙鹽法志》 三十卷

東南沿海，鹽業發達，自古爲此區域之經濟命脈，歷代亦設有兼管鹽政之官。明嘉靖時，御史劉仕賢創始修《兩浙鹽法志》，其後王圻曾重修之，此志入清後散佚無存。雍正二年時巡李衛奉命纂輯，巨綱細目，森立備陳，足資信守〔註32〕。至嘉慶六年，將近八十年，其間因革損益，隨時制宜，互有同異。阮元時任巡撫，因與兼管鹽政延豐同奏請重修。乃詳查歷年卷案，凡有關鹽法者，逐一細加考核，增訂完善。

五月奏請重輯，隨後即設局纂辦之。事由延豐主之，由鹽運使張映璣監修，遴擇官紳郝敏安、薛湘、吳廷侃、胡雋年諸人〔註33〕。分門別目，釐訂舊文，詳載近制，共成三十卷，書成於嘉慶六年十月，鈔繕裝函三十二冊進呈。

其訂有凡例，詳論編纂之法，共分疆域、圖說、課額……等十六門，補舊志之漏，釐之續之，以期詳盡賅備。嘉慶七年正月復奉敕改訂數條，至八月始刊竣〔註34〕。

原刊本現存中央圖書館，扉葉題「欽定重修兩浙鹽法志」。卷首有延豐請修奏摺、進書奏摺及修纂職名、凡例（末附李衛舊序）、阮元及延豐兩後序。

> 版式：匡高 18.8 公分，寬 13 公分。半葉九行，行廿一字。四周雙欄，單魚尾。版心魚尾上方刻「欽定重修兩浙鹽法志」，魚尾下刻卷次、卷目，下刻葉次。每卷首題書名、卷次，均頂格。次行低一格題卷目，其內均低二格寫。（見書影二一）

二、《海塘志》 三十卷

浙江海塘在海寧州南爲杭、嘉、湖、蘇、松、常六郡之關防，至關生計。唐宋以來遞有修築。阮元自嘉慶五年撫浙期間，海塘亦有修護。

〔註32〕《經韻樓集補編》下第二書。
〔註33〕見本書〈纂修職名〉。
〔註34〕凡例後附案語。

　　阮氏嘗慮治河有書，而治海無書。治河之書如明潘季馴《河防一覽》、清靳輔《治河奏續書》諸書，雖用力不盡相同，皆能發明水理，確然措諸施。而治海之書，則僅有翟均廉《海塘錄》。是書成於乾隆二十九年，徵引各史紀志及《玉海》、《臨安志》、《四朝聞見錄》、《明實錄》諸書所記海塘事，《四庫提要》稱其書「考訂辨證、頗爲該洽」〔註35〕。

　　而其後海塘續有所修，物換星移，今事之載錄，則非得有新志不可。阮元遂於嘉慶六、七年間，屬門生陳壽祺纂成《海塘志》三十，此書成於嘉慶九年元月〔註36〕。繼而阮元丁憂去官，未及梓行。其後東防同知楊金榮究心斯事，請稿而加以刪葺，別爲《海塘攬要》一書，刻成於嘉慶十四年，阮元二度撫浙，遂爲之序。

　　其書以修築工程爲要，而考古次之，阮元謂「浙之官士，可仰識聖澤之深，且知坍漲之形勢，工用之準則矣〔註37〕。」

三、《兩浙防護錄》　不分卷

　　雍正七年三月，朝廷下詔各省督撫，令各屬將境內所有古昔帝王陵寢，往聖先名臣忠烈祠墓，勤加巡視，防護稽查，務令嚴肅潔淨，其中若有應行修葺之處，即著手修護。每年年底由地方官防護無誤之處，結報督撫造冊，轉報工部，彙整上奏。

　　嘉慶四年，阮元奉命撫浙，得負責造冊之事，時通省七十八廳州縣中「入冊者僅三十三，不及半數。其中有已失冊者，有造而不全者，阮元云：

　　　　其冊中所載者，或姓名事蹟舛訛，或朝代次序顛倒，或有此縣之祠墓載入彼縣之文冊及彼此重見疊出者，或有其祠早圮，其墓久失，僅據傳聞造報，徒有防護之虛名而無其實者，甚至漫不查考。……防護罣漏紕繆之處，不可枚舉〔註38〕。

自雍正詔令防護以來，七十餘載，所稽查告冊者，實是漫漶疏漏。而阮元究心文獻保存，於此極爲重視，遂起而重理之。

　　　　督率教職諸員，詳加稽考，或爲訂正，或爲增補。其體例則先陵寢後祠墓。該地僅有祠墓者，先祠後墓。其事實則根據國史，旁採地志。其故明諸臣忠烈事蹟，則謹遵欽定《勝朝殉節諸臣錄》，未敢稍有附會及妄加論贊〔註39〕。

〔註35〕《四庫總目提要》卷六十九史部地理類二。
〔註36〕《雷塘庵主弟子記》卷二。
〔註37〕《揅經室二集》卷八，〈海塘攬要序〉。
〔註38〕卷首〈嘉慶元年八月初六咨禮工二部文〉。
〔註39〕同上。

於是各屬自嘉慶六年始，造冊編纂，先後多轉呈禮、工二部查照。嘉慶七年，將經二部覆准之冊，刊板頒行，各曰「兩浙防護錄」〔註40〕。本書刊板印成後，轉發各州縣府學妥爲收藏，令其後所造之冊，悉遵其體〔註41〕。

本書不分卷。書前有錄雍正七年修防護錄詔書、呈工部、禮部文，及二部覆文多篇、阮元公告之札及諸州縣送冊之印結式。所錄者計有杭州、嘉興、湖州、寧波、紹興、台州、金華、衢州、嚴州、溫州、處州諸府，共七十二州縣。

其後浙江書局於光緒十五年重刻。今原刻本已不得見，僅有浙刻本一部，存於史語所。扉葉題曰「兩浙防護錄」，而卷內書名題曰「兩浙防護陵寢祠墓錄」。（見書影二二）

四、《揚州北湖小志》　六卷、卷首　一卷

嘉慶十一年，寧化伊墨出守揚州，以府志八十年未修，遂議重修《揚州府志》，以張世沅、姚文田主修。時焦循亦參與修撰，云：

　　循生也晚，耳目所及，不出閭巷，何足以備著述。然循世北湖人也，北湖自明嘉隆以來，偉人奇士相繼而起，惜乎故家子弟淪在耕漁，先正遺編消亡七八九。傳說不齊，有同影響，深有憾於載筆之無人也。因理舊聞，徵諸文獻，次爲一編，略具條理。用以陳諸太守備採摘也〔註42〕。

此書以北湖周圍百里之水文、地理、古蹟、忠孝節義、文學、武事，悉收錄之，共成六卷。卷一爲六敘，敘水、地、農、漁等事。卷二爲十記，記宗祠、寺廟等事。卷三、四共二十一傳，爲名臣鄉賢、忠孝節義作傳。卷五爲八書，雜記天時、物異、金石、鬼神等事。卷六則爲二家述，記北湖大家豪族之事。此專爲一鄉邑所作小志，原爲《揚州府志》作，以其稿備爲採摘。

阮氏曾爲《揚州府志》議立「圖說」一門，主張任各地地保撰圖，然後聚之成一鄉，聚數爲一邑，使可入細〔註43〕。此與小志之理同，因此阮元序曰：

　　使各郡縣數十里中皆有一人，載筆以志其事，則郡之志不勞而成矣〔註44〕！

阮元雖設籍儀徵，然其家在北湖，當其於嘉慶十一、二年間丁憂居里時，見焦循所出示之手稿時，即喜愛之，並稱曰：「此書數卷，足覘史才。」遂取其稿刊

〔註40〕卷首〈嘉慶七年浙江巡撫部院阮札〉。《雷塘庵主弟子記》載是書于嘉慶六年元月撰成，誤也。
〔註41〕除所送冊需按本書之體外，卷首末有「印結式」，即是各州縣進冊具結書之格式。
〔註42〕《北湖小志》焦循自序（嘉慶十三年七月）。
〔註43〕《揅經室二集》卷八，〈揚州府志事志氏族志圖說三門記〉。
〔註44〕《揅經室二集》卷二，〈揚州北湖小志序〉。

行之〔註45〕。

　　阮元刊刻前，復屬焦循作圖。循以舊日與歐陽錦共商水道所成之圖六，再繪舊蹟名勝十圖，共十六圖，爲卷首一卷。

　　此書刻成於嘉慶十三年，阮元爲之序，並有焦循自序。今台大藏有一本。

　　版式：匡高 18 公分，寬 12.8 公分。半葉十一行，行廿四字。左右雙欄，單魚尾。版心魚尾上方刻「北湖小志」，魚尾下刻卷次，版心下方刻葉次。

　　　　（見書影二三）

五、《廣東通志》　　三百三十四卷

　　廣東省志之編纂，在阮元以前有明嘉靖五年戴璟《廣東通志初稿》四十卷；嘉靖四十年黃佐《廣東通志》七十卷；明萬曆三十年郭棐《廣東通志》二十二卷；清康熙廿二年劉秉權《廣東通志》二十卷；雍正九年鄂彌達《廣東通志》六十四卷〔註46〕。

　　其中以黃志爲佳，然舊志大多殘佚不全，在體例上不過初具崖略，不甚可觀。而最近郝志僅存六十四卷，其成書甚急，而僅以舊志體例爲據，沿襲舛訛，體例不精〔註47〕。且歷時近百年，若不續修，則文獻愈替，終不可爲。於是阮元於嘉慶廿三年上奏舊志之闕失，爰請開局纂修之〔註48〕。

　　阮元初至兩廣，即閱及嘉慶初謝啓昆所修《廣西通志》，「喜其載錄詳明，體例雅飭。」因而在修《廣西通志》時，即以其體例爲本，稍有增損。謝氏編《廣西通志》時，廣徵前朝諸舊志門類之例，取其所長，因體例嚴明而爲通志之典範，素爲人稱。陸心源即云：

　　　　謝蘊山中丞修《廣西通志》，講求體例，以典代紀，以錄代世家，以
　　略代志，阮文達公稱其「載錄詳明、體例雅飭」，因之修《廣東通志》，較
　　舊志體例爲純〔註49〕。

此志共三百三十四卷。計有一典：「訓典」。四表：「郡縣沿革」、「職官」、「選舉」、「封建」。十略：「輿地」、「山川」、「關隘」、「海防」、「建置」、「經政」、「前事」、「藝文」、「金石」、「古蹟」。二錄：「宦蹟」、「謫宦」、「流寓」、「釋老」、「嶺蠻」，共二十六門。較之謝氏《廣西通志》，多海防略、耆壽、方技、宦者三列傳及雜錄，少了土司列傳，

〔註45〕同上。
〔註46〕《揅經室二集》卷八，〈重修廣東通志序〉。
〔註47〕《四庫總目提要》卷六十八史部地理類一。
〔註48〕《廣東通志》書首〈纂修廣東通志摺〉。
〔註49〕陸心源《儀顧堂集》卷十五。

皆是時地不同而稍改，大體上是相仿的。

　　此志之編纂始於嘉慶廿三年，成於道光二年，歷時二年餘。所參與修纂者皆「富於學而肯勤其力」，負責編輯者有江藩、方東樹、陳昌齊、何治運、劉華、謝蘭生等人，而任分纂、校刊、採訪者，多是廣東地方學者官紳，其中多學海堂之人，如吳蘭修、曾釗、譚瑩、陳澧、熊景星等人〔註50〕。

　　本書所錄，除諸人分任採輯外，於舊志部分，以黃志體裁淵雅，求得其存本并採錄之，另阮元家藏秘籍，如宋王象之《輿地紀勝》等史志文獻，亦多採錄。

　　本志因體例賅備，所得編纂者皆一時之選，加以阮氏家藏文獻之豐，故頗有好評，其價值久爲學界所公認〔註51〕。孫葆田云：

　　　　自乾嘉以來，廣西則有謝志，廣東則有阮志，固皆近世所共推也〔註52〕。

史語所今藏有此原刊本，卷首有阮元、李鴻賓一石上奏之奏章，次爲阮元道光二年敘，再次爲在事銜名。

　　版式：匡高 20 公分，寬 14 公分。半葉十一行，行廿一字。粗黑口，四周雙
　　　　　欄，雙魚尾，上下魚尾間刻書名、卷次、卷目、葉次。每卷卷終均有統
　　　　　計字數，卷二下則多「甲子重刊（同治三年）」四字。（見書影二四）

六、《兩廣鹽法志》　三十六卷

　　《兩廣鹽法志》之纂輯，大都是出於延豐之手，阮元僅是參與商訂，具名上奏，未見其實際參與。

　　各省之鹽法志，至清已大備。《兩廣鹽法志》自雍正六年孔毓珣奉命修輯，僅有繕本。迨乾隆廿六年總督李侍堯奏明，將從前原本附以續定事宜，刊刻進呈。此事至道光元年阮元任總督時，已歷七十餘年。於是道光元年，資令重修。

　　阮元命鹽運司伍長華採輯編輯，然其未成而阮元於道光六年奉命調任雲貴總督。道光十三年，國史館欲取《兩廣鹽法志》纂修《食貨志》，時總督盧坤遂飭鹽運司設局增輯，分修分校、各有專司。道光十五年，祁𡎴兼署兩廣總督，與鄭廷楨及鹽運司李振翥、卞斌悉心商榷，博考旁稽。將律令典章以及舊定之成規、新增之條例，凡涉鹽法、轉運事宜，悉皆別類分門，詳細著錄，成三十六卷，道光十六年九月告竣進呈〔註53〕。

　　本書原刊本今中央圖書館藏有一部，台大有二部。書前錄有〈李侍堯原序〉、〈託

〔註50〕《廣東通志》〈在事銜名〉。
〔註51〕梁啓超《中國近三百年學術史》第十五。
〔註52〕孫葆田《校經室文集》卷三。
〔註53〕鄧廷楨進書奏摺。

恩多原序〉、〈蘇昌原序〉，鄧廷楨進書奏摺及凡例一卷。（見書影二五）

七、《雲南通志稿》　二百十六卷

雲南地處偏遠，開發遠不及中原。而雲南方志之編纂，始於元李京《雲南志略》四卷，其後明人所修有王谷《雲南志》十卷、周季鳳《雲南通志》四十四卷、鄒應龍、李元陽《雲南通志》十七卷及劉文徵《滇志》、謝肇淛《滇略》十卷。清初則有范承勛、王繼文《雲南通志》三十一卷，謝聖綸《滇志略》十六卷及鄂爾泰的《雲南通志》三十卷、首一卷〔註54〕。

其中元、明之通志皆相當簡略，謝氏《滇略》號為善本，然所述止於明代。入清以後，康熙三十年修的范氏、王氏《雲南通志》始創以通志例，稍具規模，然多舛略。雍正七年鄂爾泰所修，雖「綱領粲然，視原本頗有條理」〔註55〕然成書於乾隆元年，距阮元任雲貴總督已九十年，因議重修《雲南通志》。

道光六年，阮元任雲貴總督，與當時雲南巡撫伊里布相約共纂，商推搜輯，并延請王崧、李誠以舊志訂訛、補缺，續所未載，成稿二百十六卷。伊里布序曰：

> 蓋滇去京畿萬里，百余年以來，舊籍或鮮完善，雖網羅討論，不遺餘力，尚懼見聞之未廣，考訂之未精〔註56〕。

雲南初事開發，文獻不足，是修纂通志最大的難題，故直到道光十五年編纂粗成，仍稱稿本而未敢定〔註57〕。此時雖書已略成，而阮元及伊里布乃相繼入京、他調。此事便由何寅士接任，他認為「文獻掌故，于此略具，他日博采成書，當益稱賅備」未幾即束稿成書，由伊里布序于前〔註58〕。

是書原刊本今史語所藏有一部。前有修纂者職名，次為凡例十九條（末云「是書卷帙繁多，經始於道光六年，刊稿於十五年」），卷首三卷，錄詔諭及聖製詩文。（見書影二六）

此志之修纂無論在文獻和人力方面都不能和《廣東通志》相比，自然亦較為粗略。其書其二百十六卷，共分十四志「天文」、「地理」、「建置」、「學校」、「食貨」、「祠祀」、「武備」、「秩官」、「選舉」、「人物」、「南蠻」、「藝文」及「雜志」。而內容方面，考訂文獻、注引資料、案語解釋、繪製輿圖之法，皆類於《廣東通志》。

〔註54〕李緣《雲南書目》方志。
〔註55〕《四庫總目提要》卷六十八史部地理類一。
〔註56〕《雲南通志稿》〈伊里布序〉。
〔註57〕《續雲南通志稿》〈魏光燾奏〉云：「緣故大學士阮元增輯時，僅酌定篇端凡例，餘皆雜出眾手，尚待裁擇，志以稿名，職是之故。」
〔註58〕同註56。

此書之無法與《廣東通志》比美，乃限於客觀條件之不足。然是書上起秦漢，下迄道光，內容賅備詳贍，遠勝於前所著之雲南方志。其後岑毓寶等人，仿阮志之體例纂《雲南通志》二百四十二卷。光緒二十四年王文韶等人以阮志爲本，增刪改訂，補其不足，作《續雲南通志》一九四卷，意在續阮志也〔註59〕。

第三節　傳記類

一、《疇人傳》　四十六卷

曆算之學爲儒家六藝之一。自明以來，西學東漸，加上學者徐光啓、梅文鼎、戴震等人之鼓吹和研究，學風乃開。清乾嘉學者多能兼通經史曆算。阮元嘗謂：

> 元嘗稽考算氏之遺文，泛覽歐邏之述作，而知中之與西枝條雖分，而本幹則一也〔註60〕。

其對「中西異同，今古沿改，三統四分之術，小輪橢圓之法」亦曾旁稽博籍，博問通人〔註61〕。而由其文集作〈糧船量米捷法說〉、〈陝西以東河流合勾股弦說〉等篇有關算學應用者，可以看出其算學有極好造詣。

其述及編纂《疇人傳》始意，曰：

> 竊思二千年來，經術七十改，作者非一人，甚建率改憲，雖疏密殊途，而各有特識，法數具存，皆足以爲將來典要。爰掇拾史書，薈萃群籍，甄而錄之，以爲列傳〔註62〕。

他肯定曆算之用，「數術窮天地、制作侔造化，儒者之學，斯爲大矣！」因欲對兩千年來之曆算學作一總結，於乾隆六十年始意纂集《疇人傳》〔註63〕。

阮元自訂凡例十八條，所收自黃帝以至清代之曆算學家，以科學步算爲主，而其內容涉於占候內學者，一概不錄。其采錄之書，除二十四史外，多以文瀾閣之《四庫全書》子部天文算法類爲多。其錄自何書，皆以小字注于後。因所錄者眾，于其敘述，除姓名、爵里、生卒年月外，其議論行事，但采有關步算者，其餘俱不冗贅。本書內容尚包括天文、儀器制度、算術通論等，詳載其推論過程。兼收西洋通曆算者，附於本國人後，以其學源於中國，而後來居上，今人應融會貫通之。

〔註59〕同註54。
〔註60〕《定香亭筆談》卷四〈里堂算學記序〉。
〔註61〕〈疇人傳序〉。
〔註62〕同上。
〔註63〕《疇人傳》凡例。

本書于嘉慶二年正月始事編輯〔註64〕。《疇人傳續編》〈李銳傳〉云：

> 嘉慶初，内閣阮學士元提學浙江，常延李銳至杭，問以天算。因欲撰
> 《疇人傳》，開列古今中西人數，及應采史傳天算各書，屬銳編纂，商加
> 論定。及撫浙，又令門生天台周治平相助，編寫諸書，及西法諸書，成《疇
> 人傳》四十六卷，久刊行世〔註65〕。

李銳字尚之，元和縣學生員。其算數造詣，素爲阮元所讚揚，稱其「深於天文算術，
江以南第一人」〔註66〕阮元爲之作傳，亦贊其能通古算術「天元一術」及「大衍求
一術」，本書之成，亦是與之共商榷，其出力爲多〔註67〕。而周治平則阮元所選拔
之算學人才。《定香亭筆談》云：

> 余於天文算法中求士，如臨海洪頤煊、震煊、歸安丁傳經、授經，錢
> 塘范景福，海鹽陳春華等皆有造詣，然以周治平爲最深。……余至杭州、
> 治平握算就試，識拔入學〔註68〕。

由於本書之内容專業，涉及天文曆算、物理、器械，其編纂之間，不得不求教
於算章專家，主要有錢大昕、凌廷堪、談泰與焦循等人〔註69〕。諸人都是精通算學
之經學家，亦爲阮元的知交，阮氏嘗稱焦循、李銳、凌廷堪爲「談天三友」〔註70〕，
對本書亦有極大的貢獻〔註71〕。

本書編成於嘉慶四年，所收凡二百四十三人，附西洋三十七人，共四十六卷。
本書分卷是以朝代劃分，各代人數多寡，概略可見其算學之興衰。其中以清代疇人
爲數最多，固因近時搜羅較易，亦可看出清代乾嘉學風下，算學被視爲經典的基礎，
而使曆算學蓬勃發展。其仿正史之體例，將西洋疇人附最後數卷。列傳之後多有論
贊，敘述阮元及錢、焦等人之論點。

阮元〈疇人傳序〉述其旨曰：

> 綜算氏之大名，紀步天之正軌，質之藝林以詒來學，俾知術數之妙，
> 窮幽極微以綱紀群倫，經緯天地，及儒流實事求是之學，非方技苟且干祿
> 之具，有志平通天地人者，幸詳而覽焉。

〔註64〕《雷塘庵主弟子記》載此書始纂於二年正月。
〔註65〕羅士琳《疇人傳續編》卷五十〈李銳傳〉。
〔註66〕《定香亭筆談》卷一。
〔註67〕《揅經室二集》卷四，〈李尚之傳〉。
〔註68〕《定香亭筆談》卷二。
〔註69〕《疇人傳》凡例。
〔註70〕《定香亭筆談》卷四。
〔註71〕傳後所附「論曰」，多引錢大昕諸人之看法。

可知其由實學之思想，引發倡導曆算之研究。羅士琳作《續疇人傳》言：

> 是故勿庵（梅文鼎）興，而算學之術顯；東原起，而算學之道尊；儀
> 徵太傅出，而算學之源流傳習始得專書〔註72〕。

其書承先啓後，是我國古代算學史第一部專書，於古算學之保存發揚，貢獻良多。

《疇人傳》所錄迄於乾嘉之際，其中有搜羅未備者、有後起之疇人者。道光廿二年甘泉羅士琳作《疇人傳續編》六卷，補正編所遺者十二人，附見五人；續錄十九人，附見七人。凡四十三人，刊入自撰《觀我生室彙稿》中，阮元爲之序。錢塘諸可寶亦撰《疇人傳三編》七卷，刊入自撰《璞齋全書》中。澧州黃鍾駿復撰《疇人傳四編》共十一卷，附一卷，刊入自撰《留有餘齋叢書》〔註73〕。

《文選樓叢書》收有原刊本。扉葉以篆書題「疇人傳」，左下雙行題「揚州阮氏琅嬛僊館刊板」字稍小，首有阮元序、談泰〈疇人解〉、凡例。

> 版式：匡高 19.1 公分，寬 13.5 公分。半葉十行，行二十字，小字雙行。四周雙欄，單魚尾，魚尾下方刻書名、卷次、朝代，下刻葉次。每卷首記書名、卷次，另行題「經筵講官南書房行走戶部左侍郎兼管國子監算學揚州阮元撰」，次行記時代，再另行則列疇人姓名。（見書影二七）

二、《皇清碑版錄》

阮元〈皇清碑版錄序〉云：

> 元數年來仿朱子《宋名臣言行錄》、李幼武《續錄》及杜大珪《名臣碑傳琬琰集》之例，閱文集數十百家及碑志搨本，爲《皇清碑版錄》數十卷〔註74〕。

阮元既撰《山左金石志》，所得碑版拓本極爲豐富，同時因撰《淮海英靈集》、《兩浙輶軒錄》，遍閱各家詩文集。因而想仿效前人碑傳集的方式，將別集及所見的碑銘、傳、狀等，集爲個人傳記資料。此事始於嘉慶七年十一月〔註75〕，陸續編成數十卷。

嘉慶十一年四月，阮元丁憂歸里，遂檢之重修。然因文集未備，遂將之屬付丹徒王豫補輯之，又幾十卷。

阮序云：

> 茲不過隨時鈔錄之書，是非去取，次序先後，皆無義例也。

是書今不得見，目錄書亦無記載，是否成書刊印，不得而知。

〔註72〕羅士琳《續疇人傳三編》卷〈阮元〉。
〔註73〕劉聲木《萇楚齋三筆》卷十。
〔註74〕《揅經室二集》卷八。
〔註75〕《雷塘庵主弟子記》卷二。

三、《國史儒林‧文苑傳》稿

史書儒林傳之例，創於《史記》儒林列傳，所列之人皆經學家。至范曄《後漢書》則另創文苑傳，錄入文章之名家。後世之史書，或有或無、或分或合，皆視一代文學之盛衰。

歷代修史，一方面修前朝史，一方面則修當代史。乾隆三十年曾詔修國史，名臣列傳依序編撰，然獨缺儒林、文苑等類傳。阮元於嘉慶十四年因劉鳳誥鄉試弊案遭革職，後于九月以上五旬壽，賞與國史館編修，因主持儒林、文苑傳之編纂。編纂之初，阮元曾就教焦循，焦循答書〈國史儒林文苑傳議〉，具言修傳七則，後為阮氏修傳之準則。其文概論：

（一）徵實：家傳碑銘多出子弟所請，每多譽辭。必求諸輿論，乃信而可憑。

（二）長編：其所存篇籍，按而得之，周覽深研，不憚其煩，一言偉卓，不以細遺，累卷通融，不以繁節，使悉貫盡融。

（三）兼收：經學有門戶，偏論之則采氣呈，彙舉之前精華大備，宜括囊大典，網羅眾家，不以偏廢。

（四）鑒別：儒林、文苑，宜有分別。學冠乎文，即使詩文豐富仍入儒林，而說經理無過於人，文優於學者，應入文苑。

（五）詳載：史貴直信，學問文章，非博引無信。所取悉屏旁觀褒異之虛文，備列當身著作之明證。

（六）公論：學不可誣，疵不必諱，述其學兼著其疵，可也，不當因其疵遂沒其學。

（七）附見：所徵之學，既精且博者，取為正傳。有片長足採，或一脈相承者，以類而從〔註76〕。

明人修宋史時，以宋理學之盛，特闢道學傳。清修明史時曾對是否沿用此例有所爭議。然乾嘉以漢學為主導，學者多反對另立道學傳，其後乃合於儒林傳中〔註77〕。阮元編儒林傳亦反對另立道學傳，其凡例云：

> 宋史別出道學，其實講經者豈可不立品行，講學者豈可不治經史，強為分別，殊為褊狹。國朝脩明史，混而一之，總為儒林，誠為盛軌。故今理學各家與經學並重，一併同列，不必分歧，致有軒輊〔註78〕。

而其〈擬國史儒林傳序〉曰：「臣等備員史職，綜輯儒傳，未敢區分門逕，記述學行

〔註76〕焦循《雕菰集》卷十三。

〔註77〕時一派主張立道學傳者，以明史館總裁及宋學家為主，一派則主張合於儒林傳中，如黃宗羲、錢謙益、朱彝尊等大部分學者，詳見劉德美《阮元學術之研究》第五章。

〔註78〕《揅經室續集》卷二，〈擬儒林傳稿凡例〉。

〔註79〕。」阮福案語云：「家大人撰儒林正傳附傳共百數十人，持漢學宋學之平。」
可知意欲摒除門戶之私。而漢宋持平，頗合于焦氏「兼收」之則。此稿是博采群書，
裁綴集句而成的，各句之下以小字雙行記其資料來源，皆詳實記載，不改一字。而
入傳的選擇標準，則以學行兼優者方入錄。而有著述醇疵互見者，則直加貶辭，私
家論述涉及私譽者，一概不錄。另本書仿效明史，於書末列孔、顏、曾、孟、程、
朱之後人傳。

其書共有正傳四十四篇，附傳五十七人，而姓名附見傳中，不著其字號爵里者，
又七十人。以顧棟高為首，餘則以年分相次〔註80〕，嘉慶十七年七月二十日將赴漕
運總督前，將纂辦初成之稿交付國史館，以陳傳經代之〔註81〕。阮福云：

> 聞家大人出京後，館中無所增改，惟有所刪。

此書有鈔本存家中，今《揅經室二集》收錄〈蔣士銓傳〉，仍可見其集句之形式。
錢泰吉〈儒林傳擬稿跋〉云：

> 聞進呈時出毛奇齡，於文苑傳去張惠言，不知他有異同否。句下夾注
> 采輯書名則盡去之矣〔註82〕。

錢泰吉所藏國史館擬稿，是鈔自錢恬齋。恬齋於嘉慶十六年曾允國史館纂修，助阮
元分纂儒林傳〔註83〕，因其書應是國史館稿本無誤。而據平步青〈霞外出屑〉載其
所見阮氏原稿傳鈔本云：「傳中未備處，間有加籤訂補，然不多。凡進呈本刪去者，
以墨筆乙其句，不知出何人手〔註84〕。」疑是館臣所為。其後平步青為曾國藩、朱
迥然讎校國史儒林、文苑、循吏傳稿時，見儒林傳目先後刪易，與阮元擬稿大異，
推言「館臣改省移次，或鈔胥潦草，不盡依進呈本原次」〔註85〕。

阮元儒林傳成稿匆促，致有許多闕漏，李定伯《孟學齋日記》即多所批評，如
邵晉涵、王鳴盛、汪中等人宜立專傳。惠氏、萬氏之學應以惠棟，萬斯同為主。其
他如對主附傳亦提出多點駁難〔註86〕。而阮氏的漢學傾向，亦或多或少影響他原應

〔註79〕《揅經室一集》卷二，〈擬國史儒林傳序〉。
〔註80〕凡例云：「次序以顧棟高為始者，因高宗純皇帝諭辦儒林傳，奉為緣起也，此外則以
　　　　年分相次。」，應非阮元本意。
〔註81〕平步青《霞外攟屑》卷一〈儒林傳稿〉。另〈儒林傳稿凡例〉亦云：「滿州、蒙古、漢
　　　　軍，凡有學行者，太約皆已登二品以上，其官未顯者甚少，然必有其人，此傳已專
　　　　屬編修陳公傳經采訪譔集矣，俟為補入。」
〔註82〕錢泰吉《甘泉鄉人稿》卷五。
〔註83〕錢泰吉《甘泉鄉人稿》卷五。
〔註84〕平步青《霞外攟屑》卷一，〈儒林傳稿〉，同時作〈阮文達公史儒林傳擬稿目〉。
〔註85〕同上〈國史儒林傳目〉。
〔註86〕平步青《霞外攟屑》〈儒林傳稿〉所引。

公正之論斷。

而文苑傳則是嘉慶十六年始著手編寫〔註87〕。阮元翌年即調漕運總督，其書創稿末就。錢泰吉〈文苑傳跋〉云：

> 嘉慶甲戌（十七年）……文苑則尚未彙稿。後數年於小米處見之，潘梧君藹人因借鈔其副。昨歲（道光廿四年），梧君下世，其冊歸唐氏，泰吉乃屬鍾署香、潘稻孫爲鈔此本。目錄前後失次，似隨撰隨寫者〔註88〕。

疑所見爲阮氏原稿鈔本。

第四節　金石類

一、《山左金石志》　二十四卷

山左兼古齋、魯、曹、宋諸國之地，今之山東。阮元於乾隆五十八年奉命督學山東，此地古代文教薈萃，其金石富藏，足比關中。阮元（山左金石志序曰）：

> 乾隆五十八年秋，奉命視學山左，首謁闕里，觀乾隆欽頒周器及鼎幣戈尺諸古金，又摩泲兩漢石刻，移亭長府門卒二石人于瞿相圃、次登岱，觀唐摩崖碑，得從臣銜名及宋趙德甫諸題名，次過濟寧學，觀戟門諸碑及黃小松司馬易所得漢祠石象，歸而始有勒成一書之志〔註89〕。

山左一帶金石遺留如此之豐，而之前對金石資料并無人撰集，阮元既督學政，遂起纂輯是書之志。

乾隆五十九年，畢沅接任山東巡撫。而畢沅先在陝西、河南巡任內，曾經編輯《關中金石志》及《中州金石志》。因而阮元欲以纂輯之事屬之畢沅，然畢沅以「年老政繁」婉拒之，阮元遂主事輯書，畢沅則參與商訂。成書後因以畢沅掛名〔註90〕。

畢沅以《關中金石志》、《中州金石志》與阮元商訂條例及搜訪之事，以其經驗指導其事。但隨後畢沅即調湖廣，忙於政務，雖偶有書信指證，但此事多賴阮元爲之。本書阮序云：

> 同心搜訪，萃十一府兩州之碑碣，又各出所藏：彝器、錢幣、官私印章彙編而成。

〔註87〕《雷塘庵主弟子記》卷二。
〔註88〕同註83。
〔註89〕《揅經室三集》卷三，〈山左金石志序〉。
〔註90〕阮序云：「是書本與先生（畢沅）商訂分纂。先生莅楚，雖羽檄紛馳，而郵筒往復，指證頗多。……元今寫付板削，哀然成卷帙，而先生竟未及一顧也。」因以此書掛名同撰。

　　阮元先於學署，按志乘圖籍所載而訪求之。其後復引用朱文藻、何元錫、武億、段松苓等人助輯，分遣諸人赴各地搜訪。阮序云：

　　　　分遣拓之，四出跋涉，千里岱麓，沂鎮靈巖，五峰諸山，赤亭（段松苓）或舂糧而行，架巖涧水，出之榷脱，捆載以歸，雖曰山左古跡之多，亦求者之勤有以致之也。

述段松苓訪碑于各嶽鎮之事，窮山幽遠，搜訪艱辛可見一斑，時爲乾隆五十九年九月〔註91〕。

　　除遣人四出搜訪摹揚外，阮元亦藉出試各地之機會，搜集民間私人所藏拓本，如黃小松所得漢祠石象〔註92〕、肥城展文脈家藏的《泰山金石志稿本》及段松苓所輯《益都金石志稿》〔註93〕皆收錄之。另有曲阜顏崇榘、桂馥、錢塘江鳳彝、吳江陸繩、鉅野李伊晉、濟寧李東琪等人，皆雅志好古，藏獲頗富，亦多取之。他如各郡守、州牧、縣令、學博生徒皆以拓本見投，欲編入書中。其後孫星衍部分所藏亦收錄之。

　　乾隆五十九年十二月，開始修纂之工作，將所收拓本一千三百餘件，分爲鼎、金、刀布、鏡、印、石等類，又依時代先後編排，詳細記錄每一本之銘文、形制、來歷、書法及存佚情形等。錢大昕〈山左金石記序〉云：

　　　　是記倣洪丞相之例（案：洪适《釋隸》），錄其全文，附以辨證，記其廣修尺寸、字徑大小、行數多少。既博且精，洵屬鉅製〔註94〕。

其所錄者，自三代以迄元，以乾隆五十八年至六十年存於山左之金石爲主。阮元序云：

　　　　金之爲物，遷移無定，皆就乾隆五十八至六十年在山左爲斷。……石之爲物，罕有遷徒，皆就目驗爲斷。其石刻拓本并毀，如嶧山秦刻者亦不入錄。新出于榛莽泥志中者，惟望後人續而錄之，以補今時之闕略焉。

其收錄之拓本，皆舊錄可徵者，可知其實事求是之精神。

　　本書於乾隆六十年冬定稿，元隨即移任浙江學政，不及刊刻。至杭州節署後，即利用舟車校試之暇，重爲釐訂，屬趙魏爲之校勘，成書二十四卷，于嘉慶二年十

〔註91〕遣段松苓訪碑之事，見《雷塘庵主弟子記》卷一。《石廬金石書志》云：「以山東碑刻之藪，除泰山闕里而外，莫多于長清、臨朐，躬率拓工，遍詣各崖。」其事《小滄浪筆談》所述甚詳。
〔註92〕周中孚《鄭堂讀書記》卷卅四記「《唐搨漢武像》一卷」。
〔註93〕林鈞《石廬金石書志》卷一云：「收入所錄益都金石現者百餘種，其書後有已亡碑目未收。」
〔註94〕錢大昕《潛研堂文集》卷廿五，〈山左金石記序〉。

月刊成〔註95〕。

本書亦名《山左金石錄》，阮元〈泰山志序〉云：

> 余於乾隆五十九年奉命視學山左，試泰安畢，登岱覽其勝，又遍拓其金石文字爲《金石錄》〔註96〕。

本書之拓本，雖跋山涉水，遍訪闕里，然亦有盡全功處。《石廬金石書志》即舉出：「《山左金石志》無《禹城訪碑錄》，無長山，殊爲缺點。」〔註97〕。

錢大昕則抱以正面評價云：

> 武梁畫像，元明人目所未睹，而今乃盡出，更有出於洪文惠（适）之外者。任城夫人碑，又昔歐、趙之所失收。昔歐、趙兩家集海內奇文，歐目僅千，趙纔倍之，今以一省而若是其多，誰謂今人不如古哉〔註98〕。

本書原刊本，今史語所有藏。扉葉黃色，以隸書題「山左金石志」，左側題「儀徵阮氏小琅嬛僊館刊板」，字稍小。前有錢大昕嘉慶元年序、阮元嘉慶二年序。每卷首有該卷目錄。

版式：匡高 18.8 公分，寬 14.5 公分。半葉十二行，小字雙行，行二十四字。四周單欄，雙魚尾，黑口。版心上魚尾下方刻有書名、卷次，下魚尾上則刻葉次。每卷首記書名卷次，下則署畢沅、阮元同撰。器名頂格寫，銘文低一格寫，太長則省去。釋文再低一格寫。（見書影二八）

本書在未刻之前，段松苓懼原目散佚，因特輯《山左碑目》四卷，記其碑目及所藏〔註99〕。

二、《歷代鐘鼎彝器款識法帖》　二十卷

宋薛尚功輯。薛尚功字用敏，錢塘人。此書成於紹興十四年，乃是以鐘鼎原器款識，依樣摹寫而成，凡錄夏器二件、商器二〇九件、周器二五三件、秦器五件、漢器四十二件，共計五百一十器。

然其書所收，稱夏器者，多爲吳、越器之誤認，商器亦多係周器，而所錄石鼓文十章，標曰「周鼓」，亦訛謬也。其書所摹，雖以前人所著爲據，然蒐羅之廣，實勝前人也。其箋識訂訛之處，亦多有據，究非鈔撮蹈襲者可比也〔註100〕。

〔註95〕此據阮序所稱之時間，然《雷塘庵主弟子記》將之載于嘉慶元年五月。

〔註96〕《揅經室二集》卷七。

〔註97〕林鈞《石廬金石書志》卷一，〈濟南金石志〉。

〔註98〕歐趙者，是指宋歐陽修《集古錄》二卷及趙明誠《金石錄》三卷，爲金石志之先聲，然爲通錄，而非地方志也。

〔註99〕林鈞《石廬金石書志》卷一〈山左碑目〉。

〔註100〕朱劍心《金石錄》通論。

　　本書共二十卷，《郡齋讀書志》及《宋史藝文志》著錄皆同，然《直齋書錄解題》及《學古編》則云十卷，實是宋石印本之缺半〔註101〕。此書墨蹟，元時爲謝長源所有。其書有周公謹、趙孟頫等人題識〔註102〕。宋時有石刻本，故有「法帖」之稱，此本傳世絕少。明萬曆中，萬岳山人刻之，爲硃印本。至崇禎年間，朱謀垔亦據手蹟本重刊之。阮元刻書題識云：

　　　　明萬曆開硃印刊本訛舛最多，跋語亦刪節不全，惟崇禎間朱謀垔所刻
　　功原本，較爲可據，然板本并佚，傳寫滋誤。

孫星衍《平津館鑒藏記》載有朱謀垔刊本，引朱氏自序，言其本得自山陰錢德平所藏薛氏手書本〔註103〕。

　　阮元既不滿意朱刻本，遂於嘉慶二年閏六月重刻此書，並由精于小學的吳文健審訂文字，精於篆刻之陳豫鍾爲摹款識，擅長書法的高塏爲錄釋跋〔註104〕其題識云：

　　　　今據吳門袁氏廷檮影鈔舊本及元所藏舊鈔宋時石刻本互相校勘，更就
　　文瀾閣寫本補正之，似可還薛氏舊觀。

四庫所著錄者，爲朱謀垔刊本。阮氏多所引證，實是其刻書之一大優點。然葉德輝並不以此刻爲佳，言其本「展轉鈔胥，烏足共信尙不若朱謀垔本〔註105〕。」孫詒讓亦有所批評評：

　　　　嘉慶間，阮文達以朱本刊於杭州，序稱家有宋時石刻鈔本，蓋兼以帖
　　本校定者。余少嗜古文大篆，年十七八得杭州本讀之，即愛翫不釋。嘗取
　　《考古》、《博古》兩圖及王復齋《款識》、王俅《集古錄》校諸款識，最
　　後得景鈔手蹟本，以相參校，則手蹟本多與《考古》諸圖合。杭本誤甚多，
　　釋文亦有舛互。如「應侯敦」應誤爲雝。張仲簋與王復齋所引異皆手蹟本
　　不誤而杭本反誤者，則阮校未爲精審也〔註106〕。

　　此刊本今台大藏有一部。扉葉以篆字題曰「薛氏鐘鼎款識」，左側以隸字題曰「嘉慶一年閏六月刊」，字稍小。書前有阮元題識。（見書影二九）

三、《鐘鼎款識》　一卷

　　宋王厚之輯。王厚之，字順伯，號復齋，南宋紹興年間諸暨人。本書計錄鐘鼎

〔註101〕孫詒讓《籀膏述林》卷六。
〔註102〕錢大昕《潛研堂文集》卷三〇〈跋薛尚功鐘鼎彝器款識〉。
〔註103〕孫星衍《平津館鑒藏記》卷二。
〔註104〕《定香亭筆談》卷四。
〔註105〕葉德輝《郋園讀書志》卷二。
〔註106〕同註101。

款識五十九種。其中畢少董所賤識十五器，皆爲秦熺之藏。此外收有朱敦儒所藏一器，德格天閣所藏三物，其餘數十器乃劉炎、張詔、洪遵等人所藏〔註107〕。

王厚之雅好金石，精於鑑賞，就其所拓本輯裒成冊，且釋其銘文，記其收藏之所。其本後轉入趙松雪家。趙松雪復爲之補疏，增入數器〔註108〕。此本明時歸項元汴藏，印識遍書。清初歸于曹溶。曹歿後，歸于朱彝尊。朱彝尊以贈馬寒中。乾隆末歸吳門陸氏松下清齋所藏。嘉慶七年，書爲阮元所得。

《石廬金石書志》述及本書之價值云：

宋人著錄金石，如《博古》、《歷代鐘鼎款識法帖》等書，皆屬摹刻，獨此爲原器拓本，而數百年來經名人收藏，題跋尤爲足貴〔註109〕。

是以拓本裝訂成書，不若摹刻者易失其眞，故至爲可貴。阮元既自陸氏得此書，即加以考釋，摹刻成書，于嘉慶七年三月刻成〔註110〕。

其書所錄各器均有王厚之題款識文。阮元增補考釋者，則別以隸書注解。書中名家題跋、觀款、收藏章頗多，就跋而言，阮元之外，尚有朱彝尊、查愼行、沈元滄、胡開泰、汪森、查嗣瑮、錢泳、金農、龔翔麟、錢大昕、翁方綱等十跋〔註111〕。

此刊本今大陸北京圖書館有一部。《中國版圖錄》稱其刻「神采墨色，俱臻上乘」〔註112〕。

版式：匡高 33.2 公分，寬 21.7 公分。不分行，四周單欄。版心上方刻「宋王復齋鐘鼎款識」，下刻葉次及「積古齋藏宋搨摹刻」。（見書影三〇）

道光廿三年，文選樓遭祝融，書冊燬於火，版片亦燬。道光廿八年冬，葉志銑重摹於粵東撫署。《邵亭知見傳本書目》載：「阮氏刊本，板式極大，近來粵東重刊本〔註113〕。」即是。《越縵堂讀書記》載此重刊本「原冊卅葉，皆精拓本」，其中有以表箋標明畢少董箋識之十五器，可見其精刻也〔註114〕。

四、《積古齋鐘鼎彝器款識》　十卷

積古齋爲阮元纂輯《山左金石志》之書齋名，其名源自乾隆皇帝將「稽古論」

〔註107〕〈王復齋鐘鼎款識跋〉《揅經室三集》卷三。

〔註108〕阮元以爲皆王厚之所輯，而數器則爲後來王氏收集再補者，錢大昕辨之。詳見錢大昕〈鐘鼎款識跋〉，《潛研堂文集》卷卅二。

〔註109〕林鈞《石廬金石書志》卷八。

〔註110〕刻成時間《雷塘庵主弟子記》載七年三月，然《越縵堂讀書記》則載七年秋。

〔註111〕其題款、印記，《越縵堂讀書記》卷九多有記載。

〔註112〕引自《中國版刻圖錄》圖五四四。

〔註113〕莫友芝《邵亭知見傳本書目》卷三。

〔註114〕李慈銘《越縵堂讀書記》卷九。

誤作「積古論」，阮元將錯就錯，以名其齋，事詳阮氏所作〈積古齋記〉〔註115〕。

此書之纂輯，阮元〈積古齋鐘鼎彝器款識〉云：

> 余心好古文奇字，每摩挲一器、搨釋一銘、俯仰之間，輒心往數千年前，……友人之與余同好者，則有江侍御德、朱右甫爲弼、孫觀察星衍、趙銀臺秉沖、翁比部樹培、秦太史恩復、宋學博葆醇、錢博士坫、趙晉齋魏、何夢華元錫、江鄭堂藩、張解元廷濟等，各有藏器，各有搨本，余皆聚之，與余所自藏自搨者，集爲《鐘鼎款識》一書，以續薛尚功之後〔註116〕。

阮元先是刊刻薛尚功《歷代鐘鼎彝器款識法帖》、王厚之《鐘鼎款識》，復有意仿此二書，纂集天下鐘鼎款識。吉金之學，自宋以後，久無嗣響，至清代而有復興之勢。先是乾隆初年，命儒以內府藏器，仿宋代王黼《宣和博古圖》而爲《西清古鑑》四十卷，其後又撰《寧壽鑑古》十六卷、《西清續鑑》四十卷，於是海內士夫，聞風承流，相與購致古器，搜集拓本〔註117〕。

阮氏於古器素有雅好，廣搜同好所藏器物、拓本，加以自藏者，欲輯成一書，於是以所收搨本付朱爲弼編定審視之。阮元序云：

> 平湖朱氏右圃，酷嗜古金文字，且能辨識疑文，稽考古籍國邑大夫名，有可補經傳所未備者，偏旁篆籀之字，有可補《說文》所未及者，余以各搨本屬之編定審釋之，甲子秋，訂成十卷，付之梓人，並託其始末如此。

是以其書是阮元交付朱爲弼編訂者。俞樾〈書朱椒堂先生鐘鼎款識遺稿後〉述其所見朱氏遺稿：

> 朱椒堂先生《鐘鼎款識》遺稿四卷，乃阮文達《積古齋鐘鼎彝器款識》之藍本。……今年秋，其從孫竹石觀察出以示余，余觀一本題「鉏經堂金石志」六字，文達以硃筆改書「積古齋鐘鼎款識」八字，則其爲《積古》之先河無疑矣〔註118〕！

而其稿中有原文而阮元改訂者，有阮元草稿附入者，亦有此書有而後阮書所無者。猶可見阮氏商訂之跡〔註119〕。

其書編成於嘉慶九年秋，隨即刻成〔註120〕。共有十卷，是第一本纂集諸家藏器

〔註115〕《揅經室三集》卷三。
〔註116〕《揅經室三集》卷三。
〔註117〕朱劍心《金石學》通論。
〔註118〕俞樾《春在堂雜文三編》卷三。
〔註119〕黃彭年《陶樓文鈔》卷十。
〔註120〕《雷塘庵主弟子記》卷二。

之專書。其仿薛書之體例，收集商至魏晉之器，分爲商器款識二卷、周器款識六卷、秦器款識二卷及漢器款識二卷，而以魏器款識四卷、晉器款識五附於後，所收凡五百六十三器，較薛書四百九十三器爲多。其只釋文字不及形製亦遵薛書之例。然薛書於銘文屬臨寫其筆畫，經傳鈔後，必與原款識有異，因而本書改以由原本鉤摹。

《文選樓叢書》收有此板，扉葉以篆書題「積古齋鐘鼎彝器款識」。前有阮序、阮作〈商周銅器說〉二篇、〈商周兵器〉一篇，次爲朱爲弼後序。

版式：匡高 19.5 公分，寬 13.2 公分。半葉十二行，行廿四字，摹拓文處不分行。四周單欄、單魚尾。版心魚尾上方刻書名，魚尾下刻卷次，版心下方刻葉次。每卷首記書名、卷次，下署「揚州阮氏編錄」，另行低一格記本卷卷目，釋文皆低二格行之。（見書影三一）

阮元序言中述其撰書旨意云：

> 古器雖甚壽，顧至三、四千年出土之後，轉不能久，或經兵燹之墜壞，或爲水土之沈薶，或爲倉賈之毀銷，不可保也。而宋人圖釋各書，反能流傳不絕，且可家守一編。然則聚一時之彝器，摹勒爲書，實可使一時之器永傳不朽，即使吉金零落無存，亦可無憾矣！

其體認到古器物惟有賦予新生命，始可傳之久遠，而散者欲聚難，聚者流傳易，故多纂集以保存古文物之貌。

然此書因只記文字而不記器物形制，未免有遺珠之憾。俞樾即以此批評此書無法得觀古物之貌〔註121〕。而其搜考之豐，釋文亦多有不妥之處，何紹基作〈校定阮氏積古齋款識釋文〉校檢其書，得一五四條之誤〔註122〕。孫詒讓亦爲之訂正三十條〔註123〕。然值得肯定的是本書對金石文獻保存之意義及對後世金石學之影響。潘景鄭《著硯樓書跋》云：

> 清代所錄金石者，首推阮氏《積古齋鐘鼎款識》一書，雖其所錄器文不免真贋雜陳，然蓽路籃縷之功，固未可湮沒也〔註124〕。

是書刻成後，流傳廣，其後翻刻者亦多，然少有若原刻本之善者。《石廬金石書志》云：

> 是書原版漫漶，初印難獲，蜀中重刻已失其真，楚中書坊更蜀本重雕，愈爲草率。滬上石景本尤爲弗堪。華亭林長慶據宜都楊惺吾所藏原刊覆

〔註121〕俞樾《春在堂雜文續》卷二。
〔註122〕何紹基《東洋草堂金石跋》卷二。
〔註123〕朱芳圃《孫仲容先生詒讓年譜》。
〔註124〕潘景鄭《著硯樓書跋》，〈二百蘭亭齋鐘鼎款識稿本〉。

刻，頗屬善本〔註125〕。

　　吉金之著錄，雖盛於宋，然其後日衰，久無嗣者，清初朝廷大量編修圖錄，復經
阮元等儒臣推波助瀾，使得吉金圖錄之書倍出，較宋時所錄之器多至四倍。王國維《國
朝金文著錄表》記清人圖錄之書計五十餘種，其學之發達可見一斑。而阮元先刊刻宋
人圖錄以啟先端，再撰圖錄以考吉金，於清代吉金圖錄之學，實有先導之功。

五、《兩浙金石志》　　十八卷

　　阮元昔日在浙江學政任，以校試之餘，遊遍名山大川，錄集浙人之詩數千首，
成《兩浙輶軒錄》。又訪兩浙帝王賢哲之陵墓，加以修護，因撰成《兩浙防護錄》。
尚有餘力則復收集金石刻之摹拓，頗窮幽遠，既而勒成《兩浙金石志》。

　　嘉慶十年正月，阮元以歷來所蒐之金石拓本，屬何元錫修纂，其時尚有趙魏、
許宗彥等人參與編纂。何氏早在山東時即助阮元編定《山左金石志》，而趙魏亦任其
書校勘事。許宗彥則是阮元於嘉慶四年任會試副總裁時拔擢之士，此時任兵部，亦
參與考訂增益。然其後阮元因丁父憂而歸里，此事遂停，諸人所輯之稿，為許宗彥
鈔錄而去〔註126〕，

　　道光四年，稿本流傳至粵，與原稿已不盡同，本書阮元序云：

　　　　道光四年，粵中有鈔本十八卷，校原稿文有所刪，鐘鼎錢印之不定屬

　　浙物者，亦多所刪，然亦簡明可喜〔註127〕，

此稿之刪是否許宗彥所為，不得而知。其後廣東按察使李湞遂率浙人之官子粵者校
刻之，不二月而工畢。助校者有臨海洪瞻墉、張大昌、胡上襄、朱葆儒等人，道光
四年五月刊成後，阮元為之作序〔註128〕。

　　此書雖非原稿之貌，然仍可見其原來體例。其分卷之法不同於《山左金石志》，
而改以時代區分。秦漢至唐初分一卷、唐開元年間至唐末分二卷、宋分九卷、元分
六卷，共十八卷。所收除去阮序所言者，有石刻文、磚文、鐘鼎銘文等。首記器名，
其後錄銘文，再後則低二格記釋文，詳述器物之形制、大小、銘文之書體、收藏之
源流及文獻之著錄狀況。

　　此板刻成後，即藏於浙，以印書通行。其後阮福得此刊本，復以所得拓本補遺
之，阮福識語云：

　　　　此志刻成後，吳荷屋方伯勞光由黔寄至會稽。新獲建初摩崖地券，福

〔註125〕林鈞《石廬金石墨志》卷八。
〔註126〕阮元〈兩浙金石志序〉。
〔註127〕同上。
〔註128〕本書每卷之後均附記有刊者校者姓名。

又檢家中舊藏及同人所贈，並作《補遺》附於後，隨得隨刊，其先後或不
能盡依世次云。道光四年秋揚州阮福識。

共計所補有十一種。光緒十六年浙江書局據原板重刊之《兩浙金石志》，即附有阮福
補遺一卷。

李澐廣東原刊本，今中央圖書館藏一部。（見書影三二）浙江書局重刊本則中央
圖書館台灣分館及史語所各藏有一部。

「兩浙」之名起于北宋浙東、西兩路，時蘇、常、鎮三府皆屬兩浙，今本書所
錄僅浙江一省，名稱似乎不合，瞿中溶即曾據此批評〔註129〕。

本書所收器物，時有不辨真偽之嫌。陸心源即提出：

卷六載有「宋張南軒手書孝經碑款」，題「熙寧壬子八月壬寅書，付
姪愷，時寅鄧公之廢寺，居東齋南軒書」，案張南軒名栻、字敬夫、廣漢
人。卒于淳熙七年，年四十八。見朱文公集右文殿修撰張公神道碑。據此
當生於紹興三年，上距熙寧壬子六十一年，不但南軒未生，即南軒之父張
浚亦尚未生耳。文達疏甚矣〔註130〕！

足見其書雖搜羅廣備，然於器物之考釋仍有未詳之處。就如同其他編纂作品一樣，
雖然在內容上有些許瑕疵，但並不影響其文獻保存之功。

六、《周無專鼎銘考》　一卷

阮年晚年，亦不忘金石之志，甘泉羅士琳作《周無專鼎銘考》一卷，考證焦山
周無專鼎之時代并釋其鼎銘，阮元獲之，為之刊刻，并作序。此書刻成於道光廿二
年，阮序作於道光廿三年正月，並有「癸卯年政八十」篆文方印。書前有「道光壬
寅仲冬江都田普實，季華氏書首」、書末有「道光壬寅日南至甘泉羅士琳考演」二長
方形牌記。《文選樓叢書》有此版。

版式：匡 20 公分，寬 12.9 公分。半葉八行，小字雙行，行廿四字。四周雙
欄，雙魚尾，粗黑口。魚尾間刻「鼎序」或「鼎考」，下刻葉次。（見
書影三三）

第五節　目錄類

一、《天一閣書目》　十卷

〔註129〕《瞿木夫年譜》，見《石廬金石墨志》卷一引。
〔註130〕陸心源《儀顧堂續跋》卷八。

　　明嘉靖年間建於寧板的天一閣，是兵部右侍郎范欽的藏書樓。范氏好藏書，購置了浙東豐氏萬卷樓藏書之剩留，並廣爲購鈔，羅致海內奇書，藏書達七萬餘卷。其中，宋、元、明刻本及鈔本甚多，不少爲海內孤本，方志、登科錄及政事資料亦不少。所藏碑刻計有五百八十餘通，爲海內首屈一指。天一閣建築宏偉，並注意避水火之災，加以與子孫訂立規例，管理甚爲嚴謹，因此藏書得以保存久遠〔註131〕。而其書規定不外借，並不許族人以外登閣，此規定直至清初，始破例開放一些學者閱覽。乾隆開四庫館范氏子孫亦進呈六三八部書，冠於一時，乾隆詔建七閣以藏四庫全書，即仿天一閣之格局建成。

　　天一閣的藏書目錄，范欽曾編有《范氏東明書目》。稍後，焦竑《國史經籍志》著錄有《四明范氏書目》、祁承爜《澹生堂藏書目》著錄《四明范氏天一閣藏書目》，以上書目皆未流傳。乾隆年間，天一閣進呈了大批藏書後，范氏後人對藏書作了一次清點，編成《四明天一閣藏書目錄》二冊，然不著編者，僅知成於嘉慶壬戌（七年）〔註132〕該目不分卷、亦不分類，僅按櫥登記書名和冊數。卷首錄全祖望〈天一閣碑目記〉和黃宗羲〈天一閣藏書記〉，共收四千八百餘部書，然尚有科登錄、鄉試錄、醫書、地理、算命、風鑒等類均未列入。

　　康熙年間黃宗羲曾登閣覽書，並取其流通未廣者，鈔爲書目，然並不包含經史地志類、書坊間易得者及時人之集三種類籍。

　　阮元督學浙江時，數次登閣觀覽，因歎其藏書之豐。而天一閣所藏金石榻本，錢大昕已於乾隆五十二年修《鄞縣志》之際，與張燕昌、范懋敏分撰成《天一閣碑目》〔註133〕。然其所藏書，尚未有完整之編目，故阮元有志於此。其後阮元任浙江巡撫，於嘉慶八、九年間，命范氏後人登閣分廚寫編之，成目錄十卷。阮元《定香亭筆談》云：

　　　　天一閣書目龐雜無次序，因手訂凡例，遴范氏子弟能文者六、七人，

　　分日登樓，編成書目，屬鄞縣知事張許給以筆札〔註134〕。

　　上述壬戌本所未載者，此書均備錄之。共著錄四千零九十四種，計五萬三千七百餘卷（包括進呈書及《古今圖書集成》）。

　　嘉慶十三年，阮元又到寧波，遂以此目交付陳廷杰，由汪本校其書目，並以《天

〔註131〕黃宗羲〈天一閣藏書記〉《天一閣見存書目》卷首。
〔註132〕詳見蔡佩玲《范氏天一閣研究》漢美圖書有限公司，1991年初版。
〔註133〕錢大昕〈天一閣碑目序〉《天一閣見存書目》卷首。
〔註134〕《定香亭筆談》卷二。

一閣碑目》附於後刻之〔註135〕。

　　本書卷首有阮元序，並附有黃宗羲〈天一閣藏書記〉、乾隆聖諭、御賜《古今圖書集成》目錄及《進呈書目》。其體例仿《四庫全書總目》，分經、史、子、集四部。著錄撰者名氏、卷數、寫刻版本、序跋、印章等。

　　卷首五道聖諭，是《四庫全書》編纂期間，乾隆所頒與天一閣相關者，其後署「浙江巡撫臣阮元敬刊，寧波府鄞縣學廩膳生員范懋柱恭錄」，因此歷來書錄均以爲此書爲范懋柱所編。如《邵亭知見傳本書目》、《崇雅堂書錄》、《江蘇省國學圖書館圖書總目》等書皆誤。其實范懋柱卒於乾隆四十五年，不可能參與編目，而聖諭存其名者，是以聖諭舊日即范懋柱所錄也。而進呈書下題「寧波府鄞縣附學生員范邦甸恭錄」，故有以爲即范邦甸所編〔註136〕。

　　本書今台大、東海各藏一部，其書分經、史、子、集四類，而經、史、子下又爲二卷，集部爲四卷，共十卷。其書扉葉以篆字題曰「天一閣藏書總目」，並有「文選樓」長方印記，每卷卷首亦有此印。

　　版式：匡高 19.8 公分，寬 13.8 公分。半葉十行，行廿二字。左右雙欄，單
　　　　　魚尾。版心魚尾上方刻「天一閣書目」，版心下方刻葉次。（見書影三四）

二、《四庫未收書提要》　五卷

　　清乾隆年間編修《四庫全書》，網羅歷代重要著作於一部，於文獻之傳存，有極大貢獻。阮元未能參與此舉，引爲憾事。於浙江巡撫任內，特別留意東南一帶收藏之秘笈，由鮑廷博、何元錫、嚴杰等人襄助，多方購求《四庫全書》未著錄之著作，或四庫所收但有異本者。阮元〈題何夢華上舍訪書圖〉提及此事云：

> 遍訪列仙傳，終不見一仙。惟有一卷書，可以千百年。
> 前賢具精魄，亦復待後賢。訪之苟不力，變沒隨雲煙。
> 吾讀古藝略，中心每拳拳。何君涉九流，咨詢在古編。
> 足跡陳謁者，腹笥邊孝先。擬之於道家，亦是葛稚川。
> 我共校天祿，直閣兼文淵。稽古中秘書，猶恐有佚焉。
> 四庫所未收，民間尚流傳。間俟曹倉開，索待海舶旋。
> 或以一瓻借，或以青藜然。或在晉隋後，或在元宋前。
> 何君爲我行，時汎貫月船。寫進六十部，恩賚下木天。

〔註135〕《揅經室二集》卷七〈天一閣碑目序〉。
〔註136〕蔡佩玲文及駱兆平《天一閣的藏書目錄》，文獻，1998 年第十四期。

　　　再訪再寫進，屢得翰墨緣。副墨亦可誦，我或儲琅嬛。〔註137〕

阮元訪采遺書，得力於何元錫。其所購得之書，皆雇人影寫精鈔，倣照四庫全書各
撰提要一篇。然後將書進呈內府，以做為日後續修四庫全書之用。其進呈凡有三次，
嘉慶十二年冬進呈六十種，後又進四十種，第三次則進七十餘種，嘉慶帝敕令將書
貯於養心殿，並賜名「宛委別藏」。其所撰提要，皆從采訪之處考論此書原委，由鮑
廷博、何元錫等人參互審訂，再由阮元親手改定撰寫，而後上奏，其原稿留存於揚
州阮亨處。道光二年，阮福等人校刻《擘經室集》，將之收錄于集中，共分五卷。（見
書影三五）阮元以其篇多出他人之筆，因別題之曰「外集」〔註138〕。

　　今《擘經室外集》著錄提要共一百七十三篇，然嚴杰〈四庫末收書目提要跋文〉
卻言一百七十五種，應是阮福收錄提要有所缺。提要內容包括作者生平、卷數、存
佚情形、版本考證、全書要點等，所論往往比《四庫提要》更為詳贍。

　　然而其書亦有不辨之處，如《書齋夜話》原已收入四庫，而今重錄。或有搜羅未
備者，如元板《詩集傳附錄纂疏》、《鉤磯詩集》、《丹崖集》未及收入。另外也有人批
評本書編次凌亂，分類不當者，是以此書為阮福所編，究非阮元親為之也。

　　阮元搜集宛委別藏并撰提要，是有意續修四庫，為之補闕，其所收是孤本秘笈，
在版本目錄方面，有極大的意義，雖稍有缺失，然整體而言仍是古籍整理之一大貢獻。

　　此外，阮元亦曾為汪輝祖刊其《學治臆說》、《佐治藥言》二書。阮元〈循吏汪
輝祖傳〉云：

　　　天下之大，州縣之積也，州縣盡得孝廉（江氏）者治之，則永治矣！
　　余讀《學治臆說》、《佐治藥言》，未嘗不掩卷太息，願有司之治者，若汪
　　君也。余撫浙，嘗行其于有司，權撫河南，復刊布之。士人初領州縣，特
　　此以為治，雖愚必明，雖柔必強〔註139〕。

此二書為言治事之政書。阮元刊刻此二書約在嘉慶廿一年巡撫河南之時，原刊本今
不得見。《佐治藥言》後收入《知不足齋叢書》、《汪龍莊遺書》、《宦海指南》、《牧令
書四種》、《龍莊遺書》、《入幕須知》等叢書中，共一卷。另有《牧民寶鑑》收有二
卷本。《學治臆說》二卷，後亦收入《讀書齋叢書》、《宦海指南》、《龍莊遺書》、《入
幕須知》、《牧民寶鑑》等叢書，今《叢書集成初編》二書均收錄之〔註140〕。

　　另據《海昌備志》〈陳鱣擬傳〉載：

──────────

〔註137〕《擘經室四集詩》卷八。
〔註138〕阮福〈四庫未收書提要序〉。
〔註139〕《擘經室二集》卷三〈循吏汪輝祖傳〉。
〔註140〕見《中國叢書綜錄》。

　　仲魚既沒，遺書散佚，相國爲刊《續舊唐書》於粵東〔註141〕。
其書共七十卷，原刊不得見，今僅存光緒廿一年廣雅書局刊本，台大、師大各藏一
部。

〔註141〕《簡莊綴文》擬傳，據劉德美〈阮元之學術研究〉所引。

第六章 其他輯刻書籍──子、集

第一節 子部類

　　本類所收之書，有屬算數天文者，如《測圓海鏡》、《地球圖》。有屬藝術者，如《石渠寶笈》。有屬小說者，《山海經箋疏》。而《竹垞小志》與《廣陵詩事》則考地方典故、詩文傳記，本可入於史部，然二書史志之意味不多，故列於雜說之屬。

一、《石渠寶笈續編》

　　乾隆九年二月，清廷內府以所藏歷代書畫萬餘種，詳加選別，遴其佳者，薈萃成編，名曰《石渠寶笈》。其書分藏品為上、下二等，以確係真蹟、筆墨至佳者為上等；其雖真蹟而神韻稍差，或筆墨雖佳而真贋未確者，列為下等。上等者，舉凡箋素、尺寸、款識、印記及藏家觀記題跋，一一詳列。至於下等者，記載較為簡略。此書成乾隆十年十月。

　　《石渠寶笈》完成後，每有宮室慶典，臣工所獻字畫不知凡幾，乃於乾隆五十六年再纂集《石渠寶笈》續編。時阮元以大考一等第一名，超擢為詹事府少詹事，入直南書房，亦參與修撰之事〔註1〕。

　　是書體例不分等次，皆一一記載。其敘述書畫，分割段落，標界朱闌，以清眉目。而在部首列有總目，取便翻稽。書成於乾隆五十八年六月〔註2〕。

　　其時分纂之人尚有王杰、董誥、金士松、沈初、彭元瑞、玉保等〔註3〕。羅振玉〈欽定石渠寶笈三編總目跋〉云：

〔註1〕《雷塘庵主弟子記》卷一。
〔註2〕故宮印《祕殿珠林，石渠寶笈》書前蔣復璁序。
〔註3〕葉德輝《郋園讀書志》卷六，〈石渠隨筆〉。

二編所載，阮文達公分脩時，別撰《石渠隨筆》八卷，……然但就分
脩時所見略窺一斑，未由觀其全也〔註4〕。

嘉慶二十年，續為《石渠寶笈三編》，至嘉慶廿一年閏六月完成。

其書正編載入《四庫全書》。提要云：

自來以書畫著錄者，或祇載名目，或略及題款，甚且采述舊聞。非徵
目見，往往真贋雜廁，訛夅相沿，難以徵信。是編所登，既皆藝苑之精華，
而確按方幅，稽核詳明，尤非尋聲懸揣者可比〔註5〕。

此書分冊藏於乾清宮、萬善殿、大高殿等處，外人不得見，即四庫鈔本，亦散
失難全。民國初年，涵芬樓曾影印初續二編，民國六十年十月，故宮博物院以所藏
原本縮印刊行。

二、《測圓海鏡》　十二卷

此書為元末李治所作，書中是以勾股容圓為題，取通過圓心、圓周之圖，得大
小十五形，皆無奇零。又列識別雜記五百餘條，以究其理。次設問一百七十題，以
盡其用〔註6〕。李治臨死前語其子曰：

吾生平著述，死後可盡燔去，獨《測圓海鏡》一書，雖九九小數，吾
曾精思致力焉，後世必知者〔註7〕。

其自信如此。李善蘭為作序云：

中華算書，無有勝於此者〔註8〕。

《四庫總目》稱其書「探賾索隱，參伍錯綜，雖習其法者，不能驟解〔註9〕。」

阮元嗜好算法，曾以是書列一百七十問，反覆研究之，以為二千年來相傳之算
經，無以逾其精深。又嘗以之証諸西方算學，極推崇這本書。其〈重刻測圓海鏡細
草序〉云：

自古算家之秘術，而《海鏡》者，中土數學之寶書也〔註10〕。

阮元因感於本書流傳未廣，乃於視學浙江時，從文淵閣四庫書中，鈔得一本，其後
丁杰復以所藏本相贈，因屬精於算學的李銳校勘，其文字隱奧難懂及算術不通者，

〔註4〕《羅雪堂先生全集初編》冊一，乙稿《雪堂校刊群書敘錄》。
〔註5〕《四庫總目提要》卷一一三子部藝術類一。
〔註6〕《四庫全書總目》卷一〇七，子部天文算法類二《測圓海鏡》。
〔註7〕引自趙良五編《中國古代發明家》李治。
〔註8〕同上。
〔註9〕同註6。
〔註10〕《定香亭筆談》卷一〈重刻測圓海鏡細草序〉。

李銳復作雜記數十條書於上、下方〔註11〕。

　　書成後，鮑廷博請以是書刻入《知不足齋叢書》，刻成後，阮元爲作序，并有李銳跋語。

三、《竹垞小志》　　五卷

　　竹垞，是清初朱彝尊位於浙江嘉興之別業。朱彝尊性好竹，康熙四十四年歸居鄉里，置有竹之宅，因以竹垞自號。又建暴書亭以藏書。園中鳥魚花卉，暇日聚友觴詠。嘗訂園中十二景，又定鄉里梅會市南二十景及嘉興城南二十景，與諸詩友相倡和。

　　阮元任浙江學政時，見昔竹垞廢爲桑田，暴書亭亦已圮毀，因睹物思故，嘉慶元年視學嘉興時，重建暴書亭，校試之暇，集詩友吟詠其中。復作《竹垞小志》。阮元〈暴書亭外集序〉云：

　　　　嘉興丙辰（元年）秋，余校士兩浙，重竹垞檢討之學，重建暴書亭於梅里。明年，科試畢，偕同人落成之，尋兩垞諸景暨題詠諸詩，爲《竹垞小志》，既錄而梓之矣〔註12〕！

其書卷一考竹垞園中十二景，多引朱彝尊與友朋之吟詠以考之。由嘉興楊蟠編錄。卷二則考梅里二十景，由桐城汪喜穀編錄。卷三則考城南二十景，由慈谿鄭勳編錄，二、三卷多引方志輿紀之載，以考釋地名典故。第四、五卷則是阮元與諸士之作，或以朱氏後人所藏竹垞圖爲題，或以暴書亭爲題，作詩紀事。由元和蔣蔣山編錄。

　　此書約成於嘉慶二年，原刊本已不得見。後入《靜園叢書》。

　　此外，阮元視學浙江時，尚曾修《康熙己未詞科摭錄》、《山左詩課》、《浙江詩課》諸書〔註13〕。

四、《地球圖說》　　一卷

　　蔣友仁翻譯，何國宗、錢大昕潤色。清初于西洋之天文科學極爲熱衷，乾隆年間，令西人蔣友仁翻譯西作《地球圖說》，並命何國宗、錢大昕等人潤色。其書言日輪周行之理，地球運轉之法，并言其節氣時刻推算之法。

　　嘉慶四年阮元於京師任經筵講官，兼管國子監算學，得其書于錢大昕。認爲其書較明人熊三拔所撰《表度說》更爲明晰詳備。以其書有說無圖，爰屬李銳補圖一卷。又爲之序而刊之〔註14〕。

〔註11〕《定香亭筆談》卷一李銳〈測圓海鏡跋〉。
〔註12〕朱彝尊《暴書亭外集》阮元序。
〔註13〕《定香亭筆談》卷一。
〔註14〕阮元〈地球圖說序〉、〈地球圖說補圖序〉。

本書原板收入《文選樓叢書》，前有阮序，書後則有阮元〈補圖序〉。

　　版式：匡高 19 公分，高 13.2 公分。半葉十行，行廿字。四周雙欄，單魚尾。

　　版心魚尾上方刻書名，版心下方記葉次。（見書影三六）

五、《三統術衍》　　三卷

　　三統術，爲古曆之推算法，漢劉歆據大初曆所改造。清代算學發達，各疇算家皆潛研失傳之中國古算法，而三統術是可考古算法中極爲精密者，清算學家莫不鑽研之。

　　錢大昕所以博極群書名，其於古九章算術、中西曆法，無不瞭若指掌。常利用古曆算上推周秦之紀年，往往精確可據。尤精於三統術，作《三統術衍》以傳其步算之術。羅士琳《續疇人傳》稱：

> 古法至明全佚，自梅宣城倡之於始，江、戴諸君又踵而振之，於是古法漸顯。特宣城處剝極初復之時，諸古算書尚多未出，江、戴則囿於西法，其見究失之偏。惟詹事實事求是，集其大成，視江、戴二君尤精。昔詹事嘗謂宣城爲國朝算學第一，余竊謂宣城猶遜詹事一籌焉〔註15〕。

此書共三卷，鈐一卷。嘉慶六年原刊本今史語所藏有一部。扉葉題「浙江撫署刊本」，有錢大昕自序、嘉慶六年阮序、李銳跋，另有焦循手校眉註。

　　版式：匡高 15.3 公分，高 10.9 公分。半葉十行，行廿字。四周雙欄，單魚尾。

　　版心魚尾上方刻書名，魚尾下方刻卷次，版心下方記葉次。（見書影三七）

六、《廣陵詩事》　　十卷

　　廣陵之地名，始於戰國楚淮王設城，在揚州附近。焦循《雕菰集》有〈廣陵考〉十四篇，詳考其地名沿革。阮元撰成《淮海英靈集》，搜得廣陵耆舊之事，因隨筆記錄，以成卷帙。後又博覽別集，所獲日多，因於嘉慶四年九月於京師時，檢付阮亨、阮常生鈔錄成書，名曰《廣陵詩事》，共十卷。嘉慶六年刊於浙江節署。

　　所錄之事，有因詩而見事者；有因事而記詩者，亦有事不涉諸者。阮元序曰：

> 大指以吾郡百餘年來，名卿賢士、嘉言懿行，綜而著之，庶幾文獻可徵，不致霜落殆盡〔註16〕。

其搜羅者包括忠孝節義事蹟、文士宴會佳話、地方掌故、亭園興廢、彝言名句、書畫古器等，皆一一記錄下來〔註17〕。

〔註15〕羅士琳《續疇人傳》卷四十九。

〔註16〕《揅經室二集》卷八〈廣陵詩事序〉。

〔註17〕《淮海英靈集》〈凡例〉。

本書於鄉里文獻之保存，有極大意義。《萇楚齋隨筆》云：

> 文達以宏才博學，即隨筆記錄，亦體例嚴謹，議論明達，後撰鄉邦文獻者，當以此為法〔註18〕。

本書《文選樓叢書》收有原版，扉葉以篆字題「廣陵詩事」，旁以隸書記「嘉慶六年刊於浙江節署」，字稍小。首有阮元嘉慶四年的自序。

版式：匡高 18.8 公分，高 14 公分。半葉十行，行廿字。四周雙欄，單魚尾。版心魚尾上方刻書名，魚尾下方刻卷數，版心下方則刻葉數。每卷首記書名卷次，另行下方署名「儀徵阮元記」。（見書影三七）

七、《山海經箋疏》　十八卷，《圖讚》　一卷、《訂訛》　一卷

郝懿行撰。郝氏字蘭皋，山東棲霞人。阮元於嘉慶四年任會試副總裁，曾以經義實學識拔之。

《山海經》是本瑰偉奇書，記載古代地理、歷史、神話、動植物等文獻資料。然錯簡雜文，極為難讀，歷來注此書者，有晉郭璞、明王崇慶、清吳任臣、汪紱、畢沅等。阮元評曰：

> 郭景純注，於訓詁地理未甚精微，然晉人言已為近古。吳氏《廣注》徵引雖博，而失之蕪雜。畢氏校本于山川，考校甚精，而訂正文字尚多疏略〔註19〕。

郝懿行兼採吳、畢二家所長，「辨析異同，刊正訛謬」，作《箋疏》以補《注疏》、以證經卷，成《箋疏》十八卷。又別為《訂訛》一卷，附於篇末。書成於嘉慶九年二月〔註20〕。阮元在序文中稱其書「精而不鑿，博而不濫，粲然畢者，斐然成章。」

阮元既好其書，又以郝氏家貧，遂為之刊板以傳。又考訂《圖讚》一卷附於前，書刻成於嘉慶十四年。並為之序。

原刊本今台大及史語所各藏有一部。扉葉側題「阮氏琅嬛僊館刊板」。書前有阮元、郝懿行序及漢劉秀敘錄。

版式：匡高 18.9 公分，高 13.4 公分。半葉十行，小行雙行，行廿四字。四周單欄，無魚尾。版心上方記書名、卷次、卷目，下記葉次。每卷卷首書名卷次下題「棲霞郝懿行注（撰）。」（見書影三九）

此外《販書偶記》載有《食味雜詠》一卷，謝墉撰，記「道光壬辰（十二年）

〔註18〕《萇楚齋三筆》卷一。
〔註19〕《揅經室三集》卷五，〈郝戶部山海經箋疏序〉。
〔註20〕郝懿行〈山海經箋疏序〉。

揚州阮元刊」〔註21〕

第二節　詩文合集類

一、《淮海英靈集》　二十二卷

　　揚州位於江淮之間，東至於海，漢唐以來，此地名臣學士、詩客文人不可勝數。宋代高郵秦觀即以「淮海」名其集。阮元籍屬揚州，因素懷撰集鄉賢詩篇之志。阮元〈淮海英靈集序〉云：

> 　　我國家恩教流被百餘年，名公鄉爲國樹績，其餘事每託之歌詠，節臣孝子、名儒才士、畸人列女，輩出其間，雖不藉詩以傳，而鍾毓淳秀，發于篇章者，實不可。元幼時即思輯錄諸家以成一集，而力未逮。入都後勤於侍直，亦未暇及此。乾隆六十年，自山左學政奉移任浙江，桑梓非遙，徵訪較易，遂乃博求遺籍，遍于十二邑，陳編蠹稿，列滿几閣，校試之暇，刪繁紀要，效遺山《中州十集》之體，錄爲甲、乙、丙、丁、戊五集，又以壬集收閨秀，癸集收方外，虛巳、庚、辛三集以待補錄〔註22〕。

其以「淮海」爲名者，乃取法秦觀《淮海集》，而英靈集是收錄已故者詩文。唐人殷蟠曾選中原地區詩人之作，撰爲《河嶽英靈集》，阮元仿此書，故名。

　　阮元撰書之志始於幼時，及任浙江學政，乃便於就地徵訪。嘉慶元年正月，始事徵集，其利用出試各地之暇，博求遺集。「所錄遺編舊籍，或訪之友人，或出之賢祠，或購之書肆，或搜之別集。」〔註23〕其後于五月始修《淮海英靈集》，以所求詩作，加以整理，刪繁紀要，錄成甲、乙、丙、丁、戊五集各四卷，而以壬集收閨秀，癸集收方外。其所錄者以本籍揚州之人爲限。若以外省入籍，其生卒皆在揚州者始錄，而流寓詩人則一概不錄。所收凡八八六人，每人各爲小傳，多采自各家志傳，紀爵里事蹟及著作，或能以詩存人，或能以人存詩〔註24〕。其所收錄者，以江都、儀徵兩地爲多，而小傳亦因與阮元親疏而有詳略，如師李道南、祖父阮玉堂、友人汪中、喬椿齡則頗爲詳盡。而其詩作編排無定例，皆以得詩先後而定。諸家擇其擅長者錄之，以求各體皆備。

　　該書助輯者有陳焯、趙蕙棻、陳文杰、端木國瑚、焦循、阮鴻等人。而襄助徵

〔註21〕孫殿起《販書偶記》卷十七。
〔註22〕阮元《揅經室二集》卷八。
〔註23〕《淮海英靈集》卷首〈凡例〉第二條。
〔註24〕同上〈凡例〉第二、六條。

詩者有江藩、王引之、劉台拱等人〔註25〕，其後續有補載，由其弟阮亨及子常生校字。書於嘉慶三年元月刻竣。

阮元序文述其撰集鄉賢詩作之要旨曰：

> 廣陵耆舊，零落百年餘矣！康熙、雍正及乾隆初年已刊專集，漸就散失，近年詩人刻集者鮮。其高情孤調，卓然成家者固多，即殘篇斷句，僅留于敝篋中者，亦指不勝數。亟求之，猶懼其遺佚而不彰，遲之又久，不可替乎？且事之散者難聚，聚者易傳，後之君子，懷耆舊之逸轍，采淮海之淳風，文獻略備，庶有取焉。

其搜存文獻、宣揚詩教之心，極受推崇。

本書原版收入《文選樓叢書》，扉葉篆字題曰「淮海英靈集」「」，左側以三行分書「嘉慶三年儀徵阮氏小琅嬛僊館刊板，鄉人通州胡長齡題籤」廿四字，首有阮序。

版式：匡高 19 公分，高 14.3 公分。半葉十二行，小字雙行，行二十三字。四周單欄，單魚尾。版心魚尾上方刻書名，魚尾下刻「○集」及卷數，下方則刻葉次。每卷首刻書名，下署「鄉人阮元輯錄」。（見書影四○）

二、《兩浙輶軒錄》　四十卷

阮元於嘉慶元年五月始修《淮海英靈集》，至嘉慶三年元月刻成，所采集者，江淮間一郡之詩，繼而更思輯纂江蘇一省之詩。

阮元詩作之蒐訪，皆藉校試之便訪求之。其書凡例云：

> 自嘉慶丙辰至戊午三年中，按試所到，或訪諸耆宿，或詢之多士，各出所藏，隨收隨錄，己未以後續有得，並增錄之。

其訪求遍及十二郡，得詩三一三三家，共九二四一首。所錄詩家自清初以迄當時，取其已故可以論定者。其刪存者，大家有宏編鉅集行世者，略採數篇，而未刊之遺稿多錄之，以防散佚。其他如閨媛之錄，以德言為先務，而釋道則以心性為宗旨。而其中有採自諸書者，如諸錦《皇朝風雅》、商盤《越風平湖》等十餘部〔註26〕。

〔註25〕〈凡例〉末條載其姓名，助徵詩者尚有團維墉、汪懷、程贊和、程贊皇、程贊寧、程贊普、汪光曦、方仕杰、薛溶、王文泗、李斗、葉觀廷、史椿齡、李鍾泗、黃文暘、徐元方、王授、謝開基、夏味堂、沈鈁、劉台斗、朱士彥、黃騂、陳燮、繆承鈞、劉仙培、季爾慶等人。

〔註26〕據本書凡例所載，尚有沈秀友《檇李詩繫》，戴璐《湖州詩摭》、陳焯《湖州詩錄》、曾唯《東甌詩存》、戚學標《三台詩錄》、朱炎《金華詩錄》、朱彭《武林詩選》、張廷俊《台山懷舊集》、汪淮《兩浙詩鈔》、毛奇齡《越郡詩選》、張惟枚《姚江詩派》、許燦《梅里詩輯》、江伯容《蘭皋風雅》、陳世修《平昌詩鈔》、又《甬上耆舊集》、《詩文草創》等書。

而分任採訪之人有郡志純、俞寶華、顧一麒、孫度、錢仁榮、袁鈞等人。

此書詩家編排無定例，以所得爲先後，有初編、續編、補遺之分。其仿諸家選輯之例同《淮海英靈集》。前有小傳，首列姓名，下有字號、爵里、詩文集名。小傳多採自志乘、傳狀、序跋、詩話。而因此書所收詩家眾多，爲方便閱者檢索，將所有詩人姓名分韻編次，置於全編之首，各姓氏下注有籍貫及所在卷次，極爲便利〔註27〕。

此書編成于嘉慶三年四月，共分四十卷，其中卷三十九爲方外，卷四十爲閨秀。書成後存之學官，未即刊板。嘉慶六年阮元撫浙時，朱文藻、陳文杰請出其稿欲共刊之，於是取以重新編定，其中又有補採者，是爲續編〔註28〕。於是年六月刊成，阮元并爲之序〔註29〕。

此書刊成後，有錄未備者，然阮元政事繁忙，無力爲之，遂由楊秉初、俞寶華、潘學敏等輯補，彙整後由袁熊飛、朱爲弼、陳鴻壽、張鑑等人選其 1981 首，共成十卷，是爲補遺，於嘉慶八年刻成，阮元爲之序〔註30〕。

阮元以「輶軒」爲書名，是欲效法漢代輶軒使者駕車至各地采風。其〈兩浙輶軒錄補序〉云：

> 鉅卿名士，本不以入錄爲重，而錄詩者不可遺之，至如一介之士，或恃聲律自表見，與其刪之，勿寧存之。

如此鄉里詩作之田野調查，絕非延譽之法，阮元以其對鄉邑之熱忱，積極投入文獻之保存，實應予以肯定。

此書原刊本今史語所、台大各藏一部。

版式：匡高 19 公分，高 13.9 公分。半葉十二行，行廿三字，小字雙行。左右雙欄，單魚尾。版心魚尾上書刻「兩浙輶軒錄」，魚尾下方刻卷次及詩人姓名，版心下則刻葉次。每卷首行題書名，卷次，下題「督學使者阮元訂」。次行列作者，下注其小傳，小字雙行。（見書影四一）

光緒十七年，浙江學政潘衍桐續輯詩作以成《兩浙輶軒續錄》五十四卷，共收四七〇九家，一三五四三首詩，數量遠超過阮書，是阮元啓之在前，後人站在此基礎上得以更臻完善。

〔註27〕見《兩浙輶軒錄》凡例引。
〔註28〕參校採補者有戴殿海、朱文藻、湯禮祥、吳文溥、李富孫、郭麐、陳鴻壽、陳文述、朱壬、蔣炯、丁傳經、張鑑、方廷瑚、顧廷綸、朱爲弼。又校閱者爲法式善、戴璐。
〔註29〕〈兩浙輶軒錄序〉《揅經室二集》卷八。
〔註30〕〈兩浙輶軒錄序〉《揅經室二集》卷八。另見張宗泰〈兩浙輶軒錄跋〉《魯巖所學集》卷十五。

三、《詁經精舍文集》　十四卷

阮元督學浙江時，識拔高才生，令其分撰《經籍纂詁》。及爲浙江巡撫，遂將昔日修書之屋，立爲「詁經精舍」，「精舍」者，漢學生徒所居之名，「詁經」者，不忘舊業且勗新知。

祠祀漢儒許慎、鄭玄，並延王昶、孫星衍爲之主講，佐其授學。其課士每月一次，由三人迭爲命題評文，「問以十三經三史疑義，旁及小學、天部、地理、算法、詞章，各聽詩書傳，條對以觀其識〔註31〕。」其試多以碑記論策諸體，未嘗雜以時藝，主要以「窮經致用」爲旨。

精舍建於嘉慶六年，課士一年後，即選其創作之佳者，刊爲《詁經精舍文集》，共十四卷，錄文約三百三十餘篇，刻于嘉慶七年二月〔註32〕。許宗彥稱其書云：

> 茲集所載，於古今學術，輔翼經史。其餘詩古文，或咀六代之腴，或把三唐之秀，風標峻上，神韻超然。……覽斯集者，猶探珠滄瀛，採玉於崑閬也〔註33〕。

雖是酬應之語，亦足睥睨儔類。梅啓照亦謂：

> 蓋精舍之作，論各不刊，若以諸生之文，人自爲集，俱可專家〔註34〕。

本書原板收在《文選樓叢書》，扉葉以篆書題名「詁經精舍集」，側以隸書題「揚州阮氏琅嬛僊館刊板」，字稍小。前有許宗彥序及孫星衍〈詁經精舍題名碑記〉。

版式：匡高 19.1 公分，高 13.6 公分。半葉十行，行二十字，行間無欄線。四周雙欄，單魚尾。版心魚尾上方刻書名，魚尾下方刻卷次，版心下方刻葉次。每卷首題書名卷次，下署「阮元手訂」。文中俱有圈點，佳句亦加圈點。（見書影四一）

本集之後，續有七集出，分別爲羅文俊、俞樾等編，此類書於學術之推展及獎勵諸生論學爲文，有極大助益。

四、《熙朝雅頌集》　一三四卷

鐵保輯。是書爲鐵保主纂《八旗通志》時，收集清朝開國（皇太極崇德年間）以來，至嘉慶年間八旗之詩。舉凡「天潢貴族以及勳衛文武之臣、或近侍巖廊、或宣勞行陣、或致身館閣、或敺歷封疆」，其所發詠之詩，皆予蒐采，詳加甄錄，格取

〔註31〕孫星衍〈詁經精舍題名碑記〉。
〔註32〕《雷塘庵主弟子記》載始刻嘉慶二年二月。
〔註33〕許宗彥〈詁經精舍文集序〉。
〔註34〕梅啓照〈詁經精舍四集序〉，據張鋆〈詁經精舍志初稿〉引。

其正，詞取其眞。此百數十年，得書三十四卷〔註35〕。

鐵保輯成是書，于嘉慶九年經翰林院侍講汪廷珍校對，朱珪、彭元瑞、紀昀看定後進呈御覽，蒙皇帝御賜名《熙朝雅頌集》。即將詩集交與法式善校閱、汪滋畹繕寫裝潢。其後續有收錄者，令陳希曾、吳嵩校閱、將付刻板，時因此書蒙上賜名，爲求善本，以「東省刻工甚少，藝亦不佳，難以集事」，時浙江巡撫阮元「素善刊刻書籍」，又爲鐵保于乾隆五十四年會試門生，故自選梨板，將原本送與阮元刊刻，並屬其撰後跋〔註36〕。此書原刊本今史語所藏有一部。前有鐵保奏片六、阮元跋。每卷卷首均有該卷詩家目錄。

　　版式：匡高21.5公分，高15.4公分。半葉十行，行二十二字，小字雙行。左右雙欄，單魚尾。版心魚尾上方刻書名，魚尾下方刻卷次，版心下方刻葉次。（見書影四三）

五、《江蘇詩徵》　一百八十三卷

　　王豫，字柳村。深於詩論，力主高澹醇雅，不隨世風，屢招爲孝廉方正，均辭不就。隱居江都都翠屏洲，讀書著述。

　　嘉慶十年秋，陳豹章與潘蘭如，相約阮亨、王豫同輯江蘇全省之詩，眾人書信以爲諾。然隨後潘氏死去，陳氏隱遁九華山中，其事遂罷。然王豫仍時刻搜羅詩集，不忘其事〔註37〕。

　　嘉慶十一年春，阮元丁憂居里，過訪之，見其所藏江蘇詩集甚多，始知王氏欲輯詩徵。而阮元稍早曾以國朝浙人之詩，輯成《兩浙輶軒錄》。又選輯揚州府及南通州之詩，成《淮海英靈集》。久欲輯江蘇各府州之詩，然因政事忙碌而未果。乃資助王豫鈔胥、梨棗之費，欲其裒集成書，王豫遂肆力徵考，於各家小傳、詩話尤多采擇。並以其子司校讎事。而嘗移書，輯於焦山孝然祠，姚文田異讚其事，爲閣題曰「徵詩閣」〔註38〕。嘉慶廿一年，輯五千四百三十餘家，勒成一百八十三卷，名曰「江蘇詩徵」，並屬阮元訂定，然阮元轉任河南、湖廣，未暇訂之。嘉慶廿三年，元轉任兩廣總督，便來書索其稿，屬其幕下江藩、許珩、凌曙刪訂校正，於道光元年刻成。

　　本書凡例十條王豫手訂，選詩以端正敦厚，有助雅教者，不論鴻儒、隱者、佛道、閨媛、流寓，均予錄之，並採錄詩話論之。曰：

〔註35〕《揅經室二集》卷八，〈奉敕撰熙朝雅頌集跋〉。
〔註36〕見《熙朝雅頌集》卷首鐵保諸奏摺。
〔註37〕王豫《江蘇詩徵》自序。
〔註38〕陳文述、王豫兩序均言姚文田題額，然阮元序卻云鐵保所題。

　　　　所採詩話皆本志乘、傳狀、序跋、文集說部諸書，一以品詩表人爲職
　　　志〔註39〕。

阮元論曰：

　　　　柳村選詩，謹守歸愚《別裁》家法，雖各適諸家之與派，而大旨衷於
　　　雅正。忠節孝義、布衣逸士詩集未行於世者，所錄尤多。可謂攄懷舊之蓄
　　　念，發潛德之幽光者矣〔註40〕！

　　本書原刊本今台大藏有一部。前有嘉慶廿五年阮元序、道光元年陳文述序、道
光元年王豫自序及凡例。

　　版式：匡高 20 公分，高 13.5 公分。半葉十一行，行廿三字。四周單欄，單魚
　　　　尾。版心魚尾上方刻「詩徵」，魚尾下列卷次及詩人之姓，版心下方則
　　　　爲葉次。（見書影四四）

六、《學海堂集》　　十五卷、附　一卷

　　阮氏任兩總督時，仿照在浙江設立詁經精舍之法，創辦學海堂，專以漢學課諸
生，一時文風轉變。學海堂之成立，意與一般專課舉業的書院有所區別，專勉諸生
探究實學。阮元〈學海堂序〉云：

　　　　多士或習經傳，尋疏義於宋齊，或解文字、考故訓於倉雅，或析道理，
　　　守晦庵之正傳，或討史志，求深寧之家法，或且規矩漢晉，熟精蕭選，師
　　　法唐宋，各得師筆。雖性之近，業有殊工，而力有可兼，事亦並擅〔註41〕。

　　雖言諸生可兼習他業，然亦可見其拘於實學，而嚴守家法。學海堂課士，每年
四次，由學長出經解文筆、古今詩選，限日截卷，并定其優劣，按此給與火（即俸
祿）。《揅經室集》載有二篇策問，可知其課題多以解經爲主。學海堂課藝始於道光
元年，道光四年學堂始落成。元遂以四年來十五次課問，選其優秀作品并附錄阮元
及阮福之作，輯成《學海堂集》十五卷，其後何南鈺又選輯趙均、譚瑩等人爲學海
堂建成所作之碑記、詩文錄成一卷，附於其後〔註42〕。此書由吳蘭修總理、編校、
監刻，道光五年板成印行。阮元作序云：

　　　　潛修實踐之士，聰博雅之材，著書至於仰屋，豈爲窮愁。論文期於賤
　　　璧，是在不朽。

　　今史語所藏有此刻本。扉葉以篆書題「學海堂集」，左側并刻小字曰「道光五年，

〔註39〕王豫《江蘇詩徵》凡例第八。
〔註40〕《揅經室二集》卷八，〈江蘇詩徵序〉。
〔註41〕《揅經室續集》卷四。
〔註42〕容肇祖〈學海堂考〉云何南鈺所選。嶺南學報第三卷第四期。

啓秀山房藏板」，首有阮序。

版式：匡高 18 公分，高 14 公分。半葉十行，行二十字。四周單欄，單魚尾，
版心上方刻「學海堂集」，魚尾下刻卷次，版心下刻葉次。卷首首行刻
書名、卷次，次行下題「啓秀山房訂」。（見書影四五）

其後輯刻文集成了學海堂之慣例〔註43〕，二集由錢儀吉、吳蘭修選輯，刻於道
光十八年，共廿二卷，三集由張維屏選輯，刻於咸豐九年，四集由陳澧、金錫齡刻
成於光緒十二年。而此四集雖刊於學海堂，然皆題「啓秀山房藏板」〔註44〕。

七、《八磚吟館刻燭集》　三卷

阮元在浙時，曾積得漢晉八磚，貯於小室，因題曰「八磚吟館」。公忙之餘，聚
幕客詩友吟詠於此，皆以館中藏物爲題，作詩倡和。因錄之編成《八磚吟館刻燭集》。
阮元作序云：

諸友於三浣之暇，吟詠於此，但只刻燭一二寸，匆匆不似賦日五色者
矣！名之曰「刻燭集」〔註45〕。

此書共三卷。首卷錄諸人詠秦漢六朝印、西漢定陶鼎及館藏畫扇之詩。卷二則
是題詩漢晉八磚。卷二則多錄阮元嘉慶七、八年間在澹凝精舍吟詠詩作。阮元序中
稱「此三卷爲草稿，後有作者，當再續之。」因未立即刊刻。然其後轉任河南、江
西、兩廣、雲南各地，未曾續編。

其後由子阮福將之刻板，收錄於《文選樓叢書》中。（見書影四六）

第三節　詩文別集類

一、《石笥山房詩文集》　十卷

胡天游著。胡天游，字稚威。雍正中兩舉副榜貢生。卒於乾隆廿三年，氣剛好
奇，自高其才，嘗自比管、樂，好詆人詩文，終淪落不遇。然以詞章顯，其爲詩文，
多在友朋聚會時，即席倡和，其稿輒爲取去，未編成集。

嘉慶二年，阮元出試紹興，求得其稿，於是嘉慶三年刊刻之〔註46〕。

〔註43〕本書目錄末「目錄終」下以小字雙行曰「此初集也，二集續出」可見此時已有續刻文
集之打算。
〔註44〕啓秀山房多藏學海堂書版，其後以此刊成《啓秀山房叢書》，又名《學海堂叢書》。然
無收學海堂諸集。
〔註45〕阮元《八磚吟館刻燭集》自序。
〔註46〕《定香亭筆談》卷四。

此書原刊本，今師大藏有一部。扉葉題「嘉慶戊午鐫」。前有齊召南序、袁枚哀辭及朱仕秀的〈胡天游傳〉。共文集四卷，詩集六卷。

版式：匡高 18 公分，高 13.4 公分。半葉十一行，行廿二字。左右雙欄，單魚尾，細黑口。魚尾下方刻「石笥山房文（詩）」集、卷次，下刻葉次（見書影四七）。

二、《珠湖草堂詩集》　三卷

阮元祖父玉堂所作。玉堂雖武進士出身，然「喜讀書，爲古文、詞、詩歌，援筆立就」〔註47〕。

張鑑撰《雷塘庵主弟子記》載：

> 嘉慶三年……九月刻昭勇將軍《珠湖草堂詩集》成。

惜此書今不得見。

三、《南江邵氏遺書》

餘姚邵晉涵，以醇和廉介之性，爲沈博邃精之學，經學、史學並冠一時，久爲海內共推。阮元乾隆五十一年初入京師時，曾向邵氏請問。

嘉慶元年邵晉涵卒，其遺書《南江札記》四卷、《南江文鈔》十二卷，即由其子秉華刊成。其他尚有《南江詩鈔》十卷、《韓詩內傳考》一卷、《舊五代史考異》、《宋元事鑑考異》、《大臣諡跡錄》、《方輿金石編目》若干卷未刊，阮元即次第刊行，并爲之序〔註48〕。今未見其書。

四、《述學》二卷

汪中著。汪氏欲博考先秦古籍，及三代、兩漢學制，旁涉文字、訓詁、度數、名物之有繫于學者，分別部書，爲《述學》一書，屬稿未成，乃取平日讀書所得及所論撰之文，編爲《述學集》。

阮元素與汪中善，汪死後，阮元於嘉慶二年節錄刊刻之，并作敘錄〔註49〕。其書先後收入《文選樓叢書》及《皇清經解》。

版式：匡高 19 公分，高 13 公分。半葉十一行，行廿一字。左右雙欄，單魚尾。版心魚尾上方刻「述學」，魚尾下方刻卷次、卷目，下刻葉次。（見書影四八）。

〔註47〕《揅經室二集》卷一〈誥授昭勇將軍廣東欽州營遊擊誥贈資政大夫晉光祿大夫戶部侍郎王考琢庵太府君行狀〉。

〔註48〕《揅經室二集》卷七〈南江邵氏遺書序〉。

〔註49〕張舜徽《清人文集別錄》卷九。

案此刻本爲《述學》第二次刻本，其後更至七刻，多取以此本與初刻本校對〔註50〕。

五、《溉亭述古錄》二卷

錢塘著。錢氏字岳原，號溉亭，江南嘉定人。乾隆四十五年進士。「博涉經史，實事求是，精心朗識，超軼群倫。」〔註51〕所學九經、小學、天文、地理、靡不綜覈，尤長樂律。

此書所載，乃考證之文及論學書札，實文集也。錢塘爲錢大昕族姪，大昕爲撰別傳，稱其所作古文曰「述古編四卷」。而此本爲阮元敘錄，改名曰「述古錄」，復經刪汰，以成二卷〔註52〕。

版式：匡高 18.8 公分，高 13 公分。半葉十一行，行廿一字。左右雙欄，單魚尾。版心魚尾上方刻書名，下方刻卷次，版心下方刻葉次。（見書影四九）。

六、《儀鄭堂文》 二卷

孔廣森著，孔氏字撝約，一字眾仲，號顨軒。乾隆卅六年進士。「善屬文，沈約、蕭統可與共論」，後之論列清代駢文者，莫不以之爲一大家。其爲文之本，實以樸學爲基礎，故比事屬辭，典雅有則。卒於乾隆五十一年。嘉慶廿三年，有孔氏家刻《儀鄭堂駢儷文》三卷，其後阮元則刪擇二卷刊之，并作敘錄。後入《文選樓叢書》〔註53〕。

版式：匡高 18.9 公分，高 12.3 公分。半葉十一行，行廿一字。左右雙欄，單魚尾。版心魚尾上方刻書名，魚尾下刻卷次，下刻葉次。（見書影五〇）。

七、《知足齋詩集》 二十四卷

朱珪著。朱珪爲阮元乾隆五十一年鄉試中第時主考官，故以師稱之。朱氏原作《知足齋詩集》三十餘卷，阮元巡撫浙江時，朱氏曾以詩寄示。其後阮氏請刻其集，遂以全本詩集付之，屬其裁選。阮元乃與陳壽祺等人共商刪存，以嘉慶八年以前之作編爲二十四卷〔註54〕。嘉慶八年二月刻成〔註55〕。

〔註50〕葉德輝《郋園讀書志》卷一。
〔註51〕《揅經室二集》卷二，〈安徽巡撫裝山錢公傳〉。
〔註52〕《清人文集別錄》卷八。
〔註53〕同上卷九。
〔註54〕《揅經室集》卷七，〈知足齋詩集後序〉。
〔註55〕《雷塘庵主弟子記》卷二。

阮元作後序曰：

> 師之詩閎中肆外，才力之大，無所不舉。且直吐胸臆，眞情主性，勃勃
> 動人，未嘗求肖流派，而自觀者衡量之，實於杜陵、昌黎爲尤近〔註56〕。

此集刻成，翌年仁宗即命阮元以本進呈，並賜題七言律詩四首于卷首〔註57〕。

今史語所藏有二十卷本，題嘉慶十年刊〔註58〕。扉葉題「知足齋詩集」，首爲皇次子題記、御詩四首及朱珪和詩。

版式：匡高17.8公分，高12.6公分。半葉十行，行廿一字。左右雙欄，單魚尾。

版心魚尾上方刻書名、卷次，版心下方刻葉次。每卷首行刻書名、卷次，

下注詩作年分，字稍小，次行下題「大興朱珪石君」。（見書影五一）。

八、《西崟詩草》 一卷

胡廷森，字衡之，號西崟。阮元幼時以韻語受知胡氏，教授文選之學。阮元初任浙江巡撫時，曾延至杭州爲擘畫政事。卒於嘉慶八年。

胡氏「工詩，善於言情，其佳處極似放翁」，所著有《西崟詩草》一卷〔註59〕。

張鑑《雷塘庵主弟子記》載阮元曾爲刻《西崟詩草》一卷〔註60〕。其書今不得見。

九、《敔崖考古錄》 四卷

鍾敔崖，甘泉人，名襄。少時與阮元同受經于李道南門下。以讀書自娛，耿介謹厚，以敦行自勉，殊不汲汲於科名。

嘉慶十年，阮元丁憂歸里，弟阮亨與之交往甚密，隨後鍾氏病卒。翌年，阮亨從焦循處取得焦循所錄鍾氏遺稿四卷，因託阮元刊之〔註61〕。

本書之內容，焦循云：

> 曰考古錄，曰興藝塾筆記，雜論經籍之所叢也。……雜記首尾完善。
> 錄雖璅細，間及哀傷而夷曠之風，露于楮表，誦而味之，可以消市心焉
> 〔註62〕。

〔註56〕同註54。
〔註57〕《揅經室二集》卷三，〈太傅體仁閣大學士大興朱文正公神道碑〉。
〔註58〕台大、史語所另藏有續集四卷呈文稿二卷，亦稱嘉慶十年刊，阮氏稱廿四卷，是否包含續集四卷，待考。
〔註59〕《揅經室二集》卷二〈胡西崟先生墓誌銘〉。
〔註60〕《雷塘庵主弟子記》卷二，嘉慶八年條。
〔註61〕《揅經室二集》卷七，〈敔崖考古錄序〉。
〔註62〕焦循《雕菰集》卷廿二，〈皇清優貢生鍾君墓誌銘〉。

全書以此部分較完整，且認爲可矯正浮華之人心，因錄成四卷，名之曰《敔崖考古錄》。鍾氏遺作尚有《毛詩昏月辨證》、《春秋衛輒據國罪案》等。而其詩後乃由阮亨校勘，收入《淮海英靈續集》中〔註63〕。

本書未見其原刊本，僅有民國二十年中國書店影印本，藏史語所。（見書影五二）書前有阮元序，阮亨嘉慶十三年序及焦循所作墓誌銘，其原刻應在嘉慶十三年。

十、《愚溪詩稿》

張肇煥著。張肇煥，字愚溪。與阮元爲乾隆五十一年鄉試同榜，且高居榜首，卒於嘉慶十三年。

愚溪詩初學杜甫，而出入晉、魏。阮元求其遺詩僅有存者，讀而悲之。乃勒爲一卷，梓以行世。書成於嘉慶十三年〔註64〕。

此刊本收入《文選樓叢書》，前有阮元嘉慶十三年序。

版式：匡高 17.8 公分，寬 12.5 公分。半葉十行，行廿一字。左右雙欄，單魚尾。
版心魚尾下方刻「愚溪詩稿」，下方刻葉次。（見書影五三）。

十一、《存素堂詩集》、《續集》

法式善著。法氏，字開文，號時帆，蒙古人。乾隆四十五年進士。嘉慶十四年阮元于杭州爲法氏刊《存素堂詩集》，收入靈隱書藏。後集未刊而法氏卒。其子桂馨以稿寄江西阮元處，屬之刊訂。阮氏亟爲校閱付刻，並以桂馨所錄年譜一卷附於續集卷首〔註65〕。

此書今不傳。

十二、《王文端公文集》（《葆淳閣集》）　　廿六卷

王杰著。王氏爲阮元乾隆己酉會試之總裁，故阮元以師稱之。其詩文素無重名。嘉慶十年卒後，其子堉時收羅雜稿，于十九年寄至江西巡撫阮元處，屬其編刻之。

阮元乃手編爲《葆淳閣集》廿五卷，又訂成年譜一卷，付梓之。二十一年板成後，因移撫河南，遂以板寄閭堉時處，因其板字誤頗多，遂由李賡芸手校一過，並改補之〔註66〕。

此書原刻本今台大藏有一部。扉葉題曰「王文端公葆淳閣集」，前有嘉慶廿年阮

〔註63〕《敔崖考古錄》阮亨嘉慶十三年序。

〔註64〕阮元〈愚溪詩稿序〉。

〔註65〕《揅經室三集》卷五，〈存素堂詩續集序〉；張舜徽《清人文集別錄》卷十，〈存素堂文集、續集〉。

〔註66〕《揅經室三集》卷五，〈王文端公文集校本跋〉。

元所訂年譜一卷。

版式：匡高 18.7 公分，高 13.1 公分。半葉十行，行廿字。四周雙欄，單魚尾。
版心魚尾上方刻「葆淳閣集」，魚尾下刻卷次及葉次。（見書影五四）。

十三、《綠天書舍存草》 六卷

錢楷著。錢氏爲浙江嘉興人，少時與阮元善，復以同榜成進士，錢氏卒于嘉慶十七年，後其女配阮元子祜，又成姻家，關係極深〔註67〕。

錢氏所著《綠天書舍詩草》，阮元評曰：「其詩風格清超，性情縝密，粹然想見其爲人。」因刪存其詩，編成六卷，更名爲「存草」，刊于廣州。書成于嘉慶廿三年，并爲之序〔註68〕。此書今不傳。

十四、《劉端臨先生文集》 一卷

劉台拱，字端臨，揚州寶應人。與阮元相交甚深，且爲姻親。嘉慶十年以疾卒，生平無意著書，稿多散棄。

身後，其婿阮常生爲裒集遺書，得《論語駢枝》、《經傳小記》、《國語補校》、《荀子補注》、《淮南子補校》、《方言補校》、《漢學拾遺》各一卷，合刻爲遺書七卷〔註69〕。

阮元所輯，存文二十篇，共一卷，附入阮常生所輯《遺書》，成八卷，刻於道光十四年〔註70〕。

十五、《四史疑年錄》 七卷

阮元妾劉文如撰。《疑年錄》是錢大昕考求古今名人生卒年之著作，自漢鄭玄到清邵晉涵，共載三百六十三人，是爲生卒年表之始。但書中錯誤、遺漏不少。

阮元檢此書以付劉氏，欲其廣求以補之。於是劉氏乃由兩漢迄於兩晉，求得數百人，寫成七卷，計《漢書》一卷、《後漢書》一卷、《三國志》三卷、《晉書》二卷〔註71〕。

阮元謂其考史書之誤，頗有證據。然南北朝以後之書籍漸多，須博覽旁證，不可只據正史。阮元認爲，以婦人之力，勉強爲之，反多遺漏，因之僅止於四史〔註72〕。

此書今未見傳本，刊刻時間未可確知。

〔註67〕《揅經室二集》卷二，〈安徽巡撫裘山錢公傳〉。
〔註68〕《揅經室三集》卷五，〈綠天書舍存草序〉。
〔註69〕《揅經室二集》卷二，〈劉端臨先生墓表〉。
〔註70〕張舜徽《清人文集別錄》卷九，稱《劉端臨先生遺書》八卷，即已入阮元所輯文集一卷。
〔註71〕分卷據孫殿起《販書偶記》卷六，所載嘉慶年間刊本。
〔註72〕《揅經室二集》卷七，〈四史疑年錄序〉。

十六、《蔗查集》

詩僧誦苕所作。阮元輯《淮海英靈集》時，疏漏未錄揚州惠照寺僧人誦苕之詩。誦苕死後，其弟子圓燦以其《蔗查集》示阮元。阮氏讚其詩「清微雋永，警悟脫俗」，以其未錄為憾，遂為之序，并列之以廣其傳〔註73〕。

十七、《拜經日記》　十二卷

嘉慶廿四年，臧庸子相持庸之遺書至粵東謁見阮元，阮元命采擇其要者，代為刊之。以《拜經日記》十二卷付梓〔註74〕。其書後來入《皇清經解》，刪為八卷。

另有纂集未成者：《揚州圖經》、《揚州文粹》。

焦循《雕菰樓集》云：

> 歲丙寅（嘉慶十一年），汀州伊公守揚州，時阮撫部阮公在籍，相約纂集《揚州圖經》、《揚州文粹》兩書，余分任其事。明年，伊公以憂去，撫部亦起服入朝，事遂寢〔註75〕。

阮元〈揚州文樓巷墨莊考〉亦云：

> 元居揚州文樓巷文選樓側時，方纂《揚州圖經》，檢舊志，但知有文樓巷……〔註76〕。

〈邗上集序〉亦曰：

> 元襄輯《淮海英靈集》、《揚州圖經》，翻閱各家集〔註77〕。

可見阮元確實參與纂輯工作，可惜因事中輟。二書之稿，存於焦循處，嘉慶十四、十五年間，焦循助修《揚州府志》，即出《揚州圖經》以為之本。而《揚州文粹》之稿，直至嘉慶廿年，才由焦循檢其目錄一卷，名曰「揚州足徵錄」。焦循「揚州足徵錄序」云：

> 纂圖經時，所有膏火紙筆之費，皆伊公自捐俸以給。同事者趙司馬懷玉、臧文學庸、袁上袁廷檮〔註78〕。

可知當時一同纂輯者，尚有趙懷玉、臧庸、袁廷檮三人。

〔註73〕《揅經室三集》卷四，〈蔗查集序〉。
〔註74〕臧庸《拜經日記》〈臧相跋〉。
〔註75〕焦循《雕菰樓集》卷十六，〈揚州足徵錄序〉。
〔註76〕《揅經室二集》卷二，〈揚州文巷墨莊考〉。
〔註77〕《揅經室三集》卷五，〈邗上集序〉。
〔註78〕焦循《雕菰集》卷十六〈揚州足徵錄序〉。

結　語

　　透過阮元輯刻書籍之考釋，可看出阮元的成就是多方面的，他以淵博的學識爲基礎，實事求是，具體表現在撰述、校編、刻書之中。在經學方面他努力通過聲韻、訓詁、文字來闡釋經典原解，《十三經注疏校勘記》、《經籍纂詁》、《皇清經解》三部大書，反映了當時經學、小學、校勘學域的成就，也囊括了清代前期的成果，提供經學研究的方便途徑及寶貴的資料，而三部書廣泛流傳海內外，於學術傳播之貢獻，更是無人能及。而所輯刻諸書，對學術文化之保存，具有積極的意義。

　　在史志方面，所編纂的《廣東通志》和《雲南通志稿》內容贍詳，考証闕遺，重視輿圖，均遠超過舊志，更是後世修志之典範。其《國史儒林傳》編纂精審，更爲清史儒林傳奠定基礎。在金石方面，最大功績在於古器物之收集整理，其編纂地方金石志及摹刻古代吉金款識，開創了金石學之研究風氣，更爲金石學文獻的保存，做出重大的貢獻。

　　在天文曆算方面，我國第一部天文曆算學史專著《疇人傳》，開闢了科學技術史研究的新領域。而其校刻《測圖海鏡》、《三統術衍》、《地球圖說》更積極地推展古今天文曆算之學。

　　對於古今詩文之作，多有編輯刊布。《淮海英靈集》、《兩浙輶軒錄》及助刻《江蘇詩徵》，無不出於珍視文獻及文士心血，進而傳播、保存之。而其刊刻朱珪、王杰、汪中、錢塘、孔廣森、劉台拱、邵晉涵等人詩文集，雖多出自私人交誼及情感，然諸人詩文作品若非阮元之輯之輯刻，恐不能爲世人所知，流傳至今，其於諸集發幽闡微，宏揚流傳仍極深具意義。

　　本文原擬對其刊刻，圖書之版式作一綜合分析。然而現阮元之刊刻圖書，並不似一般私人刻書在一固定地點，且聘用固定之刻工。其刻書隨其官任而遍及各地，無論山東、兩浙、江西、廣東、雲南，皆有刻書，版式不一，自不待言，扉頁題記

更是參差不同，光是琅嬛僊館刊本即有「儀徵阮氏小琅嬛僊館刊板」、「阮氏琅嬛僊館刊板」「揚州阮氏琅嬛仙館刊板」多種題名。其他尚有記板藏地的，如「啓秀山房藏板」、「學海堂藏板」、「揚州文選樓阮氏藏板」等。因此若一味統計分析其刻書板式、題記等，並無太大意義，畢竟阮元之刻書非爲商業用途，因詳記其版式並附以書影，以備查考。

　　阮元輯刻書之特色，在其廣收異本，羅列眾版本以爲校讎，務求其精審可據，是極具科學之精神。另外其刊刻之書，除巾箱本外，書皆大本，字皆如斗清晰，墨色亦屬上乘。張舜徽稱其書：「大書深刻，刷印亦佳」，與坊間刻書大不相同。是以其財力雄厚，而且刻書非爲利也。其刻書之校勘，通常由阮亨任之，間有子姪或門士相佐。然有些書因時間窘迫，成書倉促，未及細校，其中多有誤字，後人批評不少。儘管如此，枝微末節並不影響其價值，學者於其文獻保存及文化之推廣，皆持正面的評價。

　　本文雖於阮元之思想層面避免涉及，然以阮元學問之廣博，本文所論及者，牽涉不可謂不廣，筆者才力遠不企及，因有所疏漏處，冀有所指正補充者。

參考書目

因阮元之撰著頗多，故別為一目列於前，以便參檢。其餘專著則按中國圖書分類法列之。期刊論文部分則略依論文發表先後列之。所刊略簡，餘者於本文及注釋見之，另外本文所引諸書各版本皆不列入。

一、阮元撰著：

1. 《考工記車制圖解》，在《皇清經解》卷一〇五五。
2. 《石渠隨筆》，台北廣文書局，民國五十八年，筆記小說大觀二十二編第九。
3. 《儀禮石經校勘記》，台北華文書局，民國五十四年，粵雅堂叢書十八。
4. 《小滄浪筆談》，上海商務印書館，民國廿五年，叢書集成初編五七四。
5. 《定香亭筆談》，上海商務印書館，民國廿五年，叢書集成初編五七四。
6. 《曾子注釋》，台北新興書局，民國四十五年。
7. 《漢延熹西嶽華山碑考》，上海商務印書館，民國廿五年，叢書集成初編三六七。
8. 《揅經室集》，台北世界書局，民國五十三年，初版。
9. 《經籍纂詁》，台北世界書局，民國四十五年，二版。
10. 《十三經注疏附校勘記》，台北大化書局，民國七十八年，四版。
11. 《詩書古訓》，上海商務印書館，民國廿五年，叢書集成初編七二。
12. 《皇清經解》，台北藝文印書館，民國四十九年。
13. 《疇人傳彙編》，台北世界書局，民國五十一年。
14. 《揚州北湖小志》，台北成文出版社，民國七十八年，中國方志叢書華中地方江蘇省三七七。
15. 《廣東通志》，台北中華叢書編審委員會，民國四十八年影印。
16. 《山左金石志》，台北新文豐出版社，民國六十六年，石刻史料新編十九。
17. 《兩浙金石志》，台北新文豐出版社，民國六十六年，石刻史料新編十九。
18. 《積古齋鐘鼎款識》，在《皇清經解》卷一〇五七。

19. 《四庫未收書提要》，台北藝文印書館，民國七十八年，六版。

20. 《淮海英靈集》，上海商務印書館，民國廿五年，叢書集成初編四一一。

21. 《廣陵詩事》，台北廣文書局，民國六十年，初版，古今詩話叢編。

22. 《詁經精舍文集》，上海商務印書館，民國廿五年，叢書集成初編四一七。

23. 《宛委別藏》，台北商務印書館，民國七十年，初版。

24. 《文選樓叢書》，阮亨輯，台大藏，道光十五年原刊本。

25. 《文選樓藏書記》，台北廣文書局，民國五十八年，書目三編。

二、專著部分：

1. 紀昀等編，《四庫全書總目提要》，台北藝文印書館，民國七十八年，六版。

2. 孫星衍撰，《孫氏祠堂書目》，台北廣文書局，民國五十八年，書目三編。

3. 孫星衍撰，《平津館鑑藏記》，上海商務印書館，民國廿八年，叢書集成初編十四。

4. 顧廣圻撰，黃丕烈注，《百宋一廛賦注》，台北廣文書局，民國五十七年，初版。

5. 黃丕烈撰，《士禮居藏書題跋》，上海商務印書館，民國廿八年，叢書集成初編十五。

6. 陳鱣撰，《經籍跋文》，台北成文出版社，民國六十七年，書目類編七十三。

7. 森立之撰，《經籍訪古志》，台北廣文書局，民國五十六年，書目叢編。

8. 楊紹和撰，《楹書隅錄》，台北廣文書局，民國五十六年，書目叢編。

9. 瞿鏞撰，《鐵琴銅劍樓藏書目錄》，台北廣文書局，民國五十六年，書目叢編。

10. 張之洞撰，《書目答問》，台北商務印書館，民國七十五年再版。

11. 潘景鄭撰，《著硯樓書跋》，台北成文出版社，民國六十七年，書目類編七十七。

12. 莫友芝撰，《邵亭知見傳本書目》，台北成文書版社，民國六十七年，書目類編七十四。

13. 陸心源撰，《皕宋樓藏書志》，台北廣文書局，民國五十七年，書目續編。

14. 丁丙撰，《善本書室藏書志》，台北廣文書局，民國五十六年，書目叢編。

15. 王文進撰，《文祿堂訪書記》，北平文祿堂書籍鋪鉛印本，民國三十一年，初版。

16. 孫殿起撰，《販書偶記》，台北漢京出版社，民國七十三年，初版。

17. 關文瑛撰，《通志堂經解提要》，台北成文出版社，民國六十七年，書目類編八十一。

18. 傅增湘撰，《群圓藏書題記》，台北廣文書局，民國五十六年，書目叢編。

19. 北京圖書館編，《中國版刻圖錄》，日本朋友出版社，民國十二年。

20. 李小緣編，《雲南書目》，雲南人民出版社，1988年，初版。

21. 李國祥等編，《國學知識指要——古籍整理研究》，廣西人民出版社，1993年，初編。

22. 張召奎著，《中國出版史概要》，山西人民出版社，1985 年，初版。

23. 來新夏等著，《中國古代圖書事業史》，上海人出版社，1991 年，初版。

24. 張舜徽著，《中國文獻學》，河南人民出版社，1987 年，再版。

25. 王欣夫述，《文獻學講議》，台北文史哲出版社，民國七十六年，再版。

26. 周彥文編，《中國文獻學》，台北五南出版社，民國七十二年，初版。

27. 王秋桂、王國良編，《中國圖書文獻學論集》，台北明文書局，民國七十二年。

28. 陳登原著，《中國典籍史》（原名《古今典籍散聚考》），台北樂天出版社，民國六十年，台一版。

29. 屈萬里、昌彼得合著，潘美月增訂《圖書版本學要略》，台北中國文化大學出版社，民國七十五年增訂。

30. 李清志著，《古書版本鑑定研究》，台北文史哲出版社，民國七十五年，初版。

31. 毛春翔著，《古書版本常談》，香港中華書局，1985 年，再版。

32. 葉德輝撰，《書林清話》，台北文史哲出版社，民國七十七年，再版。

33. 姚福申著，《中國編輯史》，江蘇復旦大學出版社，1990 年，初版。

34. 王雲海等著，《校勘述略》，河南大學出版社，1988 年，初版。

35. 許錫華著，《校勘學》，安徽教育出版社，1991 年，初版。

36. 蔣元卿著，《校讎學史》，上海書店，1991 年，初版。

37. 謝剛生等撰，《叢書刊刻源流考》，台聯國風出版社，民國六十三年。

38. 李希泌、張淑華編，《中國古代藏書與近代圖書館史料》，台北仲信出版社。

39. 葉昌熾著，《藏書紀事詩》，台北世界書局，民國五十年，初版。

40. 顧炎武撰，黃汝成集釋，《日知錄集釋》，台北世界書局，民國七十三年，七版。

41. 錢大昕撰，《十駕齋養新錄》，台北世界書局，民國五十二年，初版。

42. 周中孚撰，《鄭堂讀書記》，台北世界書局，民國四十九年，初版。

43. 陳澧撰，《東塾讀書記》，台北世界書局，民國五十年，初版。

44. 李慈銘撰，《越縵堂讀書記》，台北世界書局，民國五十年，初版。

45. 葉德輝撰，《郋園讀書志》，長沙葉氏澹園排印本，民國十七年。

46. 劉聲木撰，《萇楚隨筆》，台北世界書局，民國四十九年，初版。

47. 平步青撰，《霞外攟屑》，台北世界書局，民國五十二年，初版。

48. 皮錫瑞著，《經學歷史》，台北藝文印書館，民國五十五年，初版。

49. 江藩著，《國朝漢學師承記》，台北商務印書館，民國六十六年，台二版。

50. 沈豫撰，《皇清經解提要》，台北廣文書局，民國六十六年，初版。

51. 錢穆著，《中國近三百年學術史》，台北商務印書館，民國七十九年，台十版。

52. 梁啟超著，《中國近三百年學術史》，台北中華書局，民國四十五年，再版。

53. 梁啟超著，《清代學術概論》，台北商務印書館，民國七十四年，台二版。

54. 王俊義等著，《清代學術與文化》，遼寧出版社，1993 年，初版。

55. 《中國科學文明史》，台北木鐸出版社，民國七十二年。

56. 王河編，《中國歷史藏書家辭典》，上海同濟大學出版社，1991 年，初版。

57. 張舜徽撰，《清代揚州學記》，上海人民出版社，1962 年，

58. 張鑑等撰，《雷塘庵主弟子記》，史語所藏，道光年間刊本。

59. 羅繼祖編，《朱笥河先生年譜》，台北商務印書館，民國七十年，初版。

60. 嚴榮編，《王述庵先生年譜》，台北商務印書館，民國七十年，初版。

61. 劉盼遂編，《高郵王氏（念孫、引之）父子年譜》，崇文書店，1971 年。

62. 林鈞撰，《石廬金石書志》，台北文史哲出版社，民國六十年，初版。

63. 朱劍心撰，《金石學》，台北商務印書館，民國五十七年，台一版。

64. 陸和九撰，《中國金石學》，台北明文書局，民國七十年。

65. 張舜徽撰，《清人文集別錄》，台北明文書局，民國七十一年，初版。

66. 程廷祚，《青溪集》，台北新文豐出版社，民國八十年，叢書集成續編一九〇。

67. 全祖望，《鮚埼亭集》，台灣商務印書館，出版時間不詳，國學基本叢書。

68. 盧文弨，《抱經堂文集》，台北商務印書館，民國六十四年，四部叢刊初編九七。

69. 戴震，《戴東原集》，台北商務印書館，民國廿八年。

70. 錢大昕，《潛研堂文集》，台灣商務印書館，出版時間不詳，國學基本叢書。

71. 朱筠，《笥河文集》，台北新文豐出版社，民國八十年，叢書集成續編一四六。

72. 朱珪，《知足齋文集》，上海商務印書館，民國廿八年，叢書集成初編一五一。

73. 李文藻，《南澗文集》，上海商務印書館，民國廿八年，叢書集成初編一五〇。

74. 錢塘，《溉亭述古錄》，在《皇清經解》卷七一七。

75. 段玉裁，《段玉裁遺書》，台北大化書局，民國六十六年。

76. 桂馥，《晚學集》，上海商務印書館，民國廿八年，叢書集成初編一五三。

77. 汪中，《述學》，台北廣文書局，民國五十九年，初版。

787. 劉台拱，《劉端臨先生文集》，台北新文豐出版社，民國八十年，叢書集成續編一五。

79. 凌廷堪，《校禮堂文集》，在《皇清經解》卷七九九。

80. 焦循，《雕菰集》，台北鼎文書局，民國六十六年，初版。

81. 臧庸，《拜經堂文集》，在《皇清經解》卷一一七八。

82. 許宗彥，《鑑止水齋集》，在《皇清經解》卷一二五五。

83. 陳壽祺，《左海文集》，在《皇清經解》卷一二五三。

84. 嚴元照，《悔庵學文》，台北新文豐出版社，民國八十年，叢書集成續編一九三。

85. 錢泰吉，《甘泉鄉人稿》，台北文海出版社，民國五十五年，近代中國史料叢刊九五一。

86. 張鑑，《冬青館甲乙集》，台北新文豐出版社，民國八十年，叢書集成續編一五八。

87. 龔自珍，《龔定盦全集》，台北新文豐出版社，民國六十四年，初版。

88. 何紹基，《東洲草堂文集》，台北文海出版社，民國五十五年，近代中國史料叢刊八八五。

89. 俞越，《春在堂全書》，台北中國文獻出版社，民國五十七年，初版。

90. 黃彭年，《陶樓文鈔》，台北文海出版社，民國五十五年，近代中國史料叢刊三五六。

91. 蕭穆，《敬孚類稿》，台北文海出版社，民國五十五年，近代中國史料叢刊四二六。

92. 孫葆田，《校經室文集》，台北新文豐出版社，民國八十年，叢書集成續編一九八。

93. 王先謙，《虛受堂文集》，台北文華出版社，民國五十五年。

94. 繆荃孫，《藝風堂文集》，台北文海出版社，民國五十五年，近代中國史料叢刊九四五。

95. 孫詒讓，《籀膏述林》，台北廣文書局，民國六十年初版。

96. 吳汝倫，《吳摯甫全書》，台北商務印書館，民國六十二年，初版。

97. 王國維，《觀堂集林》，台北世界書局，民國五十年，初版。

98. 章炳麟，《章氏遺書》，台北漢聲出版社，民國六十二年，初版。

99. 梁鉅章，《退庵隨筆》，台北文海出版社，民國五十五年，近代中國史料叢刊九六三。

100. 甘鵬雲，《潛盧隨筆》，台北文海出版社，民國五十五年，近代中國史料叢刊四三八。

三、期刊論文部分.

1. 容肇祖，〈學海堂考〉，《嶺南學報》，第三卷第三、四期，民國二十三年五月。

2. 張鋆，〈詁經精舍志初稿〉，《文瀾學報》，第二卷第一期，民國二十五年三月。

3. 藤塚明直，〈皇清經解の編纂とその影響〉，《東洋文化復刊》，第四六至四八號，1984 年。

4. 屈萬里，〈十三經注疏版刻述略〉，《書傭論學集》，台北開明書局，民國五十九年，再版。

5. 汪紹楹，〈阮元重刻宋本十三經注疏考〉，《文史》，第三期，北京中華書局，1962 年。

6. 何佑森，〈阮元的經學及其治學方法〉，《故宮文獻》，第二卷第一期，民國五十九年十月。

7. 王萍，〈阮元與疇人傳〉，《中央研究院近代所集刊》，第四期下，民國六十三年

十二月。

8. 關口順，〈十三經注疏校勘記略說〉，《中國關係論說資料》第廿六號，第一分冊上，1979 年。

9. 周彥文，〈毛晉汲古閣刻書考〉，東海大學中文研究所碩士論文，民國六十九年四月。

10. 陳振風，〈阮元的交遊與哲學〉，《台南家專學報》第三期，民國七十年十月。

11. 汪耀楠，〈纂集派訓詁著作經籍纂詁〉，《辭書研究》，1982 年，第四期。

12. 黃克武，〈詁經精舍與十九世紀中國教育、學術的變遷〉，《食貨》，十三卷第五期，民國七十二年九月。

13. 潘美月，〈宋刻九經三傳〉，《故宮文物月刊》，第一卷十一期、十二期，第二卷一期，民國七十三年。

14. 吳哲夫，〈阮元與宛委別藏叢書〉，《故宮文物月刊》，第二卷三期，民國七十三年六月。

15. 劉德美，〈阮元學術之研究〉，國立台灣師範大學歷史研究所博士論文，民國七十五年。

16. 盧仁龍，〈宛委別藏編纂始末〉，《文獻》，1990 年，第一期。

17. 陳惠美，〈徐乾學及其藏書刻書〉，東海大學中文研究所研士論文，民國七十九年。

18. 郭明道，〈清代教育改革家阮元〉，《揚州師院學報（社會科學版）》，1990 年第四期。

19. 瞿林東，〈阮元和歷史文獻學〉，《清史國際學術討論會論文集》，遼寧人民出版社，1990 年 8 月。

20. 郭明道、田漢雲，〈阮元的訓詁方法和成就〉，《揚州師院學報（社會科學版）》，1991 年 12 期。

書影一　《經籍纂詁并補遺》清嘉慶年間琅嬛僊館刊本

經籍纂詁卷第一　　上平聲　　臣阮元譔集

一東

東　動也。廣雅釋詁一。又漢書律厤志上。○一者動方也。續漢書五行志注引風俗通。○方者動也。藝文類聚歲時部上引書大傳。○方者陽氣動萬物始動生也。白虎通情性。○一方天下皆生也。同上。○一方木也。白虎通五行。○一者木也。○一方者木也。白虎通五行。○一者木也。春秋繁露五行相生。○一者木也。○一方者木也。淮南覽冥。故一至而酒湛溢。○震為一。易既濟。○鄰殺牛虞注。○一者日之初。素問五運行大論。○一方生風注。○一者日之初。廣雅釋

—167—

書影二　《經籍纂詁附補遺》清光緒六年淮南書局刊本

經籍纂詁卷第一

上平聲

臣阮元等奉敕纂集

一東

東　｜動也　廣雅釋詁一　又漢書律厤志上○｜者動
也　續漢書五行志注引風俗通○｜方者動方也
物之動也　藝文類聚歲時部上引書大傳○｜方者
始動方也萬物始動生也○白虎通五行○｜方天下皆生也同上○｜方者
動方也萬物始生同上○｜方天下皆生也同上○｜方者陽氣
始動萬物始生也○白虎通五行○｜方者陽氣
方者木春秋繁露五行○｜木也白虎通
方者陽也　白虎通情性○｜方木也論衡形勢○｜
五行○｜風木也○淮南覽冥故｜風至而酒湛溢
注○震爲｜易既濟｜鄰殺牛虞注○｜者日也廣雅釋
素問五運行大論｜方生風注○〔東〕東同

經籍纂詁卷一　〔東〕東同

書影三　《經籍纂詁附補遺》清光緒九年上海點石齋縮印本

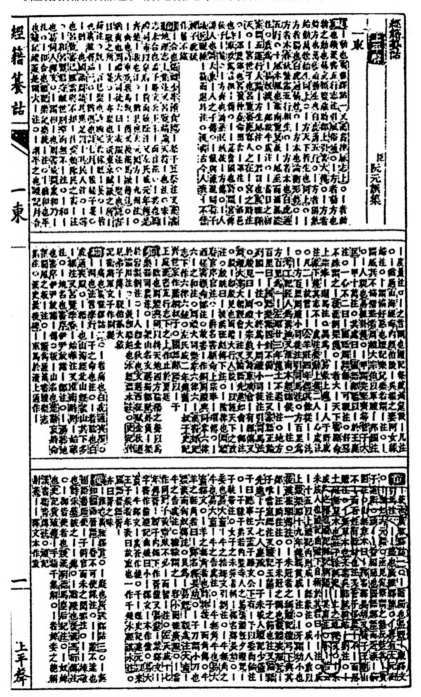

書影四 《經籍纂詁附補遺》清光緒十四年上海鴻寶齋石印本

書影五　《經籍纂詁附補遺》清光緒年間上海文瑞樓石印本

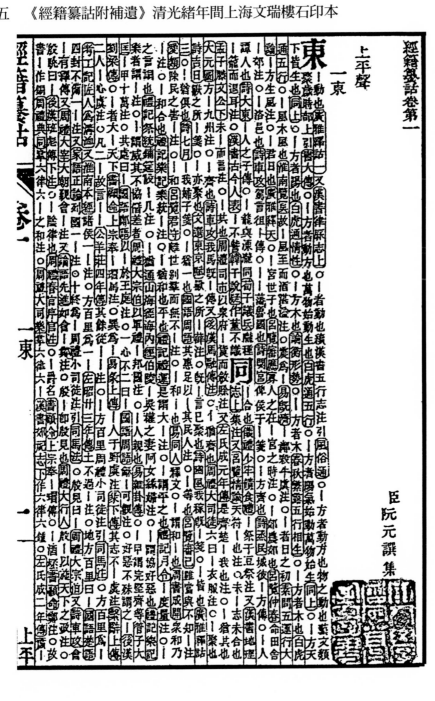

書影六　《十三經注疏附校勘記》清嘉慶廿年南昌府學刊本

周易兼義上經乾傳第一

國子祭酒上護軍曲阜縣開國子臣孔穎達奉勅撰正義

王弼注

乾下乾上

乾元亨利貞〔疏〕

正義曰：乾者，此卦之名。謂之卦者，《易緯》云：卦者掛也，言懸掛物象以示於人，故謂之卦。但二畫之體，雖象陰陽之氣，未成萬物之象，未得成卦，必三畫以象三才，寫天地雷風水火山澤之象，乃謂之卦也。故《繫辭》云：八卦成列，象在其中矣，是也。但初有三畫，雖有萬物之象，於萬物變通之理，猶有未盡，故更重之而有六畫，備萬物之形象，窮天下之能事，故六爻成卦也。此乾卦本以象天，天乃積諸陽氣而成天，故此卦六爻皆陽畫成卦也。此既象天，天有純剛，故有健用。又聖人作《易》本以教人，欲使人法天之用，不法天之體，故名乾，不名天也。天以健為用者，運行不息，應化无窮，此天之自然之理，故聖人當法此自然之象而施人事，亦當應物成務，雲為之則。言之，則純陽也，天乾之性，於人懍焉，自然所以因天象以教人事。於物象言之，則純陽也，天乾於无時。

書影七　《十三經注疏附校勘記》清道光六年重校本

周易兼義卷經乾傳第一

國子祭酒護軍曲阜縣開國子臣孔穎達奉勅撰正義

王弼注

乾下乾上

乾元亨利貞　〔疏〕正義曰乾者此卦之名謂之乾者此卦之象言天之體以健為用聖人作易本以教人欲使人法天之用不法天之體故名乾不名天也天者定體之名乾者體用之稱故《繫辭》云乾健也言天之體以健為用運行不息應化無窮此天之自然之理故聖人當法此自然之象而施人事亦當應物成務云為不已然則不息此天自然之道也

書影八　《十三經注疏附校勘記》清光十三年上海脈望仙館石印本

書影九　《十三經注疏附校勘記》清光緒十八年湖南寶慶務本書局刊本

周易兼義上經乾傳第一

國子祭酒上護軍曲阜縣開國子臣孔穎達奉勅撰正義

王弼注

乾元亨利貞

初九潛龍勿用

九二見龍在田利見大人

十三經注疏

書影一〇　《皇清經解》清道光九年學海堂刊本

皇清經解卷一　　　　　學海堂

左傳杜解補正　　　崑山顧處士炎武著

北史言周樂遜著春秋序義通賈服說發杜氏違今杜氏單

行而賈服之書不傳矣吳之先達邵氏寶有左觿百五十餘

條又陸氏粲有左傳附注傅氏遜本之為辨誤一書今多取

之參以鄙見名曰補正凡三卷若經文大義左氏不能盡得

而公穀得之公穀不能盡得而啖趙及宋儒得之者則別記

之於書而此不其也

隱元年莊公寤生驚姜氏　解寐寤而莊公已生恐無此事應

劭風俗通日兒墮地能開目視者為寤生

不如早為之所　解使得其所宜改云言及今制之

顧處士左傳杜解補正　一

書影一一　《皇清經解》清咸豐十一年補刊本

皇清經解卷一　　　　　　　　　　學海堂

左傳杜解補正　　　崑山顧處士炎武著

北史言周樂遜著春秋序義通賈服說發杜氏違今杜氏單

行而賈服之書不傳矣吳之先達邵氏寶有左觿百五十餘

條又陸氏粲有左傳附注傳氏遜本之爲辨誤一書今多取

之參以鄙見名曰補正凡三卷若經文大義左氏不能盡得

而公穀得之公穀不能盡得而啖趙及宋儒得之者則別記

之於書而此不具也

勸風俗通日兒墮地能開目視者爲寤生　解寐寤而莊公已生恐無此事應

隱元年莊公寤生驚姜氏　解寐寤而莊公已生恐無此事應

不如早爲之所　解使得其所宜改云言及今制之

不如早爲之所　　顧處士左傳杜解補正　　庚申補刊

書影一二　　《皇清經解》清光緒十一年上海點石齋石印本

書影一三　《皇清經解》清光緒十三年上海書局石印巾箱本

皇清經解第一種

左傳杜解補正〔卷一〕

〔正文〕隱元年

北史言周孟誕著春秋序義通貫服虔就資杜氏謂今杜氏單行而賈服之書不傳矣吳之先達邵氏資有左燴百五十餘卷又陸氏鱗有左傳附注解釋氏通本之爲諱誤一吉今多取之參以邵見名日補正凡三發若經文大義左氏不能畫得而公設得之公設不能畫得而宋儒得之則劉炫之炫書

解蔵落而莊公已生恐無此事應勗風俗開日見階地能開目觀者爲嬉生不如早爲之所解使得其所宜改云言及今

未嘗君之羹解食肉不設羹非也云云雁肉謂之羹　二年莒人入向解莊圖龍元皷呆南有向城非也於歆齊豪莒今沂州西南一百里有向城饋祖十六年城向宣四年公及

制之

左傳杜解補正一

丁亥石印

書影一四　《皇清經解》清光緒十七年鴻寶齋石印本

書影一五　《七經孟子考文補遺》清嘉慶二年阮氏小琅嬛仙館刊本

七經孟子考文　周易

西條掌書記山井　鼎　謹輯

補遺

東都　講官　物　觀　纂修

石之清　校

平義質　校

木　晟　同校

謹按足利學所藏周易四通一通正義卽宋板也三通

皆寫本也二通上下經象象文言耳二通逸夫至未濟

七經孟子考文補遺　周易　一　一冊

書影一六　《禮經釋例》清嘉慶十四年揚州阮氏文選樓刊本

禮經釋例卷一

　　通例上

　　　　　　　　　　　歙凌廷堪次仲學

凡迎賓主人敵者于大門外主人尊者于大門內

廷堪案禮之通例大綱則迎于大門內外細目則迎

于廟門內外此例以大門爲主而以廟門附注之士

冠禮賓立于外門之外注外門大門

謂主人之僚友主人注謂將冠者之父兄士相見禮

主人出迎于門外此門亦大門又還贄注此賓主人

興日則出迎同日則否

皆士聘禮君使卿朝服用束帛勞賓迎于舍門之外

禮經釋例　卷一　　　　　　　　　一

書影一七　《周易虞氏義》清嘉慶八年揚州阮氏文選樓刊本

周易虞氏義卷之一

周易上經〔參同契云日月為易虞注云易字從日下月〕　象上傳　象上傳

張惠言學

文言　虞氏注

乾☰☰
乾下乾上

乾元亨利貞〔注子夏傳云元始也亨通也利和也貞正也文言備矣〕

通乾始者謂乾陽出初變以陰通陰物資始義與子夏傳同利也貞正也文言謂坤來入乾以成萬物萬物所始通始義與子夏傳同

象天父變而成坤凱濟候
物美利利天下當位曰正則雲行雨施天下不出失文言注位變而之正則雲行雨施天下不出失

初九潛龍勿用〔坤為龍亂於上君子勿用故稱隱文言注云在下位〕
乾之正體九三君子終日乾乾夕惕若厲

在田利見大人〔开坤五時舍於物皆相見離物皆相見與五同義地上故在田大人謂二有君德當初九二見龍〕

无咎〔注謂陽息至三二變成離離為日坤為夕故不稱龍三四人道〕

書影一八　《儀禮圖》清道光九年湖北崇文書局重刊本

儀禮圖

賜進士出身充《實錄館纂修官》武英殿協修官翰林院編修張惠言述

卷第一

宮室

鄭氏大夫士宮室圖
天子諸侯左右房圖
士有室

無房堂

天子踏震圖
州學為謝制圖

大夫士房室圖
東房西房北室

衣服

冕
帶　芾
韠韨

爵弁
鳥屨　冠
　　　　見弁冠衣
　　　　服表
　　　　　深衣中衣
　　　　　　婦人服表

書影一九　《三家詩補遺》清光緒廿四年葉德輝刊　觀古堂叢書本

三家詩補遺　　　　　　　　儀徵阮元伯元譔

魯詩

窈窕淑女君子好逑

言賢女能爲君子和好眾妾如妃　列女傳湯
有莘篇

求之不得寤寐思服

詩云求之不得寤寐思服有求如關雎好德如河廣何

不濟不得之有　執鹽鐵論
務篇

葛覃
蔡邕協和笙賦
葛覃恐其先時
本亦作覃案
儀禮鄉飲酒禮注燕禮注禮記緇衣釋
文五經文字九
經字樣並作覃　覃毛作覃釋文覃

言告師氏言告言歸

婦人所以有師者何學事人之道也　白虎通
嫁娶篇

書影二〇　《詩書古訓》清道光廿一年刊本

詩書古訓卷一

詩

尚書舜典詩言志

論語泰伯子曰興於詩　季氏嘗獨立鯉趨而過

庭曰學詩乎對曰未也不學詩無以言鯉退而學

詩　陽貨子曰小子何莫學夫詩詩可以興可以

觀可以羣可以怨邇之事父遠之事君多識於草

木鳥獸之名

孟子離婁下孟子曰王者之迹熄而詩亡詩亡然

後春秋作

書影二一　　《兩浙鹽法志》嘉慶七年刊本

欽定重修兩浙鹽法志卷二十七

藝文一

鹽法食貨也易爲其紀藝文蓋自厥貢鹽絺載於

書謹正鹽筴詳於子食貨也而

國家經世之大法非文無以行遠矣秦漢而後浙鹽

所行未廣文之見於載籍者絕少降及唐宋代有

著述於章疏見政治之損益於記序見官方之戀

美其他文人撰著凡有關兩浙鹽筴經制可以資

考訂備法戒者舊志所缺則增補之舊志所錄而

書影二二　　《兩浙防護錄》清光緒十五年浙江書局重刊本

兩浙防護陵寢祠墓錄

兵部侍郎兼都察院右副都御史巡撫浙江等處地方提督軍務阮元輯

仁和縣　以下屬杭州府

唐

右僕射褚遂良祠遂良字登善錢塘人授泰王府鎧曹參軍

貞觀中累遷起居郎博涉文史工隸楷十五年帝將有事泰

山至洛陽星孛太微犯郎位遂良諫曰陛下撥亂反正功越

古初方告成岱宗而彗孛見此天意有所未合帝窴詔罷封

禪遷諫議大夫兼知起居事是時魏王泰禮秩如嫡皇子雖

幼皆外任都督刺史遂良以次諫止授太子賓客進黃門侍

書影二三　　《揚州北湖小志》清嘉慶十三年阮氏刊本

北湖小志卷一

敍水上第一

江都焦循著

揚州之運河自寶應黃浦入界至瓜洲儀徵達於江河以東曰下河河以西曰上河皆湖也其在甘泉境者郡人謂之北湖東束於運隄西受西山諸水北受高郵湖水方三十里而灘隄隴阜錯落其中若爪若角若木之交枝非生長其間往往迷其棹焉自邵伯鎮之北五里由官河達於湖曰鰍魚口出鰍魚口而南湖水過老鸛嘴又西新河口之水入焉又西過許家厰又西嚴家淘之水入焉又西爲薄劉家嘴又西爲楊家渡釣魚臺之水入焉爲新橋之小水亦入焉又西北過李家嘴又歷孫家

書影二四　《廣東通志》清道光二年刊本

訓典一

廣東通志卷一

上諭朕惟

順治三年

太祖

太宗創業東方民淳法簡大辟之外惟有鞭笞朕仰荷

天庥撫臨中夏人民既衆情僞多端每遇奏讞輕重出入

頗煩擬議律例未定有司無所稟承爰敕法司官廣集

廷議詳繹明律參以國制增損劑量期於平允書成奏

進朕再三覆閱仍命內院諸臣校訂妥確乃允刊布名

曰大清律集解附例爾內外有司官吏敬此成憲勿得

訓典一

一

書影二五　　《兩廣鹽法志》清道光十六年刊本

兩廣鹽法志卷一

制詔

禮經王言如絲其出如綸蓋經緯萬端條理則一我

國家乾綱丕振中外庶績無鉅無細悉本、

宸衷況司農歲入正供之外鹽課爲饒上資乎

國用下濟乎民生洪惟

列聖繼繩

顯謨承烈昭茲來許

恩普德洋誠食貨之常經官司之典則也敬彙一編冠諸

書影二六　《雲南通志稿》清道光十五年刊本

雲南通志稿卷一

天文志一

地志專言地理與天文固無與也顧在地成形者必

在天成象故求與地之南北差於北極高度驗之求

與地之東西差於東西偏慶驗之蓋地遠不可測而

以麗於天者測地則地之經緯不爽然此猶以與圖

言之非專屬天文也若夫言分野則天以地分言氣

候則天因地異祥異屬五行雖不隸乎天而漢書志

五行列乎天文之次則亦天文類也分野之說不足

盡信而紀氣候以慎節宣紀祥異以備脩省亦奉若

書影二七　《疇人傳》清嘉慶四年揚州阮氏琅嬛僊館刊本

疇人傳卷第一

經筵講官　南書房行走戶部左侍郎兼管國子監算學揚州阮元撰

上古

羲和　常儀　臾區　伶倫　大撓　隸首

容成

羲和常儀臾區伶倫大撓隸首容成皆黃帝時人也

黃帝使羲和占日常儀占月臾區占星氣伶倫造律

呂大撓作甲子隸首作算數容成綜斯六術而著調

秝史記秝書索
隱引系本

論曰世本作篇並言挩造羲和常儀之倫乃占天之

書影二八　《山左金石志》清嘉慶二年儀徵阮氏小琅嬛僊館刊本

山左金石志目錄

兵部侍郎兼都察院右都御史總督湖北湖南等處地方軍務兼理糧餉前其廵撫加三級兼沈

內閣學士兼禮部郎　南書房廷　齋閣直閣葉提督浙江全省學政前山東學政加三級院元　同撰

卷一

欽頒闕里周笵銅器十事

木鼎

亞尊

犧尊

伯彝

冊卣

蟠夔敦

寶笲

書影二九　　《歷代鐘鼎彝器款識法帖》清嘉慶二年阮元刊本

歷代鐘鼎彝器款識法帖卷一

夏器款識

珝戈

珝戈

鈎帶

右珝戈銘六字舊藏龍赮李伯時家鈿紫金為文

不可盡識江西漕使蔣宣卿云後三字乃作珝戈王

仲庚以珝為用誤矣然第一字主字無疑下二字未詳

昔夏禹以九牧之金鑄鼎垂運巧思鐫鏤之書以象形

庚肩吾書品論曰蛟脚窈舒鵠首仰立正此書也

作珝戈

主

書影三〇　《鐘鼎款識》清嘉慶七年阮元刻本

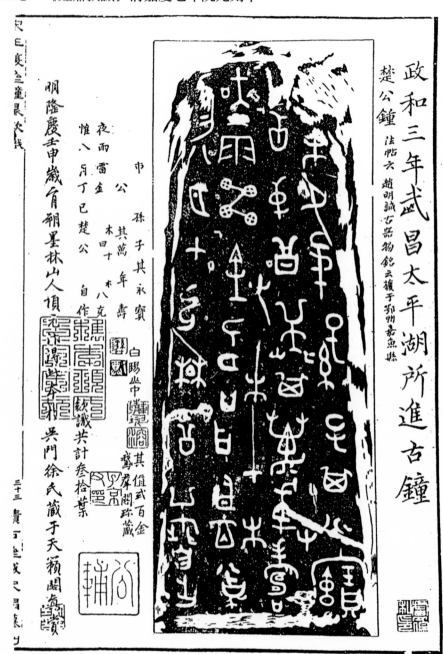

書影三一　　《積古齋鐘鼎款識》清嘉慶九年阮元刊本

書影三二　　《兩浙金石志》清道光四年李澐刊本

兩浙金石志卷一

揚州阮元編錄

秦會稽石刻

皇帝休烈平壹宇內德惠攸長世有七年親輪天下周覽

遠方遂登會稽宣省習俗黔首齊莊羣臣誦功本原事迹

追道高嗣泰聖臨國始定刑名顯陳舊章初平灋式審別

職任以立恆常六王專倍貪戾憿猛率衆自強暴虐恣行

貪力而驕數動甲兵陰通閒使以事合泆行為辟方內飾

詐謀外來侵邊遂起禍殃義威誅之殄熄暴悖亂賊滅亡

聖德廣密六合之中被澤無疆皇帝并宇兼聽萬事遠近

畢清運理羣物考驗事實各載其名貴賤並通善否陳㥼

兩浙金石志卷一　秦

一

書影三三　《周無專鼎銘考》清道光廿二年阮元刊本

周無專鼎銘攷

焦山舊藏周無專鼎或云無惠或又云無當作鄦銘凡十行行

九字其弟三行及後三行行十字大共九十四字其文曰惟九

月旣望甲戌王格于周廟煯于圖室司徒南中中仲古通假字

吾鄉儀徵相國纂刻積古齋鐘鼎款識謂南仲有二詩出車篇

之南仲毛傳以為文王之屬常武篇之南仲毛傳以為王命南

仲于太祖是宣王之臣也然則鼎之或為文王時器或為宣王

時器未可知也案詩大明疏鄭注尙書文王受命武王伐紂時

書影三四　《天一閣書目》清嘉慶十三年文選樓刊本

聖祖仁皇帝御纂

御賜古今圖書集成一萬卷

天一閣書目卷一之一

乾隆三十九年

世宗憲皇帝御製序

雍正四年九月二十七日

皇考聖祖仁皇帝聰明睿智
欽惟我

不倦萬幾之暇置圖書于左右披尋玩味雖盛暑隆寒未

嘗暫曠積數十年之久研綜古今搜討殆徧屢

生知之質而又好古敏求孜孜

書影三五　　《四庫未收書提要》清道光二年刊本

四庫未收書提要　　　　　　挈經室外集

家大人在浙時曾購得　　　四庫未收古書

呈

內府每進一書必仿　　四庫提要之式奏進提要

一篇凡所考論皆從采訪之處先查此書原委

繼而又屬鮑延博何元錫諸君子泰互審訂

家大人親加改定纂寫而後奏之十數年久進

書一百數十部此提要散藏于揚州及大兄京

邸福因偕弟祜孔厚校刻挈經室集請錄刊提

要于集內　家大人論此篇半不出于巳筆卽

挈經室外集　〈四庫提要序〉

書影三六 《地球圖說》清嘉慶四年阮元刊本

地球圖說

西洋人 臣蔣友仁奉

旨譯

丙閣學士兼禮部侍郎 臣何國宗

旨潤色

左春坊左贊善兼翰林院編修 臣錢大昕同奉

坤輿全圖說

天體渾圓地居天中其體亦渾圓也地圓如球今畫
大地全圖作兩圈界以象上下兩半球合之即成全
球矣大地之經緯度各分三百六十與天度相應而

地球圖說 一

書影三七　《三統術衍》清嘉慶三年阮元刊本

三統術衍卷一

嘉定錢大昕曉徵著

夫稱春秋者天時也列入人事而因以天時作目

師古曰此以下皆班氏所述劉歆之說也

孔穎達曰春先于夏秋先于冬舉先可以及後言

春足以兼夏言秋足以見冬故舉二字以包四時

也

也正義春秋

傳曰民受天地之中以生所謂命也是故有禮義動

作威儀之則以定命也能者養以之福不能者敗以

取禍

書影三八　　《廣陵詩事》清嘉慶六年阮元刊本

廣陵詩事卷一

儀徵阮元記

楊昭武將軍捷世居寶應之崇儉鄉以軍功籍隸義
州公自束髮承祖父之烈從軍旅當　世祖章
皇帝入關定鼎公年未三十即以武略知名于時歷
官四十餘年身經數十戰所向輒克以功名終贈太
傅諡敏壯入籍揚州徧康熙甲子　上南巡將
軍時為江南提督迎　駕　賜御書御製
五言一首云岐陽方較獵要褒盡龍媒仗下黃金勒
橫秋號逸才紙尾書詠馬二字用　御璽事見

書影三九　《山海經箋疏》清嘉慶十四年阮氏琅嬛仙館刊本

山海經第一

南山經

栖霞郝懿行注

南山經之首曰䧿山
懿行案任昉述異記作崔山文選
注王中頭陁寺碑引此經作鵲山

其首曰招搖之山
懿行案大荒東經有招搖山融水出焉非此

高臨于西海之上
注王逰案呂氏春秋本味篇云招搖之桂陽懿行案西海蜀之汶山也蜀志秦宓
傳云蜀有汶阜之山江出其腹皆是山也

多桂
注桂葉似枇把長二尺餘廣數寸味辛白華叢生山峯冬夏常青開無雜木懿行案爾雅云梫木桂郭注與此懿行案此同

多金玉

有草焉其狀如韭而青華其名曰祝餘
注璨曰祝餘或作桂荼懿行案爾雅云崔山韭案爾雅云霍當爲𦰠當爲柱字之謧爾雅云崔山韭九

食之不飢

有木焉其狀如穀而黑理
懿行案穀者以其實如穀也穀構古同聲故穀亦名構陶宏景注本草經云穀即今構樹是也穀構也皮作紙璨聲相近懿行案荼疑當爲祝聲相近

山海經卷一　南山經

書影四〇　《淮海英靈集》清嘉慶三年儀徵阮氏小琅嬛僊館刊本

淮海英靈集　　　　　　　　　　　　鄉人阮元輯錄

魏　衙字廓功儀徵人老于布衣詩境澄淡尤工五言康熙二十四年卒年六十二著有西陂詩稿六卷

古田舍

雞鳴把鋤出日入把鋤歸藝麻日已長樹穀日已肥麻熟織
作布穀熟釀為醴飲我新醅酒著我大布衣不知鄉里外終
身無是非
茅茨薇桑竹雞犬相聞聲家家春事田歲莫得休耕汲水同
一井山花滿柴荊生兒其嬉戲至老呼其名情話在桑麻飽
腹惟藜羹未見長官貴寵辱何曾驚

小山種麥

結廬傷山麓山田土多瘦理業當及時昨日已刈豆侵晨駕
我牛春原綠如繡新雨百泉足平疇遠風透隨犁土脈翻種

淮海英靈集　甲集卷一

書影四一　　《兩浙輶軒錄》清嘉慶六年阮元、朱文藻、陳文杰同刊本

兩浙輶軒錄卷一

督學使者阮元著輯

黃　機　字次辰，號雪臺，錢塘人。順治丁亥進士，由庶吉士歷禮戶吏三部尚書，晉文華殿大學士，謚文僖，崇祀鄉賢。著錄堂詩文集、樞鏡。

杭州府志：名臣傳，大學士端厚清謹，公忠體國。為戶部稽核釐剔，由吏部勵廉節，抑奔競踰通。雝澐立朝數十餘年，廉潔自愛，不名一錢。

讀歐陽永叔秋聲賦有感

執素不盈尺，撫桐何事絃。夜氣還太初，杳無塵慮牽。清商入林杪，抱膝忘吾年。人生感榮辱，而自損其天。聞茲簷外聲，烏平使之然。

和高念東先生六合道中作

寄眼秋光好，停車問所經。迴峯藏短徑，疎竹掩空亭。稻熟平樓歙，蘋開淺見汀。蔣山新入望，端為客來青。

兩浙輶軒錄／卷一　黃機　一

書影四二　《詁經精舍文集》清嘉慶七年阮氏琅環仙館刊本

詁經精舍文集卷一

阮元手訂

六朝經術流派論上　　汪家禧

夫師說明然後流派著西晉承漢魏後置五經博士

十九八于時師說均未亡也厥後永嘉之亂漸以散

佚江左減為九人後又增為十六人而不復分掌五

經宋魏因之宏通之軌由是變矣嗟乎傳經之貴博

也羣言去則雖好學深思之士欲參攷而不得而信

忘蔑古者與焉寡識之士又從而和之經術之蕪遂

不可復理矣永嘉以後施氏粱邱之易亡而孟京費

固存也歐陽大小夏侯之書亡杜賈古文固存也齊

書影四三　《熙朝雅頌集》清嘉慶九年阮元刊本

欽定熙朝雅頌集首集卷第一

太子少保山東巡撫前吏部侍郎八旗通志館總裁　臣　鐵保纂輯

協辦大學士戶部尚書　臣　朱珪禮部尚書　臣　紀昀原任工部尚書　臣　彭元瑞校閱

湊臣法式善侍讀學士　臣　陳希曾侍講學士　臣　汪廷珍左庶子　臣　汪滋晼侍讀　臣　吳蔚編次

鎮國慤厚公　十四首

公名高塞號敬一

太宗文皇帝第六子有恭壽堂集

謹案慤厚公名高塞王士正池北偶談誤作國壽

今改正

王士正池北偶談敬一道人性澹泊如栴禪老衲
好讀書善彈琴工詩畫精曲理常見仿雲林小幅

書影四四　《江蘇詩徵》清道光元年阮元刊本

江蘇詩徵卷一

焦山詩徵閣王豫柳村輯

馮瑞振字振仲號水甄華亭人順治閒貢生

送沈繹堂同吳六益北行

馬首春風壯此行旗亭日落送飛旌雲連遠樹千山度月滿

征鞍萬里明惜別自憐游子意論交應見古人情更逢季重

摧同調詞賦于今勝二京

馮　標字右文號蒼心金壇人順治壬辰進士官廣東布政司參議

郎事

白雲生足底何處是吾鄉有鳥山如語無人草自芳幽巖鳴

詩徵　卷一　馮

一

書影四五　《學海堂集》清道光五年學海堂刊本

易之象解

學海堂集卷一

啟秀山房訂

附錄　阮　元

周易象之爲音今俗皆讀團之去聲與古音旬異古
音當讀若弛音近于才亦與䅦字音近故繫辭傳曰
象者材也此乃古音訓相兼是象音必與才音同部
材字之才與象字皆在段氏古音弟一部由之咍止
海志代轉而爲十五部脂微齊皆灰又轉爲十六部
之支佳紙蟹寘卦陌麥昔錫若讀今音通貫切如劉
瓛之訓斷則在十四部與材字迥不同部孔子何以
學海堂集卷一

書影四六　《八磚吟館刻燭集》清道光年間阮福刊本

八甎吟館刻燭集卷一

秦漢六朝十印詩

秦海上嘉月銚印作曲矩形白文旋轉五字日海上嘉月銚案史記陳涉考世家有陵人秦嘉注以爲泗水國淩縣考淩在今安東間地瀕海故日海上月說文云闕也銚即璽字

平湖朱爲弼右甫

琅嬛仙館得古印如磬矩折形模奇文曰海上嘉月

銚篆體頗類鐘鼎彝書璽節稱背制泰山梁父封

禪遺黃金白玉螭虎銚璽屬帝王炎漢儀秦印金銀

銅犀象曰璽上下皆同之變文作銚鼠牌社字乳鷇

毅孿生孳截考史記曓秦末淩人秦嘉稱武師秦時

書影四七　《石笥山房詩文集》清嘉慶二年阮元刊本

石笥山房詩集卷一

山陰胡天游雲持著

五古

古詞效東野

東風煖九州不春湘水波湘水倚湘竹千年啼二娥至今

洞庭上流得紅淚過楚女漂白雪朱絃染成搓一絃繞百

愁七絃傷如何眾鼓不成操商音傳泪羅一聲古別離變

盡天地和

壬寅歲臨淄人耕於野者地忽圮闇入數十步熒然

而燈有石識齊太廟宇其檽梲楚嵲嵲銅舟盤匜

血數百物具呼里中兒捫之颿雨盡邑中王郎中晚

書影四八　《述學》清嘉慶三年阮元刊本

述學卷一

江都汪中撰　　　　　　儀徵阮元敍錄

內篇

汪中字容甫江南江都八乾隆丁酉科拔貢生孤秀
獨出凌轢一時心貫九流口傲萬卷鴻文崇論上擬
漢唐劉焯劉煊略同其概錄述學二卷

釋㬉㬉二文

東方七宿最明大者莫如心西方七宿最明大者莫如
叄故古人多用之以紀時令夏小正五月初昏大火中
八月辰則伏詩七月流火春秋傳凡土功火見而致用
火中寒暑乃退火出而畢賦火出於夏爲三月於商爲
四月於周爲五月火伏而後蟄者畢火猶西流國語火

書影四九　　《溉亭述古錄》清嘉慶三年阮元刊本

溉亭述古錄卷一

　　　嘉定錢塘著

　　　　　　　　　　　　儀徵阮元敘錄

錢塘字嶽原號溉亭江南嘉定縣人乾隆庚子進士
江寧府教授博涉經史實事求是精心朗識超軼羣
倫所學九經小學天文地理靡不綜覈九長樂律蔡
邕荀勗庶其近之錄述古錄二卷

　　　卦位論

八卦之位由五行定震為龍東官蒼龍也離為鳥南官
朱鳥也兌為澤西官咸池也坎為溝瀆北官元武也四
者木火金水也則各正其方坤以為土而居西南乾以
為金而居西北艮之居東北也以為碩果巽之居東南

—215—

書影五〇　《儀鄭堂文》清嘉慶三年阮元刊本

儀鄭堂文卷一

曲阜孔廣森撰

儀徵院元敍錄

孔廣森字衆仲號顨軒孔子七十代孫居曲阜乾隆

辛卯進士官翰林院檢討聰穎持達曠代逸才經史

小學沈覽妙解所學在大戴禮記公羊春秋尤善屬

交沈約蕭統可與其論錄儀鄭堂文二卷

武成頌

臣聞在天垂象金精耀參伐之旗惟聖憲時雷豫習行

師之緜軒皇御籙先修赤水之征唐后垂裳必輯青邱

之暴亦有周宣薄伐近在太原殷武衰師不踰荊楚而

三年有賞易已象其成功千里來歸詩尚歌其永久方

書影五一　《知足齋詩集》清嘉慶八年阮元刊本

知足齋詩集卷第一　甲午至癸酉

大興　朱珪　石君

萬壽詩用韓愈南山詩一百韻

皇帝御天行道直天地圍極萬爲中樞端起非末究凌

堯叱星幻欒武薄夢授大理物自博盛氣數不漏日暾

華初拂月緪望正觀火精與金氣合德兩爻湊貞龍

角提圭正犬牙繡宏離屬上下中驅光所透湛澤滲雲

瀊協氣熙賜茂水筠浮大河山車出層岫東柢蟠木建

西钂鸃窅就北汩應龍羽南燌碧雞囑惟

皇德所運輿五行齊秀

書影五二　　《嶽崖考古錄》民國二十年中國書店影印本

嶽崖考古錄卷一

甘泉鍾褱

校正字畫

校正字畫自以說文爲主而參之以釋文從古而不必泥博考
以折其衷其必遵說文者如祟字从示不从木餒字从委不从
妥而易之綱緼不必改爲壹壹書之斷斷不必改爲龤龤此論
語之荷藾荷蕡不必改爲荷莜荷奧也其必依釋文者如爾雅
釋詁訊告也當作詐廢止也當作厎而詩之綠竹不必改爲菉
與海周禮之壺涿不必改爲獨與濁禮記之三老五更不必改
爲三老五叟也五經文字九經字樣中說文隸省並列有不甚
異者告告二字是也有迴不同者本本二字是也當取其是而

書影五三　《愚溪詩稿》清嘉慶十三年阮元刊本

愚溪詩彙

讀史樂府　　　　　無為　張肇煥　景華

垓下歎

戰固陵走垓下四面皆楚歌左右帷有妾與馬大風遠
來中夜蕭蕭美人淨淚盡烏騅向人長悲號不可西不
可南不可北東復高浪排空立思念故鄉安可得蒼天
幸憐我老臣死矣誰為國

河源槎

朝辭漢土出大宛莫乘苦木尋河源河源河源不見織女

書影五四 《葆淳閣集》清嘉慶年間阮元刊本

葆淳閣集卷一 文一 賦 頌

聖駕四幸江浙賦

皇上治洽中天化敷九有日域月窟奉朔輸誠鯨海

　欽惟我

　　龍沙堅風稽首金甌永固三十年禮陶樂淑

　　人樂恬熙玉燭長調億兆姓食德飲和世登

　　仁壽

　　聖天子猶念艱難篤康阜桐軒松棟每周知於郼屋

　　～芽篔左个明堂輶下問於西疇南畝前此

巡方疊舉斗牛分野草木皆春今此